Olga Martynova

ÜBER DIE DUMMHEIT DER STUNDE

Essays

S. FISCHER

Über die Dummheit der Stunde wurde durch das
Grenzgänger-Programm der Robert Bosch Stiftung
und des Literarischen Colloquiums Berlin gefördert.

Erschienen bei S. FISCHER

© 2018 S. Fischer Verlag GmbH,
Hedderichstr. 114, D-60596 Frankfurt am Main

Satz: Dörlemann Satz, Lemförde
Druck und Bindung: CPI books GmbH, Leck
Printed in Germany
ISBN 978-3-10-002433-6

INHALT

I MEIN GERANIENFRIEDEN 7

Jerusalem *oder* Where are you from? *oder* Wie ein
   dritter Ort Ihren Herkunftsort bestimmen kann 9
Der ewige Salat 11
Das neue alte Moskau: Die gefundene Zeit 19
Reise in die drei Jahrzehnte 29
Good-bye, America, oh 38
Christ ist erstanden. Auch in Russland 45
Warum Straßenbahn? Warum Lissabon? 50
Borschtsch, Schtschi und Brodsky 55
Ungeheuer von Helsinki 64
Von Öffentlichkeit und Verborgenheit 69
Mein Geranienfrieden 71

II ESSAYISTISCHE FRAGMENTE 77

Probleme der Essayistik 79
Über die Dummheit der Stunde 108
Über den Patriotismus 115
West-östliches Spiegelkabinett 137
Lob des Smalltalks 141

III GEBRATENE NACHTIGALLEN 155

Mandelstam und Europa. Ein imaginäres Schicksal 157
Begegnung im Spiegel 162
Aufgeklärter Vampirismus 171

... Ist selbst der bittere Kren wie Himbeere 183
Flaschenpost versus Flaschenpost 189
Das Leben hat über den Tod gesiegt,
　auf eine mir unbekannte Weise 208
Das digitale Babel 215
Die Zeit als Haustier 220
Pornographie der Vögel 225
Gebratene Nachtigallen 229

IV DER GOLDENE APFEL DER ZWIETRACHT.
　KRIM-TAGEBUCH 2017 239

ANHANG 293

Quellenverzeichnis 295
Literaturhinweise 299

I

MEIN GERANIENFRIEDEN

JERUSALEM ODER WHERE ARE YOU FROM? ODER WIE EIN DRITTER ORT IHREN HERKUNFTSORT BESTIMMEN KANN

In allen Ländern der Welt stellt man Ihnen gleich ab dem Flughafen dieselbe Frage (Taxifahrer, Kellner im Café, Verkäufer im Supermarkt, Menschen auf der Straße): »Where are you from?« Ich antworte immer: »I am from Russia.« Eventuell höre ich ein paar höfliche Komplimente zur russischen Sprache / Seele / Küche oder ein paar herzliche Mitleidsbekundungen anlässlich des Klimas / Putins / Alphabets, oder man fragt mich, ob in Russland auch Weihnachten gefeiert wird. Nachträglich frage ich mich, warum ich eigentlich so antworte, da ich doch seit dreißig Jahren in Deutschland lebe und nur selten Russland besuche, auch wenn ich mit starkem russischen Akzent spreche. Aber die Frage schien mir nie wichtig genug, dass es sich gelohnt hätte, weiter darüber nachzudenken.

Als ich das letzte Mal in Jerusalem war, konnte ich jedoch in dieser Sache eine überraschende Selbstbeobachtung machen. Dem Taxifahrer, der mich vom Ben-Gurion-Flughafen nach Jerusalem fuhr und »Where are you from?« fragte, sagte ich: »I am from Germany.« Na ja, dachte ich, ich lebe doch seit bald dreißig Jahren in Deutschland, klar, logisch. Der Taxifahrer erzählte mir, dass seine Frau und er mal in den Schwarzwald fahren möchten. Ich konnte das nur empfehlen, selbstverständlich. Auch in Cafés, in Läden und bei den Gesprächen sonst war die Antwort »I am from Germany«, ohne dass ich mir Gedanken darüber machen musste. Als ich in Yad Vashem (»Gedenkstätte der Märtyrer und Helden des Staates Israel im

Holocaust«) gefragt wurde, in welcher Sprache ich den Audioguide haben möchte, und »German« antwortete, war ich aber wirklich erstaunt: Da ich immer wieder etwas für mein armes Englisch zu tun versuche, wähle ich in allen Museen der Welt Audioguides auf Englisch.

Und da musste ich darüber nachdenken. Ich kam zu dem Schluss, dass meine diesmal andere Antwort nichts damit zu tun hat, dass ich nun schon lange genug in Deutschland lebe, sondern damit, dass ich mich vor der geschichtlichen Verantwortung nicht drücken will, die ich zusammen mit der Wahl der deutschen Sprache für meine Romane auf mich genommen habe. Ich will nicht sagen: »Ich habe nichts damit zu tun.« Wie ich auch nie über russische Angelegenheiten sage: »Ich habe nichts damit zu tun.«

Jerusalem mit seinen perlmuttgelben Bergen und vom Licht überschwemmten Tälern brachte mir diese Klarheit. Und nahm mir die Klarheit, was ich von nun an überhaupt antworten werde, wenn man mich, sagen wir in Spanien, »Where are you from?« fragt. Mal sehen. Aber unabhängig von dem Ort finde ich, dass Aussagen nach dem Muster: »Ich schäme mich, Deutscher zu sein« oder »Ich schäme mich, Russe zu sein« dem Versuch gleichkommen, sich vor der Verantwortung zu drücken und auf bequeme Weise ein unlösbares Problem zu lösen. Es geht im Leben sehr oft darum, mit einem unlösbaren Problem leben zu müssen. Vielleicht hat diese Stadt deshalb ihre magische Anziehungskraft: Sie ist selbst ein unlösbares Problem, wie jedes Leben ein unlösbares Problem ist.

DER EWIGE SALAT

WEIHNACHTEN:
Farbe: Dunkelgrün, Gold, Silber
Licht: Kerzen
Geruch: Nadelbaum, Zimt, Zitrusfrüchte, Bratäpfel
Ton: Glockenläuten
Tastgefühl: Geschenkpapier, seiden, samtig; Nadelbaum, stachelig
Geschmack: Gans, Plätzchen

SILVESTER:
Farbe: Bunt von Konfetti und Knallbonbons
Geruch: Sekt, der die Nüstern kitzelt, Schnee, Feuerwerkspulver
Geräusch: Sektgläser, Feuerwerksknall, Zischen vom Bleigießen
Tastgefühl: Heiße Spuren von zu nah an die Finger gekommenen Zündhölzern
Geschmack: Karpfen blau, Heringssalat gegen den Kater

WEIHNACHTLICHE FRAGEN an mich
(kommen alle Jahre wieder wie Weihnachten selbst):
Wie macht ihr das eigentlich in Russland?
Habt ihr Weihnachten wie wir?
– Jawohl, aber der Heiligabend ist bei uns nicht am 24. Dezember, sondern am 6. Januar.
Schmückt ihr auch einen Tannenbaum und verteilt Geschenke?
– Ja, aber nicht am Heiligabend, sondern zu Silvester.

Und wann feiert ihr Silvester?
– Am 31. Dezember natürlich, wie alle anderen auch.
Also feiert ihr Neujahr vor Weihnachten?

Der deutsche Freund ist etwas durcheinander und erwartet Erklärungen.

* * *

… Vor dem Umsturz im Oktober 1917 war die Weihnachtszeit in Russland genauso wie im übrigen Europa. Deshalb konnte Tschaikowsky problemlos ein Ballett nach dem »Nussknacker« von E. T. A. Hoffmann komponieren, dessen Atmosphäre den russischen Kindern genauso vertraut war wie den deutschen. Nur hatten die russischen Kinder sämtliche Festlichkeiten mit zwei Wochen Verzögerung. Wir lebten ja nach verschiedenen Kalendern. 1918 entschloss sich die neue, bolschewistische Regierung für einen Wechsel zum gregorianischen, also »progressiven«, »europäischen« Kalender. Die russisch-orthodoxe Kirche, die ungefähr zur gleichen Zeit vom Staat getrennt wurde, lebt bis heute nach dem julianischen Kalender, den sie viel schöner findet, weshalb sie ihre Mission darin sieht, ihn für die Menschheit zu retten. Spuren der julianischen Zeitrechnung gibt es übrigens nicht nur in Russland. Als 1582 Papst Gregor XIII. den neuen Kalender einführte, beharrten die protestantischen Länder zunächst auf dem alten und akzeptierten die Zeitreform nur langsam. Am standhaftesten blieben dabei die Schweizer. Heute noch feiern sie in einigen protestantischen Gebieten den Jahresbeginn in der Nacht vom 13. auf den 14. Januar, mit viel Lärm, Masken, Tanzen und allem, was zu einem Volksfest gehört. Sie haben dafür das schöne Wort »Silvesterklausen« und haben überhaupt nicht vor, darauf zu verzichten.

In Russland rutscht man nach staatlichem Kalender in der Nacht vom 31. Dezember zum 1. Januar ins neue Jahr. Religiöse Feiertage begeht man jedoch nach dem julianischen Kalender, so dass der Heiligabend am 24. Dezember dem 6. Januar nach heute üblicher Zeitrechnung entspricht. Aber die Geschichte hat uns gelehrt, dass Kerzen und Geschenke in erster Linie dazu da sind, die dunkelsten Tage des Jahres zu erleuchten, ihnen die erwartungsvolle und etwas märchenhafte Atmosphäre zu verleihen. Wie Lichter, Masken und Ratschen bereits in den vorchristlichen Zeiten die Dämonen aus dem unheimlichen Winterdunkel vertrieben.

Für die Kommunisten war all das nicht sonderlich wichtig: Weihnachten wurde ohnehin für rückständig erklärt. Die Tannenbäume wurden in den 1920er Jahren abgeschafft, wer dennoch einen wollte, stellte ihn heimlich und bei dicht vorgezogenen Gardinen auf (draußen, im Dunkeln, lagen die kommunistischen Dämonen auf der Lauer). Doch Tyrannen sind launisch und unberechenbar. 1936 hieß es plötzlich: Auch die sowjetischen Kinder sollen ein Neujahrsfest mit Tannenbaum und Geschenken haben. Natürlich freuten sich die Menschen über ein Stück Normalität. Für lange Zeit blieb der Jahreswechsel das einzige Fest, das mit keiner Ideologie verbunden war. Ein Tag der Familientreffen: Wärme, Liebe und Freude, kindliche Erwartung eines Wunders, Geschenke unter dem Tannenbaum. Ein Festtisch, für den die besten Lebensmittel seit spätestens Sommer zurückgelegt wurden: Eingelegtes Gemüse, Schokolade, Sekt standen in der Anrichte, und jeder in der Familie wusste, dass all das für Neujahr ist, also früher nicht zu berühren. In den entferntesten Ecken der Schränke versteckten die Familienmitglieder die Geschenke voreinander. Als Kind wusste ich immer, wo mein künftiges Geschenk verstaut worden war, habe aber nie geschaut, was es war, um den Erwachsenen die Freude, mich zu überraschen, nicht zu nehmen.

Aber wirklich Weihnachten zu feiern ... Na ja. Da kommt mir eine Episode aus der Zeit von Chruschtschows »Tauwetter« in den Sinn: In rührender Sorge um die Allgemeinbildung der sowjetischen Kinder hatte man entschieden, eine Bibeladaption herauszugeben. Den Auftrag hatte der berühmte Kinderautor Kornej Tschukowsky bekommen. Die strengste Vorbedingung dieser Publikation war die konsequente Auslassung der beiden Wörter »Juden« und »Gott«. Jeder Gott war genauso halbverboten wie das jüdische Volk. Das führte dazu, dass jede Religion im Bewusstsein der Menschen eher mit der allgemeinen Freiheitsidee (!) verbunden war als mit ihrem eigentlichen Inhalt. Und Weihnachten zu feiern war eine Art Fronde, ein Protest gegen die Kommunisten. Manche machten das am 24. Dezember, was bedeutete, dass sie westlich orientiert waren oder ausländische Freunde hatten (was aus Sicht der Obrigkeit viel schlimmer war, als an Gott zu glauben). Manche feierten am 6. Januar, das waren russisch-orthodoxe Gläubige, die allen Bräuchen streng folgten. Manche berücksichtigten beide Daten: Sie feierten oder sie protestierten gerne oder beides. Aber das waren wirklich nur wenige, die Mehrheit freute sich auf das Neujahrsfest, das sehr weihnachtlich aussah. Der Tannenbaum stand bis zum »alten Neujahr«, also bis zum 14. Januar.

Heute ist es in Russland erlaubt, alles zu feiern. Das bedeutet, heute nehmen alle an allem teil. Wenn die Deutschen den Winterfeiertagen »Adieu!« sagen, nach einem kritischen Blick in den Spiegel beginnen, ans Fasten zu denken, und sich voll guter Vorsätze endlich in den Alltag stürzen, sind die Russen mitten in den Feierlichkeiten. Viele – nicht nur Katholiken und Protestanten, sondern auch jene, die es mit dem Beginn des großen Feierns eilig haben – beginnen mit der »katholischen« Weihnacht am 24. Dezember. Alle feiern natürlich Silvester und Neujahr. Dem folgt dann das Weihnachtsfest am 6. Januar.

Damit hat das alles jedoch noch kein Ende, denn jetzt kommt das »alte Neujahr« (wie in der protestantischen Schweiz): Alle, die noch Kraft zum Feiern haben, verabschieden in der Nacht vom 13. auf den 14. Januar die Winterfeiertage mit noch einem kleinen Fest. Und erst nach diesem Fest beginnt endlich der Alltag des neuen Jahres.

Alle Geschäftsleute im Westen, die mit Russland zu tun haben, wissen: Wenn du eine Angelegenheit bis zum 20. Dezember nicht erledigt hast, dann musst du bis Mitte Januar warten.

* * *

RUSSISCHES WEIHNACHTS-NEUJAHRS-
WEIHNACHTS-NEUJAHRSFEST:
Farbe: Dunkelgrün, Gold, Silber, Kerzenlicht / Bunt von Konfetti und Knallbonbons
Geruch: Zimt, Zitrusfrüchte, Bratäpfel / Schnee; seitdem man auch in Russland um Silvestermitternacht draußen die Feuerwerksraketen anzündet, Feuerwerkspulver
Geräusch: Glockenläuten / Champagnergläser, Feuerwerksknall, Zischen vom Wachsgießen (wir gießen Wachs, nicht Blei)
Tastgefühl: Geschenkpapier, seiden, samtig; Nadelbaum, stachelig / Heiße Spuren von zu nah an die Finger gekommenen Zündhölzern
Geschmack: Gans, Stör, Plätzchen / Salzgurke gegen den Kater, DER SALAT

DAS IST DAS WICHTIGSTE: DER SALAT!

Wie bitte?, sagt der deutsche Freund etwas verdutzt. Der Salat? Was für einer?

Auf all diesen Festen wird »Der Salat« gegessen, solange der Vorrat reicht. Und der Vorrat ist groß. Auch bei mir zu Hause, hier in Frankfurt. Auch bei den Russen, die in den USA, in Israel, Australien oder Japan leben.

In Zeiten spätsowjetischer Mangelwirtschaft scherzte man: »Keiner braucht heutzutage einen Zauberkessel, um zu sehen, welche Speisen auf den Herdplatten der Stadt zubereitet werden.« Denn bei allen gab es das Gleiche: das, was die staatlich gesteuerte Wirtschaft anbot. Heute hingegen gibt es in Russland nur ein Gericht, das obligatorisch auf den Neujahrstisch gehört. Wenn das festliche Menü besprochen wird, sagt man: Als Vorspeise machen wir den Salat ... Dann noch Auberginensalat, Eier-Käse-Salat, frutti di mare ... DER SALAT ist der berühmte, in Russland unter dem Namen »Olivier« bekannte »russische Salat«, von dem ein Moskauer Lyriker meinte, er habe durch die Vereinigung aller seiner Zutaten suchterzeugende Wirkung. Das stimmt: Auch ein Nichtrusse wird ganz schnell danach süchtig, wie ich mehrmals beobachten konnte.

DER SALAT hat eine lange Kulturgeschichte. Im 19. Jahrhundert gab es in Moskau ein schickes Restaurant mit einem französischen Koch namens Olivier. Dieser komponierte ein kompliziertes Gericht aus verschiedenen Fleischsorten, Haselwild, Krebsen, Krabben und Eiern mit Mayonnaise als Beilage. So wie sich der Tannenbaum – als Brauch am russischen Zarenhof im 19. Jahrhundert von deutschen Prinzessinnen eingeführt – schnell unter den Leuten verbreitete, so kam auch bald der Salat Olivier auf jedermanns Tisch. Der orthodoxen Kirche waren die Christbäume als fremde Sitte zunächst suspekt. Die Kommunisten verpönten Olivier als bourgeoises Gericht. Doch das Volk entschied selbst, für den Tannenbaum und den Salat. Was kann einem Tannenbaum schon passieren? Selbst der Bethlehemstern auf der Baumspitze überlebte die Jahre der kommunistischen Diktatur getarnt als roter Stern. Zu ihm gesellten sich andere Schmuckfiguren: Kosmonauten, Flugzeuge ... Und doch bleibt der Tannenbaum im Grunde immer der gute alte Christbaum. Mit dem Salat lief es ein bisschen anders: Sein französischer Name und aristokratischer Ursprung sicherten ihm einen Platz auf dem Neujahrstisch des kleinen Mannes. Mit dem ursprünglichen Gericht hatte der »neue Olivier« jedoch kaum etwas gemein: Erstens war das Originalrezept so gut wie geheim, und zweitens waren die Zutaten für die meisten Leute ohnehin unerschwinglich.

Dafür sind die endgültige Variante und ihre Variationen weit verbreitet. Ein so wunderbares Gericht musste auch außerhalb Russlands Karriere machen, genauso wie der Tannenbaum aus Deutschland (so nimmt man zumindest an) in so viele Länder kam.

Der Heidelberger Lyriker Hans Thill hat für mich eine kleine Geografie des Russischen Salats geschrieben:

> »du wirst lachen, wir kennen diesen salat als italienischen salat, eine partyspeise der sechziger jahre als ein mann noch 1 dicken bauch haben musste, um was zu gelten. zusammen mit 2 eierhälften hiess dasselbe gericht aber russische eier. und in frankreich heisst er (jetzt wieder ohne eierhälften) macédoine de légumes also mazedonischer salat (ohne fleisch). in spanien hingegen: ensaladilla rusa also russisches salätchen, mit thunfisch und meeresfrüchten, ein dick mit mayonnaise überstrichener haufen an jeder bar, wird als tapa oder ración auf einen grösseren oder kleineren teller geschaufelt. alle lesarten dieses gerichts esse ich gern, die meisten habe ich schon selber hergestellt.«

So geht die Geschichte weiter; was Hans Thill noch nicht weiß: Eine rumänische Freundin nennt ihren »russischen Salat«

»Salade du bœuf«, obwohl er kein Rindfleisch enthält, sondern das übliche Hühnchen.

* * *

Selbst in sorgfältigst von Hausfrauen geführten kulinarischen Notizbüchern wird man vergeblich nach dem Rezept dieser Volkskreation suchen, denn einen Salat Olivier kann einfach jeder. Deshalb schreibt man es nicht auf, aber gut, ich versuch's:

Man koche sechs ungeschälte Kartoffeln, dazu zwei Karotten (der Volksmund behauptet, die Karotten seien erst gekommen, als die Krabben zu teuer geworden waren; ein findiger Restaurantchef habe sich gedacht, seine angeheiterten Gäste würden den Schwindel nicht merken) und zwei Eier. Nach dem Abkühlen und Schälen schneide man diese sowie ein paar Salzgurken, einen Apfel und etwas Fleisch (das kann auch Hähnchenbrust oder Wurst sein) oder Krabben oder Garnelen oder – für Vegetarier – nichts in 1 cm große Würfel, dazu gebe man noch eine Dose Erbsen und etwas Salz und Mayonnaise (die man mit etwas saurer Sahne verfeinern kann). Fertig! Guten Appetit und frohe Weihnachten und ein gutes Neues Jahr!

DAS NEUE ALTE MOSKAU:
DIE GEFUNDENE ZEIT
(Herbst 2005, Biennale der Dichter)

Von Leningrad her gesehen war Moskau eine Anhäufung grauer Formen um den postkartenroten Kreml, bedrohlich und fast unbewohnbar, obwohl dicht bewohnt. Man bestritt zwar nicht, dass die Moskauer Boulevards in warmen herbstlichen Tagen von einer gewissen Lieblichkeit waren und einige Häuser nicht ohne morsche Eleganz, aber insgesamt: Für mich war das eine triste Stadt, die nie wieder so sein würde, wie sie – schenkt man den Büchern Glauben – einst war. Im 19. Jahrhundert galt Moskau als ein schläfriges Nest paschaähnlicher Grundbesitzer und langbärtiger Kaufleute. Der scharfzüngige Liberale und spätere politische Emigrant Alexander Herzen schrieb 1840, Moskau, die gigantische Wucherung eines reichen Marktfleckens, habe sich Russlands weniger dank der eigenen Vorzüge bemächtigen können als vielmehr aufgrund dessen, dass die anderen Teile Russlands einen noch größeren Mangel an Vorzügen gehabt hätten. Das damals hauptstädtische Petersburg war für ihn einerseits zu hart und kalt, andererseits erfrischend munter und sachlich: »In Petersburg sind alle Menschen insgesamt und jeder einzelne insbesondere hundsmiserabel. Petersburg kann man nicht lieben, jedoch fühle ich so, dass ich in keiner anderen Stadt Russlands leben würde«, schrieb er und ließ sich in London nieder.

Nun bin ich nach fünfzehn Jahren zum ersten Mal wieder nach Moskau gekommen: Mein Mann, Oleg Jurjew, und ich waren zum Poesiefestival »Biennale der Dichter« eingeladen.

Auf vieles waren wir gefasst, nur darauf nicht: Trotz allem *sieht* man heute, was man lange Zeit nur aus der Literatur wusste: Moskau ist eine nahezu gemütliche, geschäftige und sich amüsierende Handelsmetropole und nicht die gravitätische Hauptstadt einer Weltmacht, als die es seit 1918, als die Kommunisten den Regierungssitz aus Petrograd nach Moskau verlegt hatten, missbraucht wurde. Moskau löst allmählich die sowjetische Maske ab von seinem Gesicht. Ich kenne keine andere Stadt, der die Straßenwerbung so gut steht. Auch die emsig verschnörkelten Springbrunnen, neuen Türme und Türmchen und die heiligen George. Auch die neuen Denkmäler überall, die zu errichten eine Volkskrankheit zu sein scheint: Puschkin und seine Frau Natalie in einer Gartenlaube aus Gusseisen und Gold; der Liedermacher Wysozky mit Gitarre; Sergej Jessenin mit einem winzigen Pegasus zu seinen Füßen. Und es gibt sogar ein Denkmal für einen Schmelzkäse. Nichts ist dem Moskau von heute zu kitschig, es lebt jenseits von solchen Begriffen.

Als Petersburgerin werde ich oft wegen des Antagonismus zwischen Moskau und Leningrad/Petersburg angesprochen. »O nein«, antworte ich, »auch in Moskau kommt einmal in fünfzig Jahren ein guter Dichter zur Welt.« Das ist Smalltalk. Aber in den 60er Jahren wurden in Moskau Jewtuschenko und Wosnessenskij zu Ausstellungsstücken der sowjetischen Kulturpolitik, während der künftige Nobelpreisträger Joseph Brodsky in Leningrad als Schmarotzer verurteilt wurde. In Petersburg leben einige Dichter immer noch von den legendären Undergroundjobs: Nachtwächter, Wächter, Heizer. In Moskau hilft man einander bereitwilliger (und erwartet auch die Gegenleistung). Im 19. Jahrhundert war die Rede von Petersburger Sachlichkeit und Moskauer Idealismus. Seit 1918 ist es genau umgekehrt. Eine Hauptstadt bietet mehr Möglichkeiten, geschäftstüchtig zu sein. Aber ohne die Sowjetmacht wirkt die Moskauer Tüchtigkeit viel sympathischer. Unsere jungen Dichterkollegen aus Moskau scheinen echtere Moskauer zu sein als die unseres Alters.

Von Wenitschkas Denkmal zum Roten Platz

Eine Moskauer Geste, einladend, etwas gleichgültig, die (im Unterschied zu dem Petersburger kühlen und wählerischen Getrenntsein) zur Bildung einer warmen, lockeren Gemeinschaft führt. Wir folgen der Geste und schließen uns nach der Eröffnungsveranstaltung einer etwa zwanzigköpfigen Schar an. Anreger des nächtlichen Marsches ist der achtundzwanzigjährige Autor Danila Dawydow. Wir gehen zum Denkmal für Wenedikt Jerofejew, das aber nicht ihn, den legendären Schöpfer einer Moskauer Saufsaga, »Reise nach Petuschki«, darstellt, sondern seinen Helden Wenitschka und dessen Liebste. Jedes Mal, wenn Wenitschka zum Roten Platz will, findet er sich am Kursker Bahnhof wieder und fährt nach Petuschki, wo seine Geliebte wohnt. Erst sollte der schlotterige Wenitschka in seinem zerknitterten Anzug am Kursker Bahnhof stehn und seine kerzengerade Schöne mit dem auf den üppigen Busen geworfenen Zopf – in Petuschki. Die Verwaltung der Russischen Bahn meinte jedoch, das sei Propaganda für den Alkoholismus, und lehnte die sichere Geldquelle ab, die die Pendelwallfahrt gewesen wäre. Auch gut. So erspart man sich die 120 Kilometer lange Fahrt ins Blaue, wer will, kann ja auch blau werden, ohne Moskau zu verlassen. Aber niemand ist besoffen. Unterwegs wurde in einem Lebensmittelladen (sie haben beinah alle rund um die Uhr auf) eingekauft: Bier, Saft, Gin-Tonic-Dosen. Gesprächfetzen: *Balladen haben Aussicht auf Erfolg. / Ich schicke dir das Gedicht morgen als SMS. / Nein, ich meine das gesamte*

Bild. Ein Milizwagen mit geöffneten Fenstern fährt langsam vorbei, hört zu, kein Interesse, verlässt den Platz.

Plötzlich hasten alle: Die U-Bahn schließt in Kürze. Niemand zieht in Erwägung, ein Taxi zu nehmen, Poeten leben bescheiden, selbst im reichen Moskau. Noch absurder aber wäre für einen Moskauer die Idee, zu Fuß zu gehen, selbst bei kleinsten Entfernungen. Unser Hotel ist ja am Roten Platz, und der Geist des Kursker Bahnhofs schwebt drohend vor uns. Nach einigem Kreisen fragen wir einen neben seinem Auto rauchenden Taxifahrer nach dem Hotel »Rossija«. »Na, da schaunse ma hoch«, sagt er. Am Himmel steht in roten Lettern »ROSSIJA«.

Vom Roten Platz zur Biennale der Dichter

Die Lyrikerin Natalja Gorbanewskaja war eine der wenigen, die 1968 am Roten Platz gegen den Einmarsch der Truppen des Warschauer Pakts in die Tschechoslowakei protestierten. Sie lebt seit 1976 in Paris. »Na, wie gefällt dir dieser Graus?« – Eine alte Freundin von ihr zeigte mit etwas wie masochistischem Stolz auf die originalgetreu wiedererrichtete Erlöserkathedrale (jahrzehntelang jammerten die Moskauer, dass ihnen die Kirche weggesprengt worden war, nun sind sie sauer, dass das Gebäude kein Meisterwerk ist) und auf die Schiffssegel des taktlosen Denkmals für Peter den Großen, der Moskau einst seine Bedeutung wegnahm. Der Bildhauer, Surab Zereteli, verschenkt Früchte seiner übernatürlichen Produktivität gegen den Willen (und Widerstand) der Beschenkten und ist der Schreck der Städte. Wenn ich sage, dass ihm manches, z. B. Gogol in Rom, gelungen sei, riskiere ich nichts: Alle nehmen an, das sei ein snobistischer Scherz von mir. »Wunderschön«, antwortet Natalja Gorbanewskaja, die als gelernte Dissidentin nicht zu Verklärungen neigt: »Schau, wie haben die Pariser über den Eiffelturm oder das Centre Pompidou geschimpft! Und heute sind sie allen lieb!« (Möge so auch die trockene preußische Eleganz Berlins den Potsdamer Platz liebevoll kaschieren, denke ich dabei.)

»Ich war heute bei sechs Lesungen!«, sagt ein junger Mann am späten Abend in einem der vielen Moskauer Café-Clubs. Unser Biotop damals, im Frost der spätsowjetischen Epoche, waren die Wohnungsküchen, wo bis weit nach Mitternacht gesprochen wurde, nicht Cafés und Restaurants. Heute sind sie voll von jungen Menschen, Studenten: Fünf Mädchen an einem Tisch streiten heftig, wie man das lateinische »C« aussprechen muss: *Zizero* oder doch *Kikero*; eine der Freundinnen, beeindruckt von ihrer Italienreise, schlägt *Tschitsche*ro vor.

Der Eintritt zu den Lesungen ist gratis und oft auch das Büfett (für meinen Geschmack bekommen die Jungs zu viel Wodka, aber der einzige private Sponsor der Biennale der Dichter ist ein Spirituosenkonzern, der den Wodka »Stichotwornaja« – wörtlich: *Versschöpferischer* – zur Verfügung stellt, alles andere finanziert die Moskauer Regierung). Die Tür ist immer offen, alle kommen und gehen, das scheint niemanden zu stören. Die Moderatorin sagt, bevor der deutsche Lyriker Gerhard Falkner die Bühne besteigt: »Schalten Sie bitte Ihre Handys aus, unsere deutschen Gäste sind daran nicht gewöhnt.«

Zur Sowjetzeit schienen die Emigranten ins Jenseits zu gehen, über den Styx. Die im Diesseits Gebliebenen hatten zwar ein riesiges Territorium um sich, ein *Sechstel des Festlandes*, wie es hieß, waren aber doch eingesperrt, wohin auch immer sie sich auf diesem Sechstel begaben, zu den Schlössern des Baltikums, zu den Minaretten Samarkands oder den buddhistischen Klöstern am Baikalsee. Nach der Wende begann eine Bewegung in alle Himmelsrichtungen. Aber viele sind ins Ausland geraten, ohne sich vom Fleck zu rühren: in den ehemaligen Sowjetrepubliken. Nicht nur die dort lebenden Russen schreiben Russisch, auch Usbeken, Armenier oder Ukrainer. Man fühlt sich erinnert an die späte und posthume k. u. k.-Kultur: an das Aufblühen der deutschsprachigen Literatur in Böhmen und Mähren oder in der Bukowina. Nicht zufällig ist die Donaumonarchie heute ein Modethema in Russland.

Die Anthologie »Der befreite Ulysses« umfasst 244 im Ausland lebende russische Lyriker aus 26 Ländern. 21 von ihnen kamen zur Biennale. Auch sie nutzen die Gelegenheit, einander zu hören, Leonid Schwab und Gali-Dana Singer aus Israel, Andrej Poljakow von der Krim, Polina Barskowa aus den USA, um einige zu nennen. Bahit Kendschejew, ein in Kanada lebender Lyriker kasachischer Abstammung, sagt, diese Situation bereichere die russische Dichtung. Der Herausgeber der Mammut-Anthologie und einer nicht weniger umfangreichen Anthologie junger Lyrik sowie einer Sammlung mit Gedichten aus der russischen Provinz ist Dmitrij Kusmin. Solche Bücher geben einen Überblick, den die aktuelle Situation von Verlagen, Buchhandel und Kritik sonst kaum ermöglicht. Kusmin begann seine literarische Laufbahn zur Zeit der Wende. Anstatt sich den offiziellen Strukturen oder dem Underground anzuschließen, begründete er mit anderen eine neue autonome Szene, die Internetseite »Vavilon« und einige besonders für junge Lyriker wichtige Bücherreihen. Selbstverständlich gibt es auch andere Internetseiten und Verlage, die die »Vavilon-Bande« nicht unbedingt lieben. Moskau ist eine große Stadt, und in einem regen Literaturbetrieb kann nicht Eintracht herrschen.

*Von der Biennale der Dichter zu den Arbeitszimmern
des Literaturbetriebs*

Wir kommen in die Redaktion einer der »dicken« Zeitschriften. Eine alte Wohnung mit hohen Stuckdecken. Man kocht Tee. Autoren sind willkommen. Vor Jahren (aber schon nach der Perestrojka) wurde hier ein Roman von Oleg Jurjew so zensuriert, dass er das Manuskript zurücknahm. Schuld sei der damalige Chefredakteur gewesen, das komme nicht mehr vor. Liebenswürdigkeit, etwas anachronistisch, der wohlbekannte »Intelligenzija«-Typ. Raubtiere ohne Zähne werden zu Kuschelbären. Einer Raubkatze ähnelte dagegen ein zwanzigjähriges Mädchen, das mich am Vortag nach dem »Runden Tisch über die deutsche Lyrik« ansprach. »Ich bin von (sie nennt ein Glanzmagazin). Deine Handynummer! Mach mir ein Interview mit einem der Deutschen, am liebsten mit Hans!« Verblüfft von so viel Unbefangenheit fragte ich, mit welchem Hans, unter den Teilnehmern – Gerhard Falkner, Monika Rinck, Steffen Popp und Hendrik Jackson – gab es keinen. »Na ja«, sagte sie, »warte, ja, hier«, und sie las stockend aus ihrem zerfetzten Notizbuch: »Hans – ä-ä – Mag – nus – Enz – ä-ä- ensberger!« Die neue Spezies! Glanzillustrierte in Moskau publizieren erstaunlicherweise auch Literatur und können bessere Honorare zahlen als die »Dicken«. Assar Eppel, unser alter Freund und *Cicerone* an diesem Tag, wird von den »Dicken« gefragt, ob er etwas hat, was für den »Glanz« zu lang ist. Eppels Erzählungen faszinieren mit den Bildern einer untergegangenen, keiner andern mehr ähnlichen Welt eines Moskauer jüdischen Vorortes, in dem er in den 40er Jahren aufgewachsen ist. Vor der Wende war er ein geschätzter Übersetzer, aber seine Prosa konnte er damals nirgendwo veröffentlichen.

Wie alle Moskauer wirkt auch Eppel unschlüssig, ob ihm die neue Architektur in der Stadt gefällt oder nicht. Doch eher ja: Die architektonische Entwicklung der Stadt knüpfe stilistisch eigentlich dort an, wo sie vor hundert Jahren unterbrochen wurde. Im Unterschied zu der asketischen Moderne Petersburgs, die immer das Stadtbild mitbestimmte, war die üppige Moskauer Moderne, sogar das gigantische Hotel »Metropol« mit seinen berühmten Majolikawandbildern, aufgefressen worden vom Sowjetgrau. Heute steht sie da wie frischgewaschen, optisch unterstützt von den zierlichen Türmen und Türmchen der neuen, allseits gescholtenen »Luschkow'schen Architektur« (Luschkow ist der allmächtige Oberbürgermeister Moskaus), welche die *Belle Époque* nachahmt.

Noch eine große Wohnung, diesmal eine private. Tiefe Sessel, Tee mit Apfelkuchen, Katze, Papagei und Hund. Nina Sadur, eine inoffizielle Berühmtheit der 80er Jahre, verdiente damals ihren Lebensunterhalt als Putzfrau in einem Theater. Heute ist sie eine anerkannte Dramatikerin. Doch das Zeitkarussell dreht sich zu schnell: Moskau ist eine teure Stadt, und am Computerbildschirm hängt eine Brotarbeit, eine Fernsehserie, die sie und ihre Tochter Jekaterina Sadur, eine talentierte junge Prosaikerin, gerade in Arbeit haben. So oder ähnlich geht es vielen Kollegen überall in der Welt. Das tröstet aber nicht. »Sagen Sie«, fragt Nina Sadur, »wird wenigstens posthum alles richtig geregelt?« »Ja«, antworte ich.

Und zurück zum Roten Platz

Der Rote Platz war einst der üppigste Marktplatz Russlands. Ende des 19. Jahrhunderts wurde hier anstelle der Marktbuden ein großes Ladenhaus errichtet, in einem damals modischen und zugleich verlachten pseudorussischen Baustil, der russischen Version des Historismus. So wurde der Platz zu einer breiten Straße zwischen dem Kaufhaus und der Kremlwand. Nichts von dem imperialen Ausmaß, das der Palastplatz in Petersburg oder der Wiener Heldenplatz aufweisen. Dreimal wollte die kommunistische Regierung das Ladenhaus abreißen lassen, um mehr Raum für die Panzerparaden zu schaffen, doch auf geheimnisvolle Weise verhinderte das der kaufmännische Moskauer *genius loci*. Lewis Carroll beschrieb einmal die schmucke Basilius-Kathedrale am Roten Platz zusammen mit ganz Moskau (seine Russlandreise war seine einzige Auslandsreise, sonst kam er nur mit Alice ins Wunderland):

»Eine Stadt aus Weiß mit grünen Dächern, mit konischen Türmen, die einer aus dem andern emporsteigen wie ein verkürztes Teleskop; mit bauchigen vergoldeten Kuppeln, in denen man wie in einem Spiegel verzerrte Bilder der Stadt sieht; mit Kirchen, die von außen wie Sträuße verschiedener Kakteen aussehen (einige Zweige mit grünen stacheligen Knospen besetzt, andere mit blauen, andere mit roten und weißen).«

Erstaunlich, wie diese Beschreibung auf das heutige Moskau passt.

Wieder gehen wir durch die Nacht zum Roten Platz, der Moskauer Liedermacher Andrej Anpilow, der weißrussische Lyriker Dmitrij Strozew, Oleg Jurjew und ich. Hin und wieder nützen wir das spärliche Licht einer Laterne oder eines Schaufensters, um Gedichte vorzulesen. Ein Milizwagen fährt mit geöffneten Fenstern langsam vorbei, hört zu, kein Interesse, fährt weiter. Der so direkt anmutende Weg zum Roten Platz wird plötzlich von dem Fluss Moskau unterbrochen. Die Männer wären bereit, hinüberzuschwimmen, doch es gelingt mir, sie mit meinen Fragen nach der weißrussischen Literatur abzulenken und auf die Brücke zu locken.

Früher sagte man in Russland über die Emigranten: Jeder bleibt für immer in dem Alter, in dem er ausgereist ist. So gesehen kam ich nach Moskau, um mir – zusätzlich zu meinen anderthalb Jahrzehnten in Deutschland – noch die ihretwegen fehlenden russischen 15 Jahre zu holen. Um – wie Zazie in dem berühmten Roman von Raymond Queneau – *älter zu werden*. Es ist mir besser ergangen als ihr, der französischen Alice: Sie hat die Metro nicht gesehen. Ich aber wohl und auch den Roten Platz.

REISE IN DIE DREI JAHRZEHNTE
(Herbst 2008, St. Petersburg)

So viel ist so rasch geschehen,
dass die Zeiten sich drängen

Seit siebzehn Jahren wird das Land nicht mehr von den Kommunisten regiert, aber die bronzenen Lenins sind noch da. In Petersburg begrüßt dich der erste schon unweit vom Flughafen mit seiner (wohin nur?) weisenden Hand. Sie scheinen keinen zu stören. »A-a, der«, winkt man ab. »Egal. Lieber, sieh mal, was für ein widerwärtiges Haus sie hier gebaut haben!«

Unter allen ihren Namen (St. Petersburg / Petrograd / Leningrad / St. Petersburg) war die Stadt immer ein Symbol des von Peter I. gegründeten anderen, europäisierten Russland. Als ihr die Hauptstadtfunktion 1918 genommen wurde, blieben ihr die majestätischen Paläste, die Kanäle, Theater, Festungen und Kathedralen. Ich bin in dieser Stadt wie in einem Museum aufgewachsen, wie in Pompeji, einem Freilichtmuseum der untergegangenen Zivilisation. Nun verliert die Stadt ihre museale Starre, was nicht alle Petersburger gutheißen. Manch einer sieht selbst die modernen Verbundfenster (statt der Holzrahmen, die den baltischen nassen Wind in die Wohnungen ließen) als eine Verunstaltung der historischen Fassaden an.

In Russland ist so viel in so kurzer Zeit geschehen, dass hier mindestens drei Jahrzehnte gleichzeitig existieren: die spätsowjetischen 80er Jahre, die 90er Jahre des Umbruchs und die heutigen 2000er Jahre (die noch warten auf ihr Prädikat). Und manchmal fühlt man sich auch erinnert an die 60er Jahre, die Jahre der nachstalinistischen Hoffnung.

Kleine hübsche Zaren sind gekommen

Als Gegengewicht zu den Lenins sind plötzlich Zaren da. Auch zur Sowjetzeit beließ man ein paar Reiterstandbilder als Denkmäler der Kunst und Geschichte, jetzt aber kommen »neue« dazu, meist Büsten. Kleine hübsche Zaren mit adretten Schnurrbärten erscheinen in ihren eher marginalen Funktionen als »Gründer«: der Gründer der Russischen Staatsbank Alexander II.; der Gründer des Russischen Museums Alexander III.; der Gründer der Russischen Eisenbahn Nikolaus I. ...

Ein furchterregender Großer Peter

Nicht so der thronende Peter I. in der Paul-und-Peter-Festung – als eigentlicher Gründer der Stadt und des modernen Russland. Ein mit seinen unproportionierten Konturen furchterregendes Werk von Michail Schemjakin, dem 1971 aus Leningrad ausgewanderten und in Paris und New York erfolgreichen Underground-Künstler. Von Peter I. als Verteidigungsanlage gebaut, wurde die Festung für zwei Jahrhunderte zu einem politischen Gefängnis und im 20. Jahrhundert zum Museum. Doch manche Räume der riesigen Anlage standen leer wie romantische Ruinen. Im Sommer konnte man in ihnen sitzen, Bier trinken und die funkelnde Newa anschauen; im Winter fauchte der Wind dort und sammelte sich das Regenwasser.

In einem der Ravelins hat vor zwei Jahren Danila Korogodsky, der Sohn des berühmten Leningrader Kindertheater-Regisseurs Sinowij Korogodsky, mit den Schauspielern seines verstorbenen Vaters ein kleines Theater gegründet. Heute ist er ein amerikanischer Professor, aber er verbringt hier jeden freien Monat. Die ersten Renovierungen hat er aus eigener Tasche bezahlt, nun, sagt er, wird das Theater von der Stadt unterstützt. Hinter zwei bereits renovierten Räumen (einem Foyer und einem Saal) folgt eine Gewölbeflucht mit einer Laufbrücke über das knöchelhohe Wasser: »Hier wird der große Saal sein, hier der Proberaum ...«

Eine Stadt voller Mythen

Bei einer Bühnenetüde mit der blutroten sowjetischen Fahne, erzählt Korogodsky mit Staunen, fragte eine Schauspielerin, ob es sich gehört, die Fahne so zu behandeln. Korogodskys empörte Rede über Stalins Opfer traf auf höfliches, aber mäßiges Interesse. Überhaupt haben die jüngeren Menschen oft nur vage Vorstellungen von der jüngsten Vergangenheit. Meist wissen sie wohl, dass Stalin ein Verbrecher war. Aber sie wissen beispielsweise nicht, dass ihre Eltern nicht ins Ausland reisen durften (es sei denn, sie gehörten der Parteielite an). Oder dass sie bei den staatseigenen Geschäften stundenlang Schlange stehen mussten, um etwas Essbares zu ergattern. Oder dass alles Gedruckte, sogar Bonbonpapier, zensiert wurde. Sie leben ein viel normaleres und entspannteres Leben, als ihre Eltern es hatten, aber sie wissen es nicht, weil sie keine Ahnung haben, wie es früher war. Die Eltern erzählen kaum davon, weil sie es längst vergessen haben – nach all den einschneidenden Änderungen der 90er Jahre.

Parallel zum offiziellen Leningrad, »der Wiege der Revolution«, hatten wir damals noch eine geheime Stadt – eine Stadt voller inoffizieller Mythen. Da war zum Beispiel das legendäre Stehcafé auf dem Newsky Prospekt, im Volksmund »Saigon« genannt, in den 80er Jahren ein Treffpunkt der künstlerischen

Boheme. Mit einem »kleinen doppelten Kaffee« standen hier stundenlang Lyriker und Maler, die im »Hauptberuf« Heizer und Straßenfeger waren, hier erzählten die Theaterleute ohne Theater von ihren imaginären Inszenierungen. Hier erfuhr man, wo eine Wohnungsausstellung stattfindet, in welchem Klub für »Volkskunst« halblegale Rock-Gruppen spielen. Hier konnte man Samisdat-Literatur austauschen. Jeder war überzeugt, dass dieses »Saigon« von Agenten nur so wimmelte, aber das änderte nichts ... Das »Saigon« hat die Perestrojka nicht überlebt. In den 90er Jahren wurde in diesem Raum ein Geschäft für italienische Sanitärtechnik eröffnet, heute ist es ein Restaurant (10 Euro für eine Suppe).

Die Hauptstadt der russischen Dichtung

Nicht aus Nostalgie, sondern als Erinnerungsgeste veranstalteten wir, mein Mann Oleg Jurjew und ich, eine Hauslesung in unserer alten Petersburger Wohnung, sozusagen als eine Sitzung des Dichterkreises »Kamera Chranenija«. »Kamera Chranenija«, wörtlich »Verwahrkammer«, das russische Wort für »Gepäckaufbewahrung«, bedeutete für uns in den 80er Jahren eine imaginäre Kammer zur Aufbewahrung unserer Texte, die offiziell nicht erscheinen durften, heute ist das eine bekannte Online-Zeitschrift. Wir lasen einander vor, an einem Tisch, wie vor zweihundert Jahren, vor hundert Jahren, vor zwei Jahrzehnten in dieser Stadt gelesen wurde: Jelena Schwarz, Valerij Schubinsky (wie wir ein Lyriker der nächsten Generation nach dem Underground der 70er Jahre, der Generation von Jelena Schwarz, Alexander Mironow, Sergei Stratanovski – in Russland berühmten Dichtern, die, mit Ausnahme von Jelena Schwarz, im Ausland fast unbekannt sind) und Igor

Bulatowsky, noch eine Generation jünger, also Mitte dreißig, ein sehr petersburgischer Dichter.

Solche Lesungen sind selten geworden, sagen die Kollegen. Sehr selten ...

Der Leningrader Lyriker Joseph Brodsky beschrieb einmal die Lage eines Autors in der Diktatur und in einem freien Land:

»In beiden Fällen versucht ein Dichter eine ziemlich feste Wand mit seinem Kopf durchzubrechen. Im ersten Fall reagiert die Wand so, dass der physische Zustand des Dichters gefährdet ist. Im zweiten Fall schweigt die Wand, und das gefährdet seinen psychischen Zustand. Ehrlich gesagt, weiß ich nicht, was furchtbarer ist.«

Nachdem die Literatur von der Obrigkeit nicht mehr als eine Bedrohung empfunden wird und der Elan der Perestrojka sich gelegt hat, hat der Literaturbetrieb noch nicht zu den neuen Umständen angepassten Formen gefunden. Und die Literaten haben sich noch nicht daran gewöhnt, dass »die Wand« schweigt. Während unseres Treffens mit den jüngeren Kollegen im Achmatowa-Museum fragen wir, wie sie das gegenwärtige literarische Leben empfinden. Sie wirken etwas ratlos, sie sind weder zufrieden mit dem Stand der Dinge, noch können sie sich vorstellen, was zu ändern wäre.

Sieben schneeweiße Katzen

Ein trauriger Besuch des Großen Prospekts auf der Petrograder Seite, gebaut im Stil der Petersburger Moderne, der sogenannten »Nord-Moderne« – im Unterschied zu den üppigen Moskauer Mosaiken und Panneaus ist sie zurückhaltend: dunkler Stein, viel Glas, klare Konturen. In dieser Straße lebte der 2001 verstorbene Lyriker Viktor Kriwulin, dessen Wohnung eines der Zentren der »parallelen«, inoffiziellen Literatur in Leningrad war. Seine Witwe, die erst seit Anfang der 90er Jahre in Petersburg lebende Literaturwissenschaftlerin Olga Kuschlina, verwaltet nicht nur seinen Nachlass, sondern entdeckt unter den Tapetenschichten in dieser Wohnung Spuren der Geschichte: alte Zeitungen, auch vor hundert Jahren in Petersburg erschienene deutsche Blätter (damals lebten in Petersburg viele Deutsche, heute übrigens auch, auch in Moskau, wo es bereits eine deutsche Zeitung gibt) oder die blass geblümten Tapeten, die ein Liebhaber der russischen Avantgarde sofort erkennt, weil ebensolche Tapeten als Papier für eine berühmte futuristische Lyriksammlung von 1910 dienten (u. a. mit Gedichten von Chlebnikow). Sieben schneeweiße Katzen leben hier, einander so gleich, dass ich zuerst dachte, es sei eine einzige, die sich so schnell bewegt.

Ein paar Tage später genießen wir bei Jelena Schwarz, Grande Dame der Petersburger Lyrik, einen ungewöhnlichen Leseabend: Alle tragen nicht eigene Gedichte, sondern Gedichte aus dem 18. Jahrhundert vor. Gekommen sind Dichter verschiedener Generationen und eine junge Slawistin aus der Schweiz, die ihre Diplomarbeit über Jelena Schwarz schreibt und auch ein russisches 18.-Jahrhundert-Gedicht auswendig vorträgt. Jelena Schwarz sagt, dass die immer von der Dichtung beseelte Stadt der Dichtung immer fremder wird. Vielleicht ist es so. Dabei schreiben hier nach wie vor wunderbare Lyriker.

Heizer und Straßenfeger

Der Leningrader Underground der 70er Jahre wurde zur entscheidenden literarischen Anregung der Lyriker der 90er Jahre. Underground-Dichter wurden zu Klassikern, was sich aber kaum auf ihre Lebensumstände auswirkte. Die Literatur ist in dieser Stadt ein unterirdischer Fluss geblieben.

Sogar die Heizerräume sind immer noch Zuflucht für die von der kommerziellen Literatur (damals aus ideologischen, jetzt aus wirtschaftlichen Gründen) ausgeschlossenen Dichter. Mancher Kollege sitzt da seit dreißig Jahren und ist sehr zufrieden: Der Monatslohn kommt, zu tun ist nicht besonders viel, man kann während der Schicht (24 Stunden alle drei Tage) schreiben, ab und zu kommen Freunde – um ein Fläschchen zusammen zu trinken und über Poesie zu sprechen ... Diese Petersburger Spezialität ist sogar zu einem Ausflugsziel für junge Moskauer Literaten geworden: Vor einiger Zeit beschrieb Dmitrij Kusmin, Moskauer Lyriker und enthusiastischer Organisator des poetischen Alltags, in seinem Blog einen Besuch bei dem Lyriker Dmitrij Grigorjew an dessen Arbeitsplatz:

> »Wir haben mit großem Interesse Grigorjews Vortrag über den Heizerraum als Punkt, wo alle vier Elemente zusammenkommen, und über den Heizer als den Herrn der vier Elemente gehört. Die Schichtablösung des Dichters ist der Übersetzer der Briefe von Proust.«

Die Stadt, die Heldin der verrücktesten russischen Erzählungen – denn eben sie steckt hinter Puschkins mysteriöser Pique Dame, Gogols flanierender Nase, Dostojewskijs idealistischem Mörder Raskolnikow u. v. a. –, ist nach wie vor reich an Seltsamkeiten.

Friedhöfe und Kinderspielplätze

In den 90er Jahren hatten die zu schnell zu Geld gekommenen Neureichen es eilig, sich vom gemeinen Volk abzugrenzen und ihre VIP-Zugehörigkeit zu zeigen. Die skurrilen Merkmale jener Zeit sind fast verschwunden: Das schiefe Häuschen mit der Aufschrift »VIP-Sauna« in Leuchtbuchstaben ist ein ziemlich anachronistisches Landschaftsmonster. Obwohl sich westliche und auch russische Medien hauptsächlich auf die Extreme, d. h. auf die Superreichen oder Superarmen, konzentrieren, gibt es inzwischen auch eine Mitte, und sie wächst.

Wenn du ein seltener Gast in deiner Heimatstadt bist, musst du auch die Friedhöfe besuchen. Da siehst du auf den besten Plätzen, vor denen die alten Gräber zu weichen hatten, die mit üppigen Steinplastiken geschmückten Grabmale der Großkriminellen der 90er Jahre prangen. Die Friedhofswächter erzählen, dass in den 90ern jeden Tag eine Trauergesellschaft kam, die aussah wie jene aus den italienischen Mafia-Filmen: grobgesichtige muskulöse Männer mit dem traurigen »V« ihrer Arme um das Grab ihrer gefallenen Mafia-Kameraden.

Damals fühlte sich allerdings jeder von der Umwelt bedroht. Heute sieht man wieder entspannte Menschen in den nächtlichen Straßen. Ein ähnliches Gefühl soll man in den 60er Jahren gehabt haben, als die Nachkriegskriminalität besiegt wurde und eine relative Sicherheit eintrat. Sie blieb, bis das Land eine neue Kriminalitätswelle überrollte, eine Folge der Gorbatschow'schen, ungenügend durchdachten ökonomischen Liberalisierung.

Das 60er-Jahre-Gefühl wird auch von der aktuellen Mode unterstützt, die in dieser Saison große Knöpfe und auffällige Kragen anbietet. Hohe Absätze unterstreichen nicht nur die Länge der Beine, sondern auch die Stärke des Willens. In keiner westeuropäischen Metropole habe ich so sorgfältig angezogene Frauen gesehen – auch sehr früh morgens – Make-up, Schmuck, Frisur, neueste Mode in allem und sadistisch (oder masochistisch?) hohe Absätze.

In den 60er Jahren wurden neben den Wohnhäusern (hauptsächlich in Neubaugegenden) zahlreiche Kinderspielplätze errichtet. Später wurden die verschandelten und verbogenen Rutschen und Schaukeln in den immer breiteren Pfützen von immer aggressiveren Teenies in Anspruch genommen. In den 90er Jahren wurden die Pfützen zu Teichen, die von wer weiß woher angeflogenen Wildenten belebt wurden. Heute sind die Plätze zur verständlichen Zufriedenheit der Einwohner renoviert und mit sauberem Kies bestreut. Aber dicht von parkenden Autos umgeben, was vor fünfzig Jahren natürlich auch nicht vorgesehen war.

Und die Straßen Petersburgs, obwohl sie so breit sind, als hätte Peter I. geahnt, wie im 21. Jahrhundert der Straßenverkehr wächst, reichen doch nicht mehr für die unzähligen Autos. Um eine nicht sehr lange Straße zu durchfahren, braucht man manchmal eine volle Stunde und mehr. Wer sich über den Feinstaub Gedanken macht, sollte für ein paar Tage eine der russischen Großstädte besuchen – dann wird er daheim die frische Luft von Berlin, Zürich oder Paris genießen. Er sollte sich aber beeilen, in Russland ändert sich alles ungeheuer schnell.

GOOD-BYE, AMERICA, OH

»... ils ne sont pas des hommes, ils ne sont pas des femmes, ils sont americains« (das sind keine Männer, das sind keine Frauen, das sind Amerikaner), soll Picasso über die jungen Amerikaner gesagt haben, denen er bei Gertrude Stein begegnet war. Sie waren ihm nicht zivilisiert genug, »jungfräulich«. In demselben Buch, »The Autobiography of Alice B. Toklas«, einige Seiten später, sagt Gertrude Stein (formell nicht als Antwort, aber doch parierend), Amerika sei das älteste Land der Welt. Denn die Welt fange gerade an, das Leben zu leben, das Amerika erfunden und bereits seit dem amerikanischen Bürgerkrieg gelebt habe. In der neuen Zivilisation sei Amerika die Quelle und das Urmuster, Europa jedoch Lehrling und Nachfolger. Allerdings ist heute das, was Gertrude Stein als bewusst zugespitztes Paradoxon formulierte, eine Selbstverständlichkeit. In Amerika eine neue Antike zu sehen würde niemandem als etwas Überraschendes vorkommen (mit Spiderman als Prometheus, Faulkner als Homer und Jacqueline Kennedy als Aspasia). Auch in dem Land, in dem ich geboren und aufgewachsen bin, war das nicht anders – im Großen und Ganzen. Aber sehr anders im Verlauf und in den Details, den Besonderheiten dieses Landes und seiner Geschichte entsprechend.

* * *

»Good-bye, America, oh, das Land, wo ich nie ankomme!«, ertönte gegen Ende der Sowjetunion aus allen Fenstern die Stimme des eben erst zugelassenen und prompt berühmt gewordenen Rocksängers Wjatscheslaw Butussow. Der sogenannte »russische Rock« kam aus halblegalen *Clubs* auf große Bühnen, ja sogar ins Fernsehen. Alles war nun plötzlich erlaubt. Eine schwindelerregende Freiheit kam ohne Anlauf auf alle zu. Und Butussow sang mit seiner heiseren melancholischen Stimme: »Mir sind nun deine abgewetzten Jeans zu eng geworden, zu lange hat man uns gelehrt, deine verbotenen Früchte zu lieben«.

Was wollte uns der Künstler damit sagen? *Did he tell goodbye* diesem Land? Oder den Träumen? Wollte er sagen: *Das Leben der Erwachsenen beginnt, und wir sehen plötzlich, wie dumm und naiv wir gewesen sind, mit diesem Amerika, das wir uns ausgedacht hatten.* Oder: *Ein (geliebt zu werden) erlaubtes Amerika ist nicht liebenswert genug.* Ungefähr so, glaube ich. Oder meinte er überhaupt nichts, sang nur vor sich hin? Unter Rocksängern soll so etwas vorkommen, hört man.

So oder so, dieses Lied erinnert mich immer wieder an eine Episode, noch zehn Jahre davor: Ende der 70er Jahre hatte ein Kulturzentrum Studenten und Professoren aus einer amerikanischen Universität eingeladen, die für das Leningrader Publikum einen »Amerikanischen Abend« veranstalteten. Zu jener Zeit interessierte Amerika alle (nichts Spezielles, alles, was hinter dem »Eisernen Vorhang« war, war anziehend und interessant, alle »verbotenen Früchte«). Zu diesem Abend kamen viele: Da waren Studenten, aber auch Professoren, da waren Autoren und Künstler und Musiker. Auf der Bühne tanzten und sangen nette Mädels und Jungs *country*. Danach erzählten sie uns in groben Zügen, was »Universität« bedeutet und wie man dort studiert (also man soll selbst etwas lesen, irgendwelche Vorlesungen besuchen, ab und zu eine Arbeit schreiben). Zuletzt sagten sie, dass sie uns nun zeigen, wie die jungen Menschen in Amerika angezogen sind, verschwanden für einen Augenblick hinter der Szene und kamen wieder in *jeans* und *t-shirts* und mit bunten *neckerchiefs* um den Hals.

Das war peinlich. Die Mädels und Jungs in *t-shirts* waren *okay* (sie konnten nichts dafür, dass man ihnen an ihrer Uni mitten in den Kukuruzfeldern erzählt hatte, wir in Leningrad hätten nie ein Buch oder ein T-Shirt gesehen). Albern waren wir, die dorthin kamen ...

Für mich klang das obenerwähnte »*Good-bye, America*« als Abschied von dieser Albernheit.

* * *

Meine Geographielehrerin in der Schule war mit einem sowjetischen Funktionär verheiratet. Deshalb hatte sie Privilegien, die normale Menschen sich nicht einmal hätten erträumen können. Beispielsweise wurde sie von ihrem Gatten auf eine Dienstreise – ausgerechnet in die USA – mitgenommen. Zurück in der Schule, erzählte sie: »Die Amerikaner sind von sich aus gute Kerle, offen, einfach, den Russen übrigens sehr ähnlich. Aber die Armen! Sie leiden unter dem Kapitalismus.« Und sie zeigte uns einen Bericht von einem amerikanischen Korrespondenten einer großen Moskauer Zeitung: Im New Yorker *supermarket* sei er ins Gespräch mit einer netten alten Frau gekommen, die eine Dose Katzenfutter kaufte. »Wie heißt ihr *pet*?«, habe er gefragt. Und sie habe ihm geantwortet: »Aber nein, ich habe kein Haustier. Ich kaufe das für mich. Menschenessen wäre für mich unerschwinglich.« Das war beeindruckend. So beeindruckend, dass mir zwanzig Jahre später, als ich zum ersten Mal einen westlichen Supermarkt betrat, diese völlig vergessene Geschichte plötzlich wieder in den Sinn kam und ich die Preise der Tier- und Menschenlebensmittel verglich: Mit Erstaunen stellte ich fest, dass Tierspeisen nicht billiger sind. »Oder war das vor zwanzig Jahren anders?«, fragte ich mich.

Seltsamerweise erinnerte ich mich in den ersten Jahren nach der Schule nicht an diesen Bericht. Ich kannte damals viele amerikanische Studenten, die in der Leningrader Uni ihr Auslandssemester machten, und hätte sie fragen können. Auch in den 8oer Jahren galt die Bekanntschaft mit den westlichen Ausländern zwar noch als gefährlich, aber die Obrigkeit meinte das nicht mehr so ernst. Meine amerikanischen Freunde waren von der russischen Literatur begeistert. Sie schenkten uns Bücher – die armen westlichen Studenten waren in Russland plötzlich zu »Reichen« geworden. Sie durften in speziellen Geschäften namens »Berjoska« (Birklein) einkaufen, in denen man nur Westgeld annahm. Auch Bücher wurden in diesen Geschäften angeboten: sowjetische Bücher, die in normalen Läden nicht zu kaufen waren – Achmatowa, Pasternak, Mandelstam. Noch heute habe ich eine (aus Leningrad nach Frankfurt mitgeschleppte) zweibändige Zwetajewa-Ausgabe aus der »Berjoska«, *thank you, John*, und einen Pasternak ebensolcher Herkunft, *thank you, Lora*). Sie brachten uns auch ihre Lieblingsbücher auf Englisch mit, Judith las mir Sylvia Plath vor. Als sie erfuhren, dass wir in Leningrad nie eine Avocado gesehen hatten, waren sie entsetzt und versuchten aufrichtig, die Frucht zu beschreiben: »Das ist so, wie wenn du Kartoffeln und Erbsen zusammen pürieren würdest.« Einmal haben zwei Jungs aus der Gruppe der amerikanischen Studenten eine rote Fahne von der Straße geklaut (das war am Ersten Mai, die Straßen Leningrads waren zum Fest mit roten Fahnen geschmückt). Sie wollten sie als Erinnerung an die schöne Zeit mit nach Hause bringen, aber kaufen konnten sie die Fahnen nirgendwo, in keiner Form, kein T-Shirt, keine Handtücher, nichts. Natürlich wurden sie sofort festgenommen, die Fahne beschlagnahmt und sie ausgewiesen, mit dem Verbot, je zurückzukommen. Kein Sowjetmensch konnte glauben, dass die Sowjetfahne von einem Ausländer zu etwas anderem gebraucht werden könnte als zum ... nicht direkt Schänden, sondern, sagen wir, zum ... Ironisieren.

Und bald darauf sang der Rocksänger sein »Good-bye, America, oh«.

Unmittelbar nachdem er das gesungen hatte, begann alles: Der Eiserne Vorhang schob sich langsam auf, und das gerade verabschiedete Amerika ging hinein, inklusive der ausgewiesenen Flaggenschänder. Amerika, das vorher wie ein niedliches Haustier im Radiogerät gelebt hatte (»This is a voice of America«, begrüßte mich eine optimistische Männerstimme aus dem Elternzimmer, wenn ich abends nach Hause kam), verwandelte sich in ein allgegenwärtiges draufgängerisches Wesen.

* * *

Russland, befreit von der Sowjetunion, stand vor der Welt und schaute sie an (und sich um). Während aber seine Bewohner sich noch überlegten, in welche Richtung sie sich begeben möchten, begab sich die russische Sprache von selbst in die weite Welt hinein und brachte nicht mehr verbotene, aber komische Früchte zurück: *grant* (»Was heißt ›grant‹?«, fragte ich vor kurzem das russisch-englische Online-Wörterbuch, »grant« mit kyrillischen Buchstaben geschrieben. Das Wörterbuch antwortete mir: »fellowship«. *Rijeltorr* (für Immobilienmakler), *riderr* (für diejenigen, die Manuskripte bei Literaturwettbewerben lesen; wie heißt das auf Deutsch?), *brokerr*, *klip* (zum Wort »klipmejkerr« schweigt das Wörterbuch, das Wort haben die Russen offenbar selbst erfunden, genauso wie die Deutschen »Handy« erfunden haben), *lising, fisting, promoschen, PR, HR, GR* ... Sie kamen von überall. Einerseits kamen sie, um die neuen Gegenstände, Berufe oder Situationen zu benennen. Andererseits gab es für viele dieser

Erscheinungen bereits russische Wörter, die nun gewichen sind.

* * *

Vielleicht registriert die Sprache gesellschaftliche Vorgänge wie ein Sensor, gleichgültig und objektiv.
　Vielleicht aber bestimmt die Sprache diese Vorgänge.
　Vielleicht ist die Sprache überhaupt die Ursache der Schöpfung.
　Vielleicht hat die Sprache die Menschen geschaffen, um gesprochen zu werden.

* * *

Wie auch immer: Die Menschen haben keinen Einfluss auf die linguistischen Prozesse, sie dünken sich nur die Herrscher der Sprache. Aber irgendwie ahnen die Menschen, dass die Sprache sich immer selbständig macht. Sie versuchen sich zu wehren, sich von den objektiven und unaufhaltsamen linguistischen Prozessen zu distanzieren. Hier in Europa haben wir zum Trost *realisiert*, dass wir dafür traditionsreich, kulturell und vielwissend sind. Und möchten gerne die Amerikaner ungefähr so sehen, wie die Jungs und Mädels aus der Kukuruz-Uni das Petersburger Publikum sahen: »Meine Freunde aus Chicago kommen zu Besuch«, sagte vor kurzem eine kultivierte deutsche Dame zu mir. »Ich habe für sie Opernkarten besorgt. Ja, ja, sie sind ziemlich gebildet und haben eine Ahnung von Kultur. Was unter Amis natürlich eine große Ausnahme ist.« (Picasso lässt grüßen: »… ils ne sont pas des hommes, ils ne sont pas des femmes, ils sont americains.«)

* * *

Wenn wir über die Geschichte nichts außer der Entwicklung der Sprachen wüssten, z. B. über die Einwirkungen des Phönizischen und des Ägyptischen auf das jungfräuliche Griechisch und den späteren Sieg des Griechischen über beide, dann wüssten wir sehr genau »wer wen und wann und weswegen und was daraus wurde«, und hätten eine Geschichtswissenschaft, die – möglicherweise – sogar präziser wäre als die, die wir kennen.

* * *

Aber was mir in der Tat leidtut, ist die englische Sprache. Erstens wird sie, wegen welcher Überlegung auch immer, aber in vielen Fällen sprachwissenschaftlich vollkommen falsch, »das Amerikanische« genannt. Zweitens: Was hätte Ovid gesagt, wenn er das Latein der mittelalterlichen Mönche und Studenten gehört hätte? Und was hätte die gute alte Gertrude Stein empfunden, wenn sie hätte sehen können, welche Folgen für ihre Sprache diese Lehrmeisterposition hat, wenn sie z. B. mich hätte Englisch sprechen hören (die Arme!)?

Und das Russische? Das Russische konnte sich knapp vor diesem Los retten: Da die Sowjetunion nicht mehr existiert, gibt es keine Gefahr mehr, dass die russische Sprache als kommunistische Lingua franca missbraucht wird und sich schließlich in diversen Pidgins verliert. Ein paar *managers* und *analysts* werden uns nicht schaden können. Russisch ist eine alte Sprache – wir haben in unserem Altertum das Alt-Bulgarische, das Mongolische und das Türkische verkraftet und integriert, das Polnische im 17., das Holländische und das Deutsche im 18., das Französische im 19., das Kommunistische im 20. Jahrhundert. Im 21. werden wir auch über das Amerikanische hinwegkommen. No doubt.

CHRIST IST ERSTANDEN.
AUCH IN RUSSLAND
(Ostern 2009)

Als Boris Jelzin, der erste Präsident Russlands, sich bei einer Osterfeier bekreuzigte – wohl zum ersten Mal in seinem Leben und vor Fernsehkameras, also der ganzen Welt –, vollführte er das rührend ungeschickt. Die russischen Journalisten spotteten darüber gern, obwohl sie selbst sich in der Kirche kaum besser zu bewegen wussten. Uns alle könnte man mit den Römern im 4. Jahrhundert n. Chr. vergleichen, die zuerst die Verfolgung der Christen und später den Triumph des Christentums erlebten. Und umgekehrt hätte mancher russische Funktionär einen römischen Beamten vergegenwärtigen können, der in seiner Jugend die Christen an Löwen verfüttern ließ und als alter Mann den Kaiser Konstantin zum ersten Konzil begleitete, auf dem die Häretiker verurteilt wurden.

Allerdings hat man die Kirchgänger in der späten Sowjetzeit nicht mehr in die Löwengrube geworfen. »Das System« war ermüdet, von den inneren Kämpfen ermattet, von der westlichen Propaganda irritiert (man sagte, die BBC sei Gorbatschows Lieblingssender) und nicht mehr so strikt atheistisch wie in den 30er Jahren. Besonders privat. Die Jugend zeigte immer mehr Zuneigung zur Religion, Feiern wie Ostern zogen viele an: Mitternachtsmesse und Kreuzprozession um die Kirche mit Kreuzen und Ikonen; Gold, Brokat und brennende Kerzen, Gesang und Glockengeläut. Die Eltern brachten dafür nicht unbedingt Verständnis auf. Der Vater meiner Schulfreundin sagte einmal, eine Halskette mit Kreuz sei für ein Mädchen genauso unschicklich wie ein uneheliches Kind.

So verkam das einstige Freidenkertum zu prüder Kleinbürgerlichkeit.

Keine Löwengrube also, »nur« Unannehmlichkeiten. Als ich während meines Studiums als Schreibkraft jobbte, fragte man mich, warum ich nicht Mitglied der kommunistischen Jugend-Organisation »Komsomol« sei. Ich wusste nichts Besseres, als zu sagen, ich glaube an Gott. Das kostete mich den kleinen Job. Ich kannte einige Studenten, die exmatrikuliert bzw. vermahnt wurden, weil sie zu Ostern eine Kirche (oder die – wir hatten in Leningrad nur eine – Synagoge zur Pessachzeit) besuchten und jemand sie verpetzte. Ich erinnere mich an Ostertage, an denen Christen mit ihrem Osterkuchen »Kulitsch« (ähnlich dem italienischen Weihnachtskuchen »Panettone«) und Juden mit ihrem Matzen (man konnte sie in der Synagoge kaufen) gemeinsam aßen. Eier färbte man auf die einfachste Art: Man kochte sie in einem Topf mit Zwiebelschale, bis sie terrakottarot wurden und ein leichtes, angenehmes Aroma bekamen. Alle, die sich am Ostersonntag trafen, sollten einander gefärbte Eier schenken, sich küssen und sagen »Christ ist erstanden« (worauf die Antwort war: »Wahrlich, er ist erstanden«). Nicht-Christen aßen diese Eier einfach so. Wenn die Festtage kalendarisch kollidierten, aßen die Juden den »Kulitsch« nicht, die Christen dagegen konnten von allem ihren Anteil haben (ich selbst bestrich mir den Matzen mit der köstlichen Ostern-Frischkäsespeise). Dass alle Religionsrichtungen mehr oder weniger gleich unterdrückt wurden, förderte eine gewisse religiöse Toleranz. Schon damals waren auch viele Mitglieder der Parteieliten dem in Mode kommenden russischen Nationalismus zugeneigt, und ihr Wohlwollen der russisch-orthodoxen Kirche gegenüber war zu spüren. Als in Petersburg 1981 offiziell eine Vereinigung der inoffiziellen Literaten gegründet wurde (die inoffiziellen Literaten nahmen es als ihren Sieg, aber es ist fraglich, ob zu

Recht), riefen zu Ostern die KGB-›Betreuer‹ die führenden Underground-Dichter an, um zu sagen: »Christ ist erstanden.« Auch das lässt an die späten römischen Zeiten denken. Sehr bald nachdem Konstantin allen Religionen Freiheit und Gleichberechtigung versprochen hatte, wurde das Christentum »das Gleichste«.

Kurz vor dem Ende der Sowjetzeit war der Glaube en vogue. Ich weiß noch, wie der berühmte Liedermacher Bulat Okudschawa mit einer herausfordernden Intonation sagte, er sei Atheist. Es war deutlich gegen den in der Künstlerelite aufgekommenen religiösen Elan gerichtet. Auch ich, damals siebzehnjährig, war schockiert, als ich das hörte (worauf der Sprechende auch aus war). Bald erklärten sich sämtliche Schlagersängerinnen und Würstchenverkäuferinnen, die meisten Neureichen und alle Kleinkriminellen zu eifrigen Christen. Heute ist das Kreuz als Schmuckelement (ich spreche nicht von wirklich religiösen Menschen, sondern nur von der gesellschaftlichen Seite der Religion) sehr verbreitet in Russland, viel mehr als in Mittel- und Nordeuropa, vielleicht so wie im romanischen Süden und in Lateinamerika. Inzwischen ist die russisch-orthodoxe Kirche eine mächtige, sehr reiche (besonders dank der Handelsprivilegien, die ihr der frühere Erste Sekretär des Swerdlowsker Parteikomitees und spätere Erste Präsident Russlands schenkte) und eine in der Öffentlichkeit sehr präsente Institution. Häufig sieht man die Repräsentanten der Kirche neben den russischen Staatsoberhäuptern.

Die Trennung der Kirche vom Staat 1918 war eigentlich ein Akt der Befreiung der Gesellschaft vom Diktat der Kirche. Und wie viele frühsowjetische liberale Ansätze verkehrte sich auch dieser in sein Gegenteil. Verfolgung der Geistlichen und Gläubigen, Enteignung des Kircheneigentums, Zerstörung der Kunstwerke. Rasch werden Unterdrückte zu Unterdrückern!

An einigen Mittelalterkirchen sind Ecclesia und Synagoga

zu sehen, zwei Sandsteinfiguren aus dem frühen 13. Jahrhundert, schlanke Frauen in schön um ihre Figuren in Falten fallenden Kleidern. Die bekrönte Kirche hat ein strenges Gesicht und die Haltung einer Grundschullehrerin, die Synagoga steht mit gesenktem Haupt, Augenbinde und zerbrochener Lanze, unendlich anmutig in ihrer Demütigung. So ungeschützt und erniedrigt war wohl auch die Ecclesia, ehe die Römer sie anerkannt hatten. Nun schaut sie streng auf ihre Schwester (oder besser gesagt: Tante), das eigene einstige Leid ist vergessen.

1862 stellte der junge Maler Wassilij Perow sein Bild »Dörfliche Kreuzprozession zu Ostern« in St. Petersburg aus. Es zeigt die stockbetrunkene dörfliche Gesellschaft, Frauen mit schnapsseligen Gesichtern, einen sich offensichtlich mühsam aufrecht haltenden Popen. Der Künstler wurde der Sittenwidrigkeit beschuldigt und das Bild aus der Ausstellung entfernt. Heute könnte es in den berühmt gewordenen provokativen Ausstellungen »Vorsicht Religion« und »Verbotene Kunst« im Sacharow-Zentrum in Moskau Platz finden, nur sollte man dem Popen eine Flasche Coca-Cola in die Hand geben, der Frau statt der Ikone ein Lenin-Bild. Wenn die kirchennahen Vereine und Vereinigungen die Organisatoren dieser Ausstellungen anklagen, hat man ein seltsames Gefühl, weil es nicht so lange her ist, dass die nonkonformistischen Künstler und die Kirche von der kommunistischen Obrigkeit im gleichen Maß unterdrückt (und insgeheim hofiert) wurden.

Doch ist es gut und richtig, ohne Repressalien glauben und feiern zu können. Solange man niemanden zum Glauben zwingt. Das beste Ostergericht ist, *glaube ich*, die sogenannte »Paskha« (das bedeutet Ostern, das russische Wort »Paskha« ist vom jüdischen »Pessach« abgeleitet). Das ist ein Frischkäse-Creme-Nachtisch. Vorsicht: fett! Aber einmal im Jahr ...!

Für die Wagemutigen unser Familienrezept, meine Mutter

hielt es für verschwunden, aber meine Cousine hat es wiedergefunden:

Ein Glas Zucker und acht Eier verrühren, dazu 1 kg Frischkäse, 1 Päckchen Vanillezucker und Rosinen geben, alles gut mischen und unter Rühren langsam erhitzen. In der heißen Masse 200 g Butter schmelzen und dann alles abkühlen lassen. In ein Sieb ein Tuch legen, die Masse hineingießen und abtropfen lassen. Das Tuch mit der »Paskha« in einen Topf tun, von oben beschweren und über Nacht in den Kühlschrank stellen. Guten Appetit. Christ ist erstanden (nach julianischem Kalender, natürlich)!

WARUM STRASSENBAHN?
WARUM LISSABON?

Oleg Jurjew sagte: »Straßenbahn.« Er sagte: »Lissabon.« Ich sagte: »Straßenbahn? Lissabon?« Die Zeitnot gab uns drei Tage frei. Er sagte: »Ich habe das geträumt.« Ich sagte: »Ich auch. Fast. Ich habe einen portugiesischen Film gesehen, mit einer Straßenbahn, einem breiten Fluss und streunenden Hunden am Ufer, einem blonden, taubstummen Mädchen und einem langen Hölderlin-Zitat: ›... Ach! ich habe dir ein Griechenland versprochen und du bekommst ein Klaglied nun dafür. Sei selbst dein Trost! ...‹, es ist so lange her, als wäre es ein Traum.« Er sagte: »Hätten die Politiker und Ökonomen die großen Dichter ernst genommen, hätten wir wahrscheinlich keine Griechenlandkrise jetzt.«

Dann war da die Stadt, der das Leben nach der Katastrophe eine immerwährende Melancholie verleiht. Oder nicht nach, sondern neben. Wir *wissen*, dass das Erdbeben von 1755 dem europäischen Denken eine andere Richtung gegeben und es mit noch mehr bitterer Skepsis ausgestattet hat, aber die Lissabonner *leben* damit. Oder wohnen darin. Ich las in einem Reiseführer, dass viele, als 2007 eine Wahrsagerin das neue Erdbeben vorausgesagt hatte, Lissabon verlassen bzw. die U-Bahn gemieden haben.

Lissabons Charakter besitzt etwas, das einen sich für die eigene Unvollkommenheit schämen lässt, obwohl diese Stadt niemanden beschämt, ihr Charakter ist solcherart freundlich, dass man sogar dieses Beschämtsein leicht erträgt, besänftigt und resigniert. Vielleicht ist das nicht nur durch das Erdbeben bedingt? Vielleicht steckt das Bewusstsein der bereits vor 1755 verlorenen Macht und des verflossenen Reichtums dahinter? Das ist mir eingefallen, weil das dem melancholischen Lächeln eines Wieners nicht unähnlich ist, der sagt, Wien sei zu groß für ein so kleines Land. Nur ohne Lissabonner Milde.

In allem hier ist eine leise Zurückhaltung. Sogar in dem Schatten, der uns Hasch anzubieten versucht, nachdenklich »good stuff« sagt und wieder im Dunkel verschwindet. Die Lissabonner, die ihre winzigen gelben Straßenbahnen (die 28, die 12, die 15) für ihre alltägliche Bewegung durch die siebenhügelige Stadt brauchen, behandeln die Unmengen von Straßenbahn-Touristen mit freundlicher Gefasstheit.

In dieser von Straßenbahnen durchschossenen Stadt rattert eine andere durch unsere Köpfe, die »verirrte Straßenbahn« aus dem Gedicht von Nikolaj Gumiljow, der 1921 der monarchistischen Verschwörung beschuldigt und hingerichtet wurde. Das war eines der frühesten Traumata der russischen Moderne, der Anfang ihrer Vernichtung. Gumiljow, eine klassische Gestalt der klassischen Moderne, ein von Schönheit und Tragik des Lebens gebannter Abenteurer, musste 35-jährig sterben, als er erst angefangen hatte, wirklich große Gedichte zu schreiben. Seine »Verirrte Straßenbahn« ist genial (wie man damals noch sagen durfte), sie irrt durch das schemenhafte Petersburg, überquert die Brücke über die Newa und fährt weiter, über die Seine, über den Nil, an einem Gemüseladen vorbei, wo man menschliche Köpfe statt der Krautköpfe feilbietet, sie spukt nach und neben der Oktoberkatastrophe von 1917 um die Welt und kommt jetzt unverhofft nach Lissabon, über den Fluss Tejo, wie in meinem Film, wie im Traum meines Mannes.

Das ist eine Leistung, dass wir, zwei Autoren, die seit Jahrzehnten zusammen unterwegs sind, um die Bilder und Ereignisse nicht streiten, was in letzter Zeit dadurch begünstigt wird, dass einer von uns überwiegend russische Gedichte schreibt, ein anderer (eine andere) überwiegend deutsche Prosa. Wir werden auch diese verrückte Straßenbahn teilen. Auch die hiesigen Straßenmusiker, auf deren Schultern keine Papageien und keine Äffchen, sondern winzige Hündchen sitzen, die im Maul Puppenhaus-Eimer für das eventuelle Kleingeld halten.

Nicht allein die Straßenbahnen, auch der Klang der Sprache ist uns vertraut. Das ist selbstverständlich eine falsche, spukhafte Vertrautheit: Nicht-Russen und Nicht-Portugiesen, die Portugiesisch können, zucken zusammen, wenn sie mich Russisch sprechen hören, es klingt in ihren Ohren wie Portugiesisch. Ich zucke hier zusammen, weil ich die Wörter nicht verstehe, die wie Russisch klingen, und – jeder Mensch ist ein bisschen Sammler, wenn er nicht Jäger ist, oder auch dann – beginne andere Ähnlichkeiten zu sammeln: Jedes Geschäft und Lokal hat ein Beschwerdebuch, das regelmäßig von einer Behörde geprüft wird. Das hatten wir auch: Ich weiß noch, wie mein Vater, wenn andere Kunden ihren Stress an einer Kellnerin ausließen, darin ein paar Dankesworte für sie reinschrieb. Noch eine Ähnlichkeit: Dichter. Überall steinerne und metallische Dichter – auf den geräumigen Plätzen und in den steilen Gassen: der Name und das Wort *poeta* am Sockel. Bedauerlich, wie wenige von ihnen ich kenne. Auch in Petersburg stehen sie überall, der breiten Welt mit ein paar Ausnahmen unbekannt. Endlich sind im Blickfeld drei, von denen ich zwei kenne, ohne nachzuschlagen (sie kennt freilich jeder): hoch über dem Platz seines Namens Luís de Camões und am Terrassentisch des Cafés »A Brasileira« Fernando Pessoa. Zwischen ihnen am Platz seines Namens António Ribeiro Chiado, ein mit Camões befreundeter *poeta*, der des Lebens als Mönch überdrüssig wurde und nach Lissabon zog, um sich als Bauchredner durchzuschlagen. Ein Spötter, der von seinem Sockel zu fragen scheint, ob die Touristen, die sich auf den zweiten Stuhl an

Pessoas Tisch setzen, um sich mit ihm fotografieren zu lassen (ich habe das nicht gewagt), ahnen, über welchem Abgrund dieser Tisch steht, über welchem Schlund von *saudade*, wie diese portugiesische Wehmut heißt, von der ich spreche.

Zwischen dem Gespräch über Träume und Lissabon bekam ich von Norbert Wehr, der in seiner Zeitschrift »Schreibheft« ungewöhnliche, schöne und seltsame dichterische Erscheinungen sammelt, Texte aus dem vergriffenen Heft Nr. 64: ein Dossier zu Pessoas Literaturzeitschrift »Orpheu«. Wer Poesie liebt oder eine Reise nach Lissabon plant, dem sei wärmstens empfohlen, sich dieses Heft irgendwie zu beschaffen und sich zu der speziellen Lissabonner Melancholie vorzubereiten, die zum Beispiel in den Briefen an Pessoa durchscheint, geschrieben vom Dichter und »Orpheu«-Mitherausgeber Mario de Sa-Carneiro: »… dass ich diesem losgebrochenen Sturm nichts entgegenhalten kann – kurz gesagt, dem Leben«.

Ich glaube, dass die Lissabonner, die seit mehr als zweieinhalb Jahrhunderten nach und *neben* der Katastrophe leben, ein Geheimnis kennen: Es gibt Dinge, die nicht überwunden sein können. Aus diesem Wissen kann jeder schlauer werden. Unsere Katastrophe von 1917 soll unüberwunden bleiben, Gumiljows Straßenbahn soll immer durch Zeit und Raum irren. Die deutsche (und nach mehr als zwanzig Jahren in einem gewissen Sinne auch »unsere«) Katastrophe von 1933 kann auch nicht überwunden werden.

Wie kannst du das überwinden, diese Millionen? Unweit von der Stelle mit »good stuff« steht ein Gedenkstein, der 500 Jahre nach der Vertreibung der portugiesischen Juden aufgestellt wurde. Das bedeutet dasselbe: Solche Dinge verjähren nicht.

Das Denken des 20. Jahrhunderts, die Reaktion auf die Katastrophen, die das Erdbeben von Lissabon fast harmlos erscheinen lassen (natürlich nicht für die nach damaligen

Schätzungen 60 000 Toten und deren Angehörige), hat vieles relativiert. Einiges geklärt. Mehr noch vernebelt. Die Frage nach der Ursache einer Katastrophe, die die katholische Kirche nach dem Lissabonner Erdbeben in Verlegenheit gebracht hatte (ist die Lissabonner Melancholie die Spur dieser Verlegenheit?), kann nicht mehr gestellt werden.

Die Frage, die bleibt: Was zieht ein Mensch, der immer unsicherer wird, vor: böse Götter, die Erdbeben, Hitlers und Stalins in die Welt setzen; gute Götter, deren Wege unergründlich sind; oder dass die Welt eine zusammenhanglose Reihe von Zufällen ist, »und dies im überschmerzlichen Wissen von der Sterblichkeit der fremden Schönheit und im leidenden Wissen von der universalen Unwissenheit«, um es mit Pessoa zu sagen. Oder wieder mit Hölderlin: »Was ist Gott? Unbekannt.«

BORSCHTSCH, SCHTSCHI UND BRODSKY
(2010, im Osten nichts Neues)

Die Russen, die Borschtsch-Usurpatoren

Die beiden Buchstabenmonster in der Überschrift sind die zwei Hauptsuppen der ukrainischen und der russischen Küche. Im kyrillischen Alphabet kommen sie jeweils mit nur vier und zwei Buchstaben aus (russisch: *борщ / щи*; ukrainisch: *борщ / щі*). Die Russen kennen zwar den Ausdruck »ukrainischer Borschtsch«, zählen das Gericht aber seelenruhig zur eigenen Küche. Einmal konnte ich beobachten, wie ein russischer Lyriker vom Borschtsch schwärmte und auf einige Verlegenheit seitens eines deutschen Kollegen stieß, den kurz zuvor ein ukrainischer Autor zufälligerweise eines Besseren belehrt und die Russen als notorische Borschtsch-Usurpatoren entlarvt hatte. Wie kurios das auch klingen mag, spiegelt es doch das geistige Niveau einiger russisch-ukrainischer Diskrepanzen.

Denn einerseits sind Russen in Sachen ukrainischer Kulturangelegenheiten oft ignorant, andererseits haben sich national bewusste ukrainische Intellektuelle in letzter Zeit die Idee zugelegt, die Russen hätten das ukrainische Volk seiner Kulturgeschichte beraubt. Im Nachwort zu einer deutschen Anthologie ukrainischer Lyrik (»Vorwärts, ihr Kampfschildkröten«, 2006) schreibt Stefaniya Ptashnyk: »Dem ukrainischen Volk, dessen Söhne seit dem Mittelalter zu bedeutenden historischen Fürsten und Kosaken-Hetmanen avancierten (Vladimir der Große, Jaroslaw der Weise, Bogdan Chmelnizky, Iwan Mazepa), [...] wurde immer wieder das Recht auf eigene

Staatlichkeit abgesprochen.« Vladimir der Große und Jaroslaw der Weise sind altrussische Fürsten aus dem 10. und 11. Jahrhundert, deren Zugehörigkeit zu einem gegenwärtigen Volk zu deklarieren unsinnig wäre. Sie repräsentierten allerdings den Staat namens Kiewer Russ, was ihnen nie abgesprochen wurde. Iwan Mazepa war ein von Peter I. abtrünniger Kosakenführer, dessen Name dank den Werken von Puschkin, Byron und Tschaikowsky nicht vergessen wurde. Und den Namen Bogdan Chmelnizky möge man sich für das Weitere merken.

Während manch Ukrainer behauptet, die russische Sprache sei verdorbenes Ukrainisch, empfindet mancher Russe das Ukrainische ungefähr so, wie man den Deutschen nachsagt, wie sie das Niederländische empfinden, nämlich einfach zum Totlachen. Nachbarvölker und Nachbarsprachen eben! Ein berühmter russischer Kochkunst-Experte, Wiljam Pochljobkin, würdigte zwar auch den Borschtsch, schrieb aber eine richtige Hymne auf den Schtschi:

»In der Entstehung des Schtschi spielte eine wichtige Eigenschaft des russischen Volkes eine Rolle: seine Unvoreingenommenheit, seine Toleranz. Infolge dieser Toleranz, die so notwendig eben für ein großes Volk ist, haben die Russen den byzantinischen Weißkohl als ›ihr‹ Gemüse anerkannt.«

Man sieht: Der Lächerlichkeit sind keine Grenzen gesetzt, wenn es um Selbstbehauptung geht. Der Schtschi ist also ein Weißkohleintopf, während für den Borschtsch rote Bete unabdingbar ist. Übrigens ist in den altrömischen Kochbüchern ein Rote-Rüben-Eintopf zu finden, woraus leicht abzuleiten wäre, dass auch Augustus und Catull zu den Söhnen des ukrainischen Volkes gehörten. Geschenkt!

Joseph Brodsky als russischer Chauvinist

Es gibt ein bitter-ironisches Gedicht von Joseph Brodsky: »Auf die Unabhängigkeit der Ukraine« (1994). Die Menschen (Russen wie Ukrainer) hätten, heißt es darin, das gemeinsame Leid geteilt, aber wenn es darum gehe, »am Hühnchen aus dem Borschtsch zu knabbern«, zögen die Ukrainer vor, es ohne Nachbarn zu machen. Und weiter: »Na gut, auch wir kommen ohne euch zurecht, doch was die Träne aus dem Auge angeht, / Gibt es keinen Befehl, auf ein anderes Mal zu warten.« Für die einen ist dieses Gedicht eine Enttäuschung, für die anderen eine Bestätigung eigener Vorurteile. Beides finde ich voreilig. Brodsky, der seit 1972 in den USA im Exil lebte, war auf keinen Fall ein Verfechter der russischen imperialen Ambitionen. Er gehörte zur Generation der sowjetischen Intellektuellen, die mit den anderen Völkern des Ostblocks nach dem Motto »Für Eure und unsere Freiheit« den kommunistischen Verbrechen gemeinsam zu widerstehen glaubten. Gewiss konnte er nichts dagegen haben, dass die ehemaligen sowjetischen Republiken zu unabhängigen Staaten wurden. Aber er war enttäuscht, dass die Euphorie der Befreiung auch zur Befreiung gefährlicher Nationalegoismen führte. In seinem Gedicht hat er dieses Gefühl sehr direkt geäußert und auch die unverarbeitete Vergangenheit aus dem Zweiten Weltkrieg angesprochen, der immer noch der Schlüssel zur neuesten Geschichte Europas, insbesondere Osteuropas, bleibt.

Gefährliche Geschenke

Heute ist das dubiose Abschiedsgeschenk des Helden der sogenannten Orangen Revolution von 2004, des Expräsidenten Juschtschenko, an sein undankbares Land für viele eine unangenehme Überraschung: die Erhebung des für Tausende ermordeter Juden und Polen verantwortlichen Nazi-Kollaborateurs Stephan Bandera in den Rang eines Nationalhelden, zu dessen Ehrung auch eine Briefmarke herausgegeben wurde. Hätte man früher bestimmte Signale genauer aufgenommen, wäre man heute weniger überrascht.

Die erste deutsche Schwalbe der Ukraine-Mode in Buchform war die Anthologie »Zweiter Anlauf« (2004), die acht ukrainischsprachige Autoren aus der Ukraine (das ist keine sinnlose Verdopplung, es gibt viele russischsprachige Autoren in diesem Land) präsentiert, darunter sehr interessante und gute, wie z. B. Halina Petrosanjak oder Oksana Sabuschko. Aber auch eine Erzählung von Mykola Rjabtschuk, deren Ich-Erzähler einigen ignoranten Juden einiges klarzumachen versucht: »Vergeblich versuchte ich zu erklären, dass Bandera keine Pogrome angezettelt hat, [...] dass die Wertschätzung der Ukrainer für Chmelnizky nicht auf Pogromen beruht«. Chmelnizky, der Kosakenführer zur Zeit der antipolnischen Aufstände im 17. Jahrhundert, war ein Judenschlächter im großen Stil, der – berücksichtigt man Bevölkerungszahl und technische Möglichkeiten – durchaus mit Hitler vergleichbar wäre (siehe dazu z. B. den Roman »Jakob der Knecht« von Isaac Bashevis Singer). Rjabtschuks Plädoyer für Chmelnizky und Bandera hat mit wenigen ehrenwerten Ausnahmen niemanden gestört.

Ja, auch Bandera lieben viele (zumeist West-)Ukrainer »nicht deswegen«. Genauso widerlich ist es, wenn man als Russe oder Georgier sagt, man möge Stalin, aber nicht wegen des GULAG, oder wenn ein Deutscher Hitler »nicht wegen des Holocaust« schätzt. Es gibt solche Russen und Georgier, und sie sind zahlreich. Es gibt auch Esten und Letten, die an jährlichen Ehrungen von SS-Veteranen teilnehmen und behaupten, die baltischen SS-Leute hätten nur ihre Länder von den Kommunisten befreien wollen. Ein Russe oder ein Deutscher, der so etwas sagt, ist Gott sei Dank in der Öffentlichkeit nicht »salonfähig«. Vergleichbare Vorfälle in den vielen ehemaligen Sowjetrepubliken rufen meistens nur hilflose Proteste der jüdischen Organisationen hervor. So schickte der Hauptrabbiner der Ukraine den Staatsorden zurück, als er von der Bandera-Ehrung erfuhr.

Das Sklavenblut

Der ganze postsowjetische Raum ist im Hinblick auf die Verarbeitung der Geschichte problematisch. Man muss wissen, dass der sowjetische Raum kulturell ziemlich homogen war. Das erklärte ideologische Ziel, die sozialen, religiösen und nationalen Unterschiede zu tilgen und einen neuen Menschen, den Sowjetmenschen, zu erziehen, war beinahe erreicht. Die Menschen sprachen verschiedene Sprachen, aber kulturell waren sich gebildete Russen und Ukrainer, Georgier und Kasachen ziemlich ähnlich. Man will sich nun abgrenzen, zu sich selbst finden. Doch sich aus dieser Vereinheitlichung zu befreien, »den inneren Sowjetmenschen aus sich herauszudrücken«, ist nur als eine an sich selbst gerichtete Aufgabe möglich, durch das Schuldigmachen der anderen ist das nicht erreichbar.

Seinerzeit wollte Anton Tschechow, um sich als mündiger, freier Mensch zu fühlen, »den Sklaven«, das Sklavenblut tropfenweise aus sich herausdrücken, was auch einen historischen Hintergrund hatte, denn viele aus der neuen gebildeten Schicht im damaligen Russland waren (wie Tschechow selbst) die Nachkommen von Leibeigenen. Ein freier Mensch ist fähig, einen kritischen Blick auf sich selbst zu werfen und nicht nur die ganze Welt für das eigene Elend verantwortlich zu machen. »Es reicht, einander zu beschuldigen«, in diesem Sinne ein weiteres Zitat aus Brodskys Gedicht, das fast unübersetzbar ist, weil es sich zwischen allen sprachlichen und stilistischen Ebenen bewegt: »Wir selber haben 70 Jahre / Mit todestrunkenen Augen, wie von Tarzan regiert, gelebt.« In einem Interview erklärt er seine Position: »Es schien mir, dass es das beste Ergebnis des sowjetischen Systems war, dass wir alle – oder viele – sich als Opfer einer furchtbaren Katastrophe fühlten und dass daraus wenn nicht Bruderschaft, so wenigstens Mitgefühl, Mitleid füreinander folgen würde. Ich hatte gehofft, dass bei allen Änderungen dieses Gefühl bestehen, überleben würde. Dass unsere furchtbare Erfahrung, unsere Vergangenheit die Menschen vereinen würde – wenigstens die Intellektuellen. Aber das passierte nicht. Das ist zum Heulen.«

Die neuerliche Diskussion, ob die Hungersnot der 30er Jahre ein Genozid an den Ukrainern war, ist im Sinne von Brodskys Gedicht und dem »Hühnchen aus dem Borschtsch« gut zu deuten. Das furchtbare Verbrechen des stalinistischen Regimes, das den Hunger provozierte, dessen Zweck es war, die Bauern in die Kolchosen zu zwingen, war ein gemeinsames Elend, betraf sowohl die russischen als auch die ukrainischen Bauern. Die Empörung wegen dieses Verbrechens kostete Ossip Mandelstam das Leben. Sein berühmtes »Stalin-Epigramm« war unter anderem eine Reaktion auf diese Hungersnot, weswegen Stalin dort als »Bauernbekämpfer« bezeichnet wird.

Verpasste alte Chancen

»Es ist einfach so, dass Juschtschenko zu einem Symbol werden konnte, das die Nation vereinigte und konsolidierte, nach der Art, wie es 1989 Havel für die Tschechen machte und Johannes Paul II. 1980 für die Polen: Er vertritt den seltenen (vielleicht nur an solchen Wendepunkten der Geschichte erfolgreichen!) Typ eines moralischen Politikers.« – So sprach die kluge und talentierte Oxana Sabuschko in der Euphorie der »Orangen Revolution« von dem ehemaligen sowjetischen Funktionär und Mitglied der kommunistischen Partei und heutigen Bandera-Verehrer Juschtschenko. Heute empfinde ich keine Genugtuung, dass ich schon damals sah, wie gefährlich diese Euphorie war. Ich wäre sogar froh, wenn ich mich geirrt hätte. Aber es gibt ein einfaches Gesetz, das man nicht vergessen darf, auch wenn man Verständnis für die »kleinen Exzesse« der »Europa-orientierten« Bewegungen zeigt: Mit Nationalismus und irrationalen Mythologien kommt man nie zu Freiheit und Demokratie.

Der damalige Konkurrent von Viktor Juschtschenko, der spätere Präsident Janukowitsch, stand seinem Vorgänger bildungsmäßig und sozial leider sehr nahe (etwas volkstümlicher vielleicht). Der Unterschied ist, dass er andere Regionen des Landes vertreten hat – den industriellen, meist russischsprachigen Osten, der unter der kulturellen Unterdrückung der Juschtschenko-Ära gelitten hat. Vorübergehend amüsierte er die Öffentlichkeit mit seinen Sprüchen. Er verwechselte »Genpool« und »Genozid« und nannte in einer Rede seine potentiellen Wähler den »besten Genozid der Nation«. Er bezeichnete Anton Tschechow als einen »ukrainischen Lyriker«. Nein, das war kein Versuch, Tschechow zusammen mit den alten Fürsten zu ukrainisieren. Und kein Scherz.

Der »ukrainische Lyriker« Tschechow, der in der Tat eine

ukrainische Großmutter hatte und ein paar Sommer sehr gerne in der Ukraine verbrachte, musste sich gegen Vorwürfe, anti-ukrainisch zu sein, verteidigen. »In Ihrer Erzählung lachen Sie einen Ukrainophilen aus, der ›Kleinrussland vom russischen Joch‹ befreien will«, schrieb ihm vorwurfsvoll der russische Lyriker Pljeschtschejew und bat, diese Figur zu tilgen. Tschechow erklärte, wen er damit meinte: nur »jene tiefsinnigen Idioten, die auf Gogol schimpfen, dass er nicht ukrainisch schrieb, die hölzerne, talentlose und fahle Lungerer mit leeren Köpfen und Herzen sind«, strich jedoch diese Figur, weil ihm gesagt wurde, einer seiner ukrainischen Bekannten, den er nicht meinte, könnte sich trotzdem in diesem Bild erkennen.

Neue alte Chancen

Zwischen uns und Tschechow liegt das 20. Jahrhundert mit all seiner Tragik. Das Zarenreich existiert nicht mehr. Die Westukraine, die vor dem Pakt zwischen dem Dritten Reich und der UdSSR zu Polen gehörte, und die Ostukraine, die von der großen Hungersnot in südrussischen Gebieten getroffen wurde, sowie die Krim, die Nikita Chruschtschow 1954 der Ukrainischen Sowjetischen Sozialistischen Republik »geschenkt« hatte, sind nun zu einem unabhängigen Staat geworden, der sich auf der Suche nach seiner Identität befindet.

Nicht anders als vor hundert Jahren gehören Sympathie und Empathie mit den ukrainischen Kollegen zum guten Ton unter liberalen russischen Autoren. Die jungen Lyriker, die im postsowjetischen Raum erstaunliche Selbstorganisationskompetenz entwickelt haben, veranstalten Festivals und übersetzen einander in ihre Sprachen. In einer Befragung der ukrainischen und russischen Autoren anlässlich der 21. Moskauer

Buchmesse, wo die Ukraine der Ehrengast war, wirkten jedoch die russischen Autoren mit der ukrainischen Gegenwartsliteratur mehr vertraut als umgekehrt. Sie haben auch die Namen der russischsprachigen Autoren der Ukraine genannt, die in der offiziellen Ukraine oft als eine marginale, zweitklassige, unerwünschte Erscheinung gelten. Die russischen Kollegen zeigten Verständnis dafür, und einer sah sich sogar verpflichtet, sich für Brodskys Gedicht zu entschuldigen, weil in diesem Gedicht behauptet wird, Puschkin wäre und bliebe auch für die Ukrainer ein wichtigerer Dichter als Taras Schewtschenko, der ukrainische Nationaldichter aus dem 19. Jahrhundert. Er entschuldigte sich für das nicht von ihm verfasste Gedicht aus genau den edelmütigen Gründen, aus denen Pljeschtschejew seine Bitte an Tschechow gerichtete hatte. Ich weiß aber nicht, ob es zeitgemäß ist, die Ukrainer (oder andere osteuropäische Völker) weiter als »edle« (und letztlich unmündige) »Wilde« oder Kinder zu behandeln. Diese im romantischen Exotismus des 19. und im Völkerbefreiungsromantismus des 20. Jahrhunderts verwurzelte beleidigende Haltung ist für die gebildeten Schichten Russlands und des Westens gleichermaßen charakteristisch.

Ich weiß auch nicht, ob dieses ewige »Verständnishaben« im ganz praktischen Sinne der Sache dienlich ist, die Kulturbeziehung zu normalisieren und den unsinnigen Kampf zwischen Borschtsch und Schtschi zu beenden, oder ob es zur weiteren Anhäufung von Missverständnissen führt. Um es mit den Worten Brodskys aus dem bereits zitierten Interview zu sagen: »Es ist sinnlos, Menschen ändern zu wollen. Aber es ist möglich und nötig, mit dem schlechten Geschmack zu kämpfen, Menschen den Zweifel an ihren Positionen einzupflanzen – eben das ist die Aufgabe der Kunst und Literatur.«

UNGEHEUER VON HELSINKI

In fast jeder Stadt, die ich kenne, gibt es eine Adresse, die ich mir für hypothetische (hätte ich die Freiheit, alles zu tun, was ich will) stundenlange Aufenthalte ausgewählt habe. Meistens sind das keine Geheimtipps, keine vor den Augen der Touristen verborgenen und nur den Einheimischen bekannten Eckchen, nach denen man in einem Reiseführer vergeblich suchen würde. Nein. Sie sind einfach und unverdeckt. Ein Café, ein Markt, ein Museum, ein Bahnhof, eine Straßenbahn. Auch an Helsinki liebe ich seine offene, schicke Seite (und Helsinki ist offen und schick!) und eben ein paar Cafés, ein paar Markthallen, das Kunstmuseum, den Bahnhof, eine Straßenbahnlinie. Ich liebe Helsinkis repräsentative Seite umso mehr, da hinter ihrer trockenen Eleganz eine unbestimmte Sehnsucht zu spüren ist, welche alle Städte besitzen, die einen Seehafen haben. In Petersburg ist dieser Hafen nicht mitten in der Stadt, aber die Newa spielt die Rolle, die in Helsinki der Finnische Meerbusen spielt. Auch umgekehrt trifft es zu: Die Rolle, die in St. Petersburg die Newa spielt, spielt in Helsinki der Finnische Meerbusen: Am Ufer stehen feierliche Häuser, vor ihnen liegt ein großer Platz, vom Wasser aus ist die Domkirche zu sehen. Nur gibt es kein anderes Ufer, wo in Petersburg auch feierliche Häuser und Plätze und eine Festung und Kirchen sind. In Helsinki ist das der Horizont. Beide Städte haben eine verborgene, aber spürbare Unruhe hinter der zurückhaltenden Melancholie und den klassizistischen oder klassisch-modernistischen Fassaden. Dieser Unruhe ist neben der üblichen Sehnsucht einer Hafenstadt noch etwas beigemischt. Etwas Wildes. Dieses Etwas sind vorzeitliche finnische und karelische Urgeister, Ungeheuer und Zauberer.

Sie sind so gut verborgen, dass man, sogar als Petersburger, sie zuerst nicht sieht. Einem Petersburger, der nach Helsinki kommt, sind die geraden Linien, die längs und quer in einer guten geometrischen Ordnung verlaufen, und die mit Überfluss angelegten Plätze so vertraut, dass er nicht einmal wissen muss, dass Helsinkis klassizistisches Zentrum im Auftrag des russischen Zaren Alexander I. erbaut wurde, der wohl meinte (und ich kann nur zustimmen), dass es sowieso nichts Schöneres als St. Petersburg geben kann, und noch eine Stadt nach dessen Modell bekommen wollte. Der verständige deutsche Architekt Carl Ludwig Engel erfüllte seine Aufgabe gewissenhaft und vorzüglich. Weil Helsinki sich aber in eine andere Landschaft einordnen sollte, bekommt man das Gefühl einer ins Wackeln geratenen Realität, einer Verschiebung (das ein Petersburger ohnehin immer hat, ein Helsinkier wohl auch, dazu später). Während St. Petersburg auf ebenmäßigem Boden steht, hatte besagter Engel die klassizistischen Geraden über von Moränen dann und wann gehobene Erde zu ziehen. Man geht durch Helsinki, als wäre das eine Architekturzeichnung, die jemand zerknüllt und dann mehr oder weniger wieder geglättet hat. Das Blatt ist einigermaßen horizontal, aber die Falten und Unebenheiten sind geblieben.

Ich verweile gerne in diesem Engelteil mit einem Senatsplatz, wo du stundenlang in einem Café namens »Engel« sitzen und durch das Fenster den von Engel erbauten Dom und ein Denkmal Alexanders II. davor bewundern darfst, das mein Marco-Polo-Reiseführer als Reiterdenkmal bezeichnet, was ich meinem Mann und meinem Sohn auch versprach, die mich dann auslachten, weil der Zar einfach auf seinen zwei Beinen steht (allerdings bleibt noch die Frage: Wer hat das Pferd gestohlen?); du darfst da also stundenlang (auch mit Notebook) sitzen und ziehst keine schiefen Blicke der Kellner auf dich. Aber nicht dieser nach dem Vorbild von St. Petersburg erbaute Teil macht die Hauptähnlichkeit aus. Die Hauptähnlichkeit liegt in den Ende des 19., Anfang des 20. Jahrhunderts entstandenen Straßen: in der nördlichen Moderne, die wir, Petersburger und Helsinkier, mit den Schweden teilen, ja von den Schweden haben. Aber was Petersburger und Helsinkier zusätzlich noch haben und Schweden eher nicht, das sind die hinter den eleganten modernistischen Fassaden verborgenen finnischen Urgeister. In Helsinkis modernistischer Architektur (und Kunst insgesamt) manifestiert sich das in den Figuren aus den alten finnischen Sagen. Die in mündlicher Tradition überlieferten Reste rettete im 19. Jahrhundert Elias Lönnrot in sein Versepos »Kalevala«, und sie visualisierten und verbreiteten sich, auch in der Architektur. Sie (Eulen, Bären, Adler, Krieger, Hexen, Fabeltiere und -pflanzen) spreizen sich aus den kühlen steinernen Fassaden. Sie grinsen, heulen, kichern, singen und pfeifen. Als ich sie sah (und hörte), begriff ich, dass sie (obwohl in St. Petersburg unsichtbar, in Helsinki dagegen nur meistens unhörbar) auch meine Stadt geprägt, meine Stadt verrückt und einzigartig gemacht haben. Sie grinsen, heulen, kichern, singen und pfeifen aus Gogols »Petersburger Novellen«, aus Puschkins »Pique Dame«, aus Dostojewskijs »Schuld und Sühne«, aus »Petersburg« von Andrej Bely, aus allen Geschichten und Gedichten von Daniil Charms bis heute. Peter der Große, der meine Stadt am Finnischen Meerbusen gründete, eroberte dieses Land samt seinen Geistern, seinen Urungeheuern, seinen unhörbaren Eulen und unsichtbaren Bären und Recken.

Diese Verwandtschaft durch die geheimnisvollen unheimlichen Gestalten der Urzeit ist noch ernster als die Verwandtschaft durch das fragile nordische Licht, das ich sofort erkenne, weil beide Städte auf dem gleichen Breitengrad (60) liegen. Und ernster als die durch mir seit früher Kindheit bekannten Süßigkeiten wie »Napoleon« (in der übrigen Welt als »mille-feuille« bekannt), »Kartoffeln« (am nächsten kommen die deutschen Rumkugeln) oder »Alexander« (Mürbeteig mit dünner Schicht Marmelade und Glasur darüber). Unter denselben Namen sind sie in Helsinki im Café Ekberg zu finden. Erst in Helsinki habe ich begriffen, dass der Mürbeteigstreifen zu Ehren des Zaren Alexander (I.? II.?) benannt und der Name auf unerklärliche Weise in der Sowjetunion von den Kommunisten nicht geändert wurde! Aber das sind nur die oberflächlichen Merkmale der Verwandtschaft. Das Verrückte an der Petersburger und der finnischen Kunst wird von den dunklen urfinnischen Wesen verursacht. Meine leider unzulängliche Bekanntschaft mit letzterer erlaubt mir dennoch, das zu behaupten, man denke zum Beispiel an Mauri Antero Numminen, der in Deutschland in erster Linie dank seiner Wittgenstein-Lieder bekannt ist, oder an die Erfinder der Lomographie oder an die »Leningrad Cowboys« oder an das Projekt der finnischen Lyriker, während der Frankfurter Buchmesse in die Frankfurter Saunen zu kommen und dort dem nicht vorgewarnten Publikum finnische Gedichte vorzutragen! Oder an den Maler Hugo Simberg. Simbergs Fresken im Dom von Tampere wurden bei der Einweihung der Kirche zum Skandal, kein Wunder, sie sind ebenso von den urfinnischen Ungeheuern beeinflusst. »Im Garten des Todes« gießt der fürsorgliche Tod seinen Garten, er ist dreimal zu sehen: von vorne, im Profil, von hinten, es entsteht ein beunruhigend-beruhigender Rhythmus einer perversen Welt des unter der unsichtbaren braunen Sonne aufkeimenden Lebens des Todes. Ein anderes seiner Bilder, »Der verwundete Engel«, strahlt dasselbe Licht aus, das alle, die den Norden lieben, am Norden lieben. Dieses klare Licht steht im Widerspruch zu den dunklen, phantastischen Seiten von Helsinki und St. Petersburg. Die Urgestalten bewohnen noch immer die finnischen und karelischen Wälder und Sümpfe, Flüsse und Seen, sie nisten in den Kiefern und den nördlich subtilen Birken, sie verstecken sich in Sand und Moos und unter den von silbriger Flechte bedeckten Findlingen. Im Sommer bewohnen sie den schmalen taubengrauen Streifen der Nacht, der nur für kurze Zeit den großen hellen Tag unterbricht. Im Winter schlafen sie nur kurz im schmalen Strahl des hellen Tages, der manchmal sehr kräftig, aber nur für kurze Zeit die Nacht beleuchtet. Selbstverständlich sind diesen Urgeistern alle geschichtlichen, politischen und staatlichen Ereignisse völlig egal, sie existieren unabhängig von den Menschen, aber beeinflussen die Menschen, die hier leben. Manchmal zeigen sie sich.

VON ÖFFENTLICHKEIT UND VERBORGENHEIT

Es gibt in Klagenfurt unweit vom Theater einen Ingeborg-Bachmann-Kopf, der auf einer kleinwüchsigen Vierecksäule steht. Da er weiß ist, wird er schnell und stark verschmutzt. Da er sehr klein ist, wird er kaum bemerkt und beachtet. All das wäre nicht besonders interessant, stünde es nicht im krassen Widerspruch zu der medialen Aufregung um die »Tage der deutschsprachigen Literatur«, deren Schutzpatronin Ingeborg Bachmann ist. Die rätselhafte Unansehnlichkeit des Kopfes erklärt sich teilweise dadurch, dass er eine Kopie des 2006 im Norbert-Artner-Park aufgestellten bronzenen Originals ist, was man nicht weiß, wenn man vor dem gipsernen Kopf steht.

Ich schlug Matthias Senkel, der den Kopf entdeckte und den anderen davon erzählte, eine Aktion vor: »Autoren des Ingeborg-Bachmann-Wettbewerbs reinigen den Kopf der Namensgeberin«. Um das zu dokumentieren, könnte man die sich in Massen vor Ort befindenden Journalisten (welch ein schöner Zufall!) einladen. Matthias Senkel lehnte das ab. Er hatte natürlich recht. Vor den Kameras den Schmutz von der weißen Stirn der Dichterin zu wischen wäre ein bisschen, wie sich vor den Kameras die Stirn aufzuritzen (also außertextuelle Mittel zu Hilfe zu rufen). Und »so ein Märchen gibt es schon«, wie Daniil Charms es einmal formulierte.

Wenn ich unterwegs bin, kann ich sowieso nicht länger schlafen. Also nahm ich in der Morgendämmerung eine Tempo-Packung und eine Flasche Mineralwasser und begab mich auf die Suche nach dem weißen verschmutzten Kopf. Wie groß aber war mein Staunen, als ich sah: Jemand war vor mir hier gewesen und hatte das Gesicht, den Hals und das Haar schon gewaschen! Ich würde sehr gerne wissen, wer von den dreizehn Kollegen diese gute Tat im Verborgenen vollzogen hat (verdächtig ist theoretisch jeder). Beruhigt ging ich ins Hotel zurück.

Aber der Widerspruch, in dem der kleine Kopf zum Motto der Woche steht, beschäftigte mich weiter, weil er dem Widerspruch entspricht, in dem das Verfahren des Ingeborg-Bachmann-Wettbewerbs zur stillen und einsamen Arbeit eines schreibenden Menschen steht. Dem Widerspruch zwischen Öffentlichkeit und Verborgenheit.

Die Beziehung zwischen Autor und Publikum ist eine komplizierte Angelegenheit. Während des Schreibens soll lieber nicht an den Leser gedacht werden. Das Werk schuldet nur sich selbst Rechenschaft über Zusammenhänge, Wendungen, Stilmittel, Bezüge zur Realität usw. Im Idealfall muss das Werk wahrscheinlich immer für sich allein bleiben und aus dem Verborgenen wirken. Es gibt eine mittelalterliche Kirche in Russland, in der Restauratoren einen zugemauerten Raum mit einer Wandmalerei gefunden haben. Restauratoren und Architekten behaupten, er wäre von Anfang an zugemauert gewesen. Das bedeutet, dass die Wandmalerei nur für die Augen Gottes (na ja, vielleicht auch der Engel) bestimmt war. Ein Kunstwerk als Einsiedler. Diese Vorstellung hat mich immer fasziniert. Aber ich kann nicht ausschließen, dass sich dieses Fresko freute, als die Restauratoren es ent- und aufdeckten.

Deshalb kam ich nach Klagenfurt. Die Beziehung zwischen Autor und Buch ist auch keine einfache Angelegenheit. Mein damals noch nicht fertig geschriebenes Buch wollte Leser finden. Ob ich ihm damit tatsächlich geholfen habe, weiß ich nicht.

MEIN GERANIENFRIEDEN

»Und nun kam ich an der Araukarie vorbei«, erzählt der Steppenwolf, der in Wirklichkeit – so glaube ich zumindest – für immer an ihren spießbürgerlichen Nadeln aufgespießt blieb. Bei ihm trägt diese Zimmertanne die schwere Last der gesellschaftlichen Komplexe und verkörpert Bürgerlichkeit und Ordnung, Anstand und Gesundheit, Frühaufstehen, Pflichterfüllung und sonntäglichen Kirchgang. Nein, er meint das nicht ironisch, sagt er, trotzdem lässt er eine unschuldige Pflanze für das ganze Bürgertum geradestehen. Ich habe mich immer gefragt, ob das gerecht ist.

Bei uns war das die Geranie. In der Petersburger Dreizimmerwohnung meiner Kindheit gab es viele Topfpflanzen, man nannte sie alle *Blumen*, egal, ob sie blühten oder nicht. Ihr exotisches Aussehen ist mir erst später bewusst geworden, sie erschienen mir häuslich, anheimelnd. Verblüffend war, all diese *Blumen* im Botanischen Garten zu entdecken – in den gläsernen Korridoren, die bestimmten Klimazonen entsprachen: Tropen, Subtropen ... Nur über Kakteen wusste ich, dass ihre Heimat eine ferne Wüste ist und nicht die Fensterbänke unserer Zimmer. Da irritiert einen freilich das Wort *Zimmerpflanzen*. Auch trockene lateinische Bezeichnungen lassen eher an eine Gelehrtenstube denken als an gefährliche Ferne, an die Männer in Tropenhelmen mit wettergebräunten Gesichtern, die diese Pflanzen vor zwei oder drei Jahrhunderten gesammelt hatten, oder an die Sklaven, Kamele und Schiffe, die sie über Sand und Gewässer trugen. Heute noch sind mir diese Namen lieb. Weiches Tännchen mit winzigem Ewiggrün – Asparagus (der Name verrät die Verwandtschaft mit Spargel);

grelle, lilienartige Blüten am langen dicken Stängel – Hippeastrum (Ritterstern, teilte mir eine kluge Freundin mit, die die Botanikerzirkel im Palast der Jungpioniere besuchte); gestreifte grüne oder violette Blätter (je nachdem, ob die Pflanze genug Sonnenlicht bekommt, sagt man) an langen Schnüren – Tradeskantie (ein einsamer Name, der mit nichts in Verbindung stand). Aber manche Pflanzen (auch die von Übersee) hatten einen verständlicheren Namen: Bewunderung – Venushaar. Häme – Schwiegermutterzunge (auf Englisch: *Mother-in-law's Tongue* oder *Snake Plant*; auf Deutsch einfach, nicht bewertend: *Bogenhanf*). Aber Geranien hatten wir nicht. Sie waren verpönt. Kleinbürgerlich, geschmacklos, unvorstellbar, so etwas bei sich zu haben.

Ich schreibe das in einem mittelalterlichen Städtchen auf einer schwedischen Insel. Alle Vortreppen hier und Balkone und Mauern sind mit Rosen zugewachsen. Im Stadtführer steht, die Rosen, gepflanzt in den 30er Jahren des 20. Jahrhunderts, »tilgten die Erinnerung an das 19. Jahrhundert, das zwar ein Jahrhundert des Fortschrittes mit starkem Anstieg der Einwohnerzahl war, doch auch das Jahrhundert der Notjahre, wo hungrige und schmutzige Kinder in den Straßen bettelten«. Ein Balkon gegenüber meinem Zimmer ist hinter Geranien in allen (un)denkbaren Rottönen nicht wahrzunehmen. Sicher waren die Geranien – in der Zeit, in der Blumen Luxus waren – die Rosen der Armen. Die Rosen für Arme. Die öffentliche Meinung bestrafte sie dann dafür, dass sie so willig und anspruchslos sind. Ihre Stecklinge fassen sehr schnell Wurzeln, und – siehe da – schon blühen sie auf. Dankbar sind wir nicht, wir Menschen.

In den 1920er Jahren befreiten die Komsomolzen ihre Elternhäuser von all dem Gestrigen, Rückschrittlichen, Reaktionären. Gestickte Servietten, Porzellankätzchen und Ikonen fielen ihrer Vitalität zum Opfer. Und Geranien. Vierzig Jahre später – das Land hatte Hunger, Säuberungen und Weltkrieg hinter sich – kam das »Tauwetter«, das als »zweite Revolution« empfunden wurde. Sicher war das eine falsche Freiheit und eine falsche Wahrheit, die das Tauwetter mit sich brachte. Aber der Enthusiasmus war echt. Diese Zeit schien beneidenswert glücklich zu sein. Kann man auf Dummheit neidisch sein? »Jede Jugend ist die dümmste« – schrieb Ingeborg Bachmann über die westliche Jugend derselben Zeit. Die 60er Jahre waren auch die Zeit der *Wissenschaftlich-Technischen Revolution*. Die angehenden Physiker und Ingenieure mochten einfache zweckmäßige Möbel, Dreieckhocker und Vierecktassen, sie entrümpelten mit Elan ihre Wohnungen: Bronzene Leuchter, Plüschsessel und Intarsientischchen mussten weg. Und die wenigen Geranien, die die Pflanzensäuberungen der 1920er Jahre überlebt hatten. In den 80er Jahren lernte ich einen Mann kennen, der zu Tauwetterzeiten die Müllgruben durchkämmt und diesen kleinbürgerlichen Abfall aufgelesen hatte. Dann hatte er all das an Sammler, Antikmöbelhändler und auch Museen verkauft. Er war zu einem Undergroundmillionär geworden. Ich glaube nicht, dass er auch nur einen einzigen Geranientopf oder einen einzigen Ficuskübel von der Müllhalde geholt hat.

Ja, auch dem Ficus, noch einem Inbegriff der falschen Gemütlichkeit und richtigen Primitivität, konnte man in der Nähe einer Mülltonne begegnen. Nur Araukarie sah ich erst in Deutschland. Zweimal: im Sprechzimmer eines Arztes (gerade ein Fall für Hermann Hesse) und in der Wohnung meiner Freunde, die sich aus Moskau nach Frankfurt umpflanzten. In ihrer Wohnung fühlen sich ihre vielen *Blumen* wohl. Mich aber lieben die Hauspflanzen nicht. Einzig eine Schefflera ist so nett und bescheiden, dass sie es trotz meiner ungeschickten Fürsorge bei uns aushält. »Schefflera ist eine sehr robuste Pflanze« – so ein Ratgeber.

Doch vor kurzem bekam ich ein kostbares Geschenk: den

73

Ginkgosamen. Ich glaube, Pflanzen haben eine gemeinsame Seele, eine pro Art. Es gibt die Geranienseele, die Birkenseele, die Farnseele, in jedem Stängel, in jedem Blatt lebt ein kleiner Seelenpartikel, der immer mit allen anderen Partikeln kommuniziert und ihr gemeinsames Gedächtnis teilt. Die Ginkgoseele ist alt. Sie kann sich noch an Dinosaurier erinnern. Ginkgos verließen Europa vor ein paar Millionen Jahren und kamen erst gegen Ende des 17. Jahrhunderts zurück (zwölf Jahre später, als die Geranien aus Afrika gebracht wurden). Und während wir hier nichts von der Existenz des Ginkgos ahnten, schrieb man in China Gedichte über ihn, Jahrhunderte vor Goethe. Nach Europa zurückgekehrt ist er natürlich mit einer wissenschaftlichen Expedition, aber in den Fernen Osten kam er von selbst, auf der Flucht vor der Eiszeit. Pflanzen sind vielleicht noch größere Reisende als Tiere. Die Vorstellung, diesen ewigen Flüchtling, diesen Boten der uralten Wälder zu pflanzen, ist wunderbar. Dennoch: trotz der ausführlichen Anleitung, mit der sie die Ginkgosamen in Weimar verkaufen, bin ich mir ziemlich sicher, dass aus dem Samen nichts wachsen wird. Höchstens ein Gänseblümchen. Würden meine pflanzenkundigen Freunde ihn zur Pflege aufnehmen? Er wird ihrer Araukarie von Dinosauriern erzählen, und ihre Araukarie wird sich über Hermann Hesse beklagen. Dann werden sich ihre Geranien zum Gespräch gesellen und auf Geranienhasser schimpfen.

Der letzte mir bekannte Angriff auf Geranien war ein Liedchen einer skandalumwobenen Rockgruppe aus St. Petersburg. Die Gruppe, einige Jahre nach der Umbenennung der Stadt gegründet, heißt dennoch »Leningrad«, aber nicht grundlos: Sie besingt mit einer großzügigen Menge tabuisierter Lexik das triste Proletenleben am Rande der (post)sowjetischen Gesellschaft. Im Liedchen ist ein Arbeiter wegen der Geranien, die seine Frau naiv pflegt, frustriert: »Komm ich nach Hause und dort bist du, Spiegelei, Glotze und Geranienblumen«. Er will schnell essen (nicht das Spiegelei), trinken (dann wäre die Glotze okay) und bumsen (vermutlich nicht mit der eigenen Frau) und gar keine Gemütlichkeit.

Später, als ich schon fast kein Kind mehr war und unseren Hauspflanzen weniger Aufmerksamkeit schenkte (ich hatte einen Hund), kamen die Geranien doch. Die nahezu leuchtende Farbe ihrer Blütenkugeln überzeugte letztendlich meine Tante, und sie vergab ihnen den Mangel an Salonfähigkeit. Und meine Mutter hatte Geranien im Haus einer Künstlerin gesehen, einer selbstbewussten, eleganten Dame, die keinerlei Kleinbürgerlichkeit verdächtig sein konnte. Die nichtkleinbürgerliche Künstlerin schenkte meiner Mutter einen Steckling. Seitdem gelten bei uns jegliche Vorurteile gegen Pflanzen als überwunden. Ich weiß nicht, ob das auch für sie gilt: Sind ihre Vorurteile gegen uns ebenfalls überwunden (falls vorhanden)? Wurde uns, den Nachkommen der Zimmerpflanzenausrotter, von den Araukarien und Geranien verziehen?

II

ESSAYISTISCHE FRAGMENTE

PROBLEME DER ESSAYISTIK

> *Ich nenne Ihnen vier diagnostische*
> *Symptome, mit deren Hilfe Sie selber*
> *in Zukunft unterscheiden können,*
> *ob ein essayistischer Text von 2018*
> *identisch mit der Zeit ist oder nicht.*

Der obige Text ist eine Paraphrase aus der seinerzeit berühmten Rede von Gottfried Benn mit dem Titel »Probleme der Lyrik«: »Ich nenne Ihnen vier diagnostische Symptome, mit deren Hilfe Sie selber in Zukunft unterscheiden können, ob ein Gedicht von 1950 identisch mit der Zeit ist oder nicht.« Ich besitze ein Exemplar von 1956, eine schmale Broschüre mit gelblichem Pappumschlag, von einem früheren Besitzer in eine Klarsichtfolie gehüllt. Bevor ich den Text zum ersten Mal las, hatte ich (damals erst seit kurzem in Deutschland) schon mehrfach davon gehört. Ich kann mich zum Beispiel gut daran erinnern, wie Alfred Kolleritsch und ich die Dorotheergasse in Wien vom Café Hawelka (wo Kolleritsch vom damals noch lebenden Leopold Hawelka begrüßt worden ist) Richtung Burg gehen und Kolleritsch mir von diesem Aufsatz erzählt. Ausnahmslos alle Kollegen meinen, Benn biete eine Liste von Wörtern an, die in einem modernen Gedicht nichts zu suchen hätten. So bewahre auch ich es in meinem Kopf auf und staune jedes Mal, wenn ich Benn wieder lese, dass das nicht stimmt. Nur eines von Benns »vier diagnostischen Symptomen« hat mit der Wortwahl zu tun, und auch dies wird auf die Farben begrenzt. Diese Verschiebung im Gedächtnis ist, glaube ich, dadurch zu erklären, dass jeder, der mit der Sprache zu tun hat, ab und zu dieses Gefühl hat: Manche Wörter sollte man brach legen.

»Hinter einem modernen Gedicht stehen die Probleme der Zeit, der Kunst, der inneren Grundlagen unserer Existenz weit gedrängter und radikaler als hinter einem Roman«, sagt Benn. Weder er noch ich, noch wer auch immer kann das beweisen, aber jeder Lyrikleser wird ahnen, dass es wahr ist. Auch deshalb, weil Lyrik nicht nur die Stärke der Sprache, sondern auch deren Schwäche aufdeckt. Manchmal verspätet sich die Sprache. Und Lyrik ist dazu da, das zu signalisieren. Auch in einem essayistischen Text werden bestimmte Wörter sofort auffallen und zeigen, ob er »identisch mit der Zeit« ist oder nicht. Belletristische Prosa kann von einem kolportageartigen Interesse an der Entwicklung der Geschichte leben, ihre Schwächen können übersehen werden (wie Benn in derselben Rede giftig bemerkt, kann ein schlechter Roman jemandem nützen, ein schlechtes Gedicht – nicht). Ein Gedicht oder ein Essay setzt das aktive Mitdichten des Lesers voraus. Vielleicht haben beide Gattungen es (insbesondere auf dem Buchmarkt) deshalb so schwer in einem an unbegrenzter Unterhaltung orientierten Zeitalter. Beide existieren nur, wenn ihr Leser sich konzentriert. Sie schenken dem Leser eine Selbstachtung, indem sie diese Selbstachtung von ihm verlangen. Sie belehren nicht, sie fordern auf, einsam zu denken. Da das Denken ein komplexer Prozess ist, appellieren sie nicht unbedingt an den Verstand, sondern an die Intuition, an das Vertrauen in das Unbewusste.

Wenn aus einem nicht-lyrischen Text ein »Gedicht« ausgeschnitten wird, wird es keine einfache Umgestaltung des Textflusses in eine optisch nach Gedicht aussehende Zeilenvertikale sein. Eine rhythmische Umorganisierung wird passieren, die den Wörtern eine andere Energie verleihen wird. Ich schlage ein kleines Experiment vor, das demonstrieren soll, wie ein essayistischer, philosophischer oder publizistischer Text und wie ein belletristischer darauf reagiert (die Gedichtüberschriften sind von mir).

(Aus Wittgenstein:)

Im selben Käfig mit den Urzeichen eingesperrt

Die Bedeutungen von Urzeichen
können durch Erläuterungen
erklärt werden. Erläuterungen
sind Sätze,
welche die Urzeichen
enthalten.
Sie können also nur
verstanden werden, wenn
die Bedeutungen dieser Zeichen
bereits bekannt sind.

(Aus Walter Benjamin:)

Adam gibt im Garten Eden allen Dingen ihre Namen

Gottes Schöpfung
vollendet sich,
indem die Dinge
ihren Namen
vom Menschen erhalten,
aus dem im Namen
die Sprache allein
spricht.

Sogar das publizistische Schreiben kann Gedichte verbergen.
Etwa:

(Aus Karl Marx:)

Es spukt

Ein Gespenst
geht um in Europa – das Gespenst
des Kommunismus.
Alle Mächte
des alten Europa haben
sich zu einer heiligen
Hetzjagd gegen
dies Gespenst
verbündet.

Zum Vergleich einige Beispiele aus Erzählprosa (wieder von mir betitelt):

(Aus Goethe:)

Das Jahr klingt ab

Das Jahr klingt ab.
Der Wind geht über die Stoppeln
und findet nichts mehr zu bewegen;
nur die roten Beeren
jener schlanken Bäume
scheinen uns noch
an etwas Munteres
erinnern zu wollen.

(Aus Kafka:)

Man schläft immer ein, wenn man wach sein sollte

Die Leibeskräfte reichen
nur bis zu einer gewissen Grenze;
wer kann dafür, dass gerade diese Grenze
auch sonst bedeutungsvoll ist?
Nein, dafür kann niemand.
So korrigiert sich selbst die Welt
in ihrem Lauf und behält
das Gleichgewicht.
Das ist ja eine
vorzügliche,
immer wieder unvorstellbar
vorzügliche
Einrichtung, wenn auch
in anderer Hinsicht trostlos.
Nun, gehen Sie,
ich weiß nicht,
warum Sie mich so ansehen.

Sie sehen das bestimmt auch: Die aus Erzählprosa ausgeschnittenen Fragmente weisen mehr Harmonie auf und sind etwas konservativer als die aus philosophischen oder essayistischen Texten, die ihrerseits unruhiger und knapper wirken. Ein aus Prosa ausgeschnittenes Gedicht wird das sein, »was uns der Autor sagen wollte«, dieses von Lehrern und Schülern vergeblich Gesuchte! Nicht die Geschichte, nicht irgendeine Botschaft, sondern *die Art zu sprechen* ist es, die bestimmt, wie die Geschichte beim Leser ankommt, welche Botschaften übermittelt werden. Diese Art zu sprechen ist in den Kleinigkeiten gespeichert, die immer wieder übersehen und unberücksichtigt gelassen werden, die aber das ausmachen, was der Sinn und Zweck eines Romans ist (wenn man von einer ernsten literarischen Arbeit und nicht von der Unterhaltungsindustrie spricht). Aus den oben stehenden zwei Fragmenten erfährt man, wenn sie so gedichtartig geordnet sind, viel über Goethes und Kafkas Poetik, ohne die geringste Andeutung zu bekommen, worum es in den »Wahlverwandtschaften« oder im »Schloss« geht, aber wären »Das Schloss« oder »Die Wahlverwandtschaften« anders geschrieben, würde es in ihnen um ganz andere Dinge gehen.

Wenn ein so dem philosophischen oder publizistischen Text entnommenes Fragment *als Gedicht* mehrmals gelesen wird (weil man Gedichte eigentlich *immer* mehrmals lesen soll, Prosa im Idealfall auch, aber mit ein bisschen geringerer Dringlichkeit. Das einmal gelesene Gedicht bleibt ungelesen), wird das Gehirn es als *poetisches Wissen* akzeptieren. Man erfährt keinesfalls, »was uns der jeweilige Autor sagen wollte«, dem Autor geht es um das Ganze. Aber Philosophie und Essayistik sind fraktal, die großen Konstruktionen bestehen aus sich immer wiederholenden Elementen. Auch das verbindet sie mit der Lyrik. Deshalb bekommt man zwar keine Vorstellung von der Art des jeweiligen Autors zu denken, dafür aber eine intuitive Vorstellung der Idee von »Tractatus logico-philosophicus«, »Über Sprache überhaupt und über die Sprache des Menschen« oder von dem »Manifest der Kommunistischen Partei«.

* * *

Beachten Sie, wie oft in einem Essay Wörter vorkommen, die zusätzlich zu ihrer direkten Bedeutung eine emotionale Ladung haben. Rot, Geflüchtete, die Vorsilbe post-, Europa mit der Abwandlung europäisch, braun, grün, orangefarben, Integration, politisch – hiermit glaubt der Autor vermutlich, besonders aktuell und tiefsinnig zu wirken, übersieht aber, dass diese Vokabeln ja reine Wortklischees sind.

Das war noch eine Paraphrase aus Benns Schrift »Probleme der Lyrik«: »Beachten Sie, wie oft in den Versen Farben vorkommen. Rot, purpurn, opalen, silbern mit der Abwandlung silberlich, braun, grün, orangefarben, grau, golden – hiermit glaubt der Autor vermutlich, besonders üppig und phantasievoll zu wirken, übersieht aber, daß diese Farben ja reine Wortklischees sind.«

Und in der Tat: Wörter sind einerseits ein Transportmittel für Gedanken. Andererseits besteht immer die Gefahr, dass sie die Gedanken parasitisch ersetzen, statt sie zu transportieren. Das bedeutet, dass anstelle von Gedanken automatisch gesteuerte Transportmittel ohne Passagiere erscheinen oder verlassene Insektenpuppen, die nicht ohne Charme, aber leer sind. Dass bei einem Gedicht diese Gefahr besteht, wissen alle, die Gedichte schreiben, oder zumindest sollten sie es wissen. Aber auch wenn man, sagen wir, über die aktuelle Weltlage spricht, sollte man aufpassen.

Ich werde keine »vier diagnostischen Symptome« für Essayistik nennen (aber das Spiel sei wärmstens empfohlen). Ich bleibe bei den Wörtern.

Nicht dass der lexikalische Kampf unbemerkt und undiskutiert bliebe. Viele bemerken, dass man das Auditorium mit einigen Stichwörtern zu manipulieren versucht. Aber irgendwie sind es immer »die anderen«, die die falschen Wörter verwenden. Es ist einfach, über die Wörter zu spotten, über die sich alle jeden Tag aufs Neue lustig machen, die »anderen« beim falschen Wort zu ertappen: »Gutmensch«, »Lügenpresse« usw. Doch befällt lexikalische Verkalkung alle *Lager.*

Das Wort »Lager« gefällt mir nicht, nur leider verteilen sich Menschen gegenwärtig immer überzeugter auf verfeindete Lager. »Die Diskussion in Deutschland – das fällt besonders jemandem wie mir auf, der ich seit 30 Jahren dort nicht mehr durchgehend gelebt habe – ist derzeit in einer Weise zwischen Befürwortern und Gegnern der ›Willkommenskultur‹ festgefahren, die den wirklich anstehenden Entscheidungen nicht besonders gut tut. Unser Diskussionsklima ist vergiftet durch eine Kultur des Rechthabens und der moralischen Verurteilung der Kontrahentin, die tiefe Wurzeln in der deutschen Tradition hat«, stellt Stephan Wackwitz, der, bedingt durch seine Arbeit für das Goethe-Institut in verschiedenen Ländern, die Diskussionsverläufe in Deutschland aus einer gewissen Entfernung beobachtet, in einem Essay fest.

Ein klares Bewusstsein dafür, dass nicht nur »sie«, sondern auch »wir« ungeduldig, von der eigenen moralischen Überlegenheit überzeugt und in den Schlussfolgerungen zu schnell sind, würde »uns« beim Denken weiterhelfen können. Benn hat all das zwar natürlich nicht gemeint. Aber er hat etwas formuliert, was weit über die »Probleme der Lyrik« hinausreicht. Das ist übrigens eine Bestätigung dafür, dass das Lesen von Gedichten helfen kann, die Wahrnehmung der Welt zu verfeinern. Das Problem ist komplexer als ein ideologisches.

*Wer spricht aus einem Mund,
der Wörter wie etwa »Elite«, »Demokratie«, »Volk«,
»Europa«, »Politik« oder »post-« ausspricht?*

Nicht nur effektvolle Wörter wie »postfaktisch«, was dem Benn'schen »silberlich« in etwa entspricht, sind problematisch geworden. Wann war übrigens in der »Politik« etwas »faktisch«? Oder in dem Massenbewusstsein? Und wodurch unterscheiden sich eigentlich »postfaktische Politik« und »Fake-News« von »Lügenpresse«? Mit effektvollen Wörtern verbirgt man das Problem, statt es aufzudecken. Das führt dazu, dass die einfachsten Wörter ihre Bedeutung verlieren. Die Menschen, die im Pariser Bataclan-Theater im November 2015 von Terroristen ermordet wurden, wurden weltweit »Geiseln« genannt, obwohl die Situation der eigentlichen Bedeutung dieses Wortes (zu einem bestimmten Zweck, mit bestimmten Forderungen an Dritte Gefangengenommene) überhaupt nicht entsprach. Sie anders zu nennen wäre noch unheimlicher. »Geisel« hat im Vergleich mit dem, was diesen Menschen passiert ist, sogar etwas Beruhigendes, wenigstens Bekanntes, Gewohntes. Das ist eine ideologiefreie Ungenauigkeit, die zeigt, wie fragil die Übereinstimmung von Sprache und Realität geworden ist.

Man wird täglich mit Begriffen und Ideen des 20. Jahrhunderts (auch solchen des 19. oder des 18.) konfrontiert. Entweder bedeuten sie nichts mehr, oder sie haben ihre Plätze gewechselt und stehen nicht dort, wo man sie vermutet, und bilden gerne einen Nährboden für gefährliche Ressentiments. Dieses Phänomen, ein stehendes Gewässer, Totwasser der Sprache, entsteht ab und zu und wird jedes Mal durch eine neue Denkströmung durchbrochen und durchflutet. Ich bin in dieser Hinsicht sogar etwas optimistisch, weil ich an die Sprache glaube, die klüger ist als jeder, der spricht, und über eine selbstregulierende Funktion verfügt. Aber jetzt ist sie geschwächt und kann dem öffentlichen Gespräch nicht aus der kollektiven Wiederholung derselben Dinge hinaushelfen. Genauer gesagt, aus einer zweigeteilten kollektiven Wiederholung: Pro und Kontra. Kein Dialog. Kein Versuch, den anderen zu verstehen. Wahrscheinlich entrichtet die digitale Verflachung der Welt ihren Obolus dazu, wie einige vermuten. Das bedeutet, dass die Sprache sich auch dagegen wehren wird. Nur wie? Würde man das wissen, würde man nicht in diesem Totwasser stehen.

Meine kleine Wortliste ist natürlich, genauso wie die Benn'sche Farbenliste, subjektiv und unvollständig, jeder kann sein eigenes Verzeichnis anlegen und die Tendenzen der sprachlichen Mechanisierung untersuchen.

Elite und Ohnmacht

Die Wörter »»»Elite«»« und »»»Volk«»« haben im Laufe der Zeit so viele stillschweigende Anführungszeichen bekommen, dass sie dahinter nicht mehr zu erkennen sind. Mit gleicher Überzeugung werden »Eliten« als letzte Hoffnung der Demokratie und als verlogene und nur an Macht und dem eigenen Wohlergehen interessierte Gruppe bezeichnet. Genauso verhält es sich mit dem »Volk«, von dem es mal heißt, die Demokratie solle vor ihm geschützt werden, mal, sie könne nur von ihm gerettet werden. Während »antielitäre« »Populisten« einen Kreuzzug gegen die »Elite« führen, versuchen die »Eliten«, der Vox populi das Maul zu stopfen, wobei besagte »Populisten« eigentlich zur »Elite« gehören und besagte »antivölkische« (in dem Sinne, wie man »Anti-Völkischer-Beobachter« sein kann) »Eliten« mit der Macht- oder Finanzeliten nichts zu tun haben.

Als im Herbst 2016 alle über die Präsidentschaftswahlen in den USA schrieben, stieß ich auf einen Aufsatz von Pankaj Mishra im »New Yorker«, der erfrischend anders war und einen überraschenden Vergleich zwischen Donald Trump und Jean-Jacques Rousseau aufstellte: »Wie Rousseau Trump vorhergesagt hat. Der Angriff des Aufklärungsphilosophen auf kosmopolitische Eliten wirkt heute prophetisch.« In dem kurz darauf erschienenen Buch »Das Zeitalter des Zorns« unternimmt Mishra einen Spaziergang durch die neuere und neueste Geschichte und lässt Rousseau immer dann auftauchen, wenn es um den Aufstand des durch die »Aufklärung« entwurzelten »Volkes« gegen die »Eliten« geht: Auf der Sonnenseite der Aufklärung folgen Kulturheroen verschiedener Nationen ihrem Ahnherrn Voltaire: Friedrich der Große, Katharina II., Mahatma Gandhi, V.S. Naipaul oder Salman Rushdie. Aus dem Sumpf des durch Neid und Erniedrigung bedingten Ressentiments erheben unter Rousseaus Schirmherrschaft die Kämpfer gegen die erste Gruppe ihre Stimmen: Robespierre, Bakunin, Narendra Modi, Putin, Xi Jinping, die deutschen Romantiker, »»der diabolisch begabte Richard Wagner«, Trump, die IS-Terrormiliz und Al-Qaida. Der heutige »Aufstand der Massen« – seien es die Wähler Amerikas, seien es die Unterstützer von Erdoğan, seien es die Befürworter des Brexit, seien es die islamistischen Terroristen – sei das gegenwärtige Äquivalent jeder Revolution. Mishra wählt nicht zwischen den beiden Polen – dem »rousseauistischen« und dem »voltaireanischen«: Revolution/Terror seien schrecklich, aber Revolutionäre/Terroristen hätten ihre Gründe. Zwischen der Tatsache, dass er durchaus Gründe für die jeweiligen Ressentiments einzusehen bereit ist, und der Tatsache, dass er zum Beispiel den IS oder die Wähler Trumps nicht rechtfertigen kann, gibt es kein logisches Verbindungsglied. Darin liegt nicht nur Mishras Schwäche, sondern auch seine Stärke: Ein offengelegter Widerspruch ist eine große Leistung, denn zu oft werden zeitkritische Schriften zu einer Kohärenz um der Kohärenz willen gebracht, auf Kosten der Klarheit im Hinblick auf das jeweils beschriebene Problem, das manchmal keine Lösung hat.

Die Wahrheit ist womöglich, dass sich neue Eliten gebildet haben, die noch nicht beschrieben worden sind. Die Welt ist so radikal anders geworden, dass eine Beschreibung noch fehlt. Das Gefühl, dass im Denken genau wie in der Kunst schon alles ausprobiert worden ist und man zu mehr oder minder gelungenen Variationen verdammt ist, ist natürlich, wie immer, wenn es entsteht, falsch. Meine Hauptfrage ist: Ist es überhaupt möglich, ohne eine geschichtliche Katastrophe das neue Denken und die neue Sprache zu finden?

Homo centonicus

Mishra sieht sich auf beiden Seiten zugleich: »Als Stiefkind des Westens sympathisiere ich mit beiden Seiten in dieser Debatte. Ich weiß, dass die gegenläufigen Erfahrungen, auf die Vertreter des Ostens und des Westens verweisen – Verlust und Erfüllung, Deprivation und Fülle –, nebeneinander in ein und derselben Person zu finden sein können. Die menschliche Identität, die oft als fest und einheitlich verstanden wird, ist stets vielgestaltig und steckt voller innerer Konflikte.« Den ganzen Kampf, den er zeigt, könnte man auch so beschreiben: Einerseits würden die entwurzelten Massen am Verlust ihrer Ganzheitlichkeit leiden, andererseits sei diese nicht mehr möglich, und jeder Versuch, sie wiederherzustellen, führe zu Faschismus, Kommunismus und Terrorismus. Der immer öfter vorkommende Mensch mit einer komplexen Identitätsmischung scheint der Mensch der Zukunft zu sein, sagen wir ein »Homo centonicus«, ein Patchwork-Mensch. Selbstverständlich hat jeder Mensch mehrere Identitäten, ich meine jetzt ausschließlich die Bezüge und Zugehörigkeiten im Verhältnis zur einen oder anderen kulturellen Landschaft, Nationalität, Religion, also alles, was ein Mensch ungefragt in sein Lebensgepäck bekommt. Dieser Homo centonicus besteht aus im Moment unlösbaren Widersprüchen, was zum Teil auch ein sprachliches Problem ist, weil die Weltentwicklung und die Weltbeschreibung wenn nicht dasselbe sind, so doch symbiotisch.

* * *

Ich beobachte oft, wie Menschen, die seit ihrer frühen Kindheit in einem anderen Land als der Heimat ihrer Eltern leben und die Sprache dieses Landes besser als ihre eigene Muttersprache sprechen, sich nicht daran gewöhnen können, dass ihre Mitbürger sie als Fremde empfinden, ganz egal, ob das fremdenfreundlich oder -feindlich gemeint ist. Weil ich »weiß« bin, kann ich den Spott darüber mitbekommen, dass jemand, der definitiv anders aussieht, sich beleidigt fühlt, wenn man ihn auf Englisch anspricht. Im 19. Jahrhundert, als in Russland viele Deutsche lebten und sich in der zweiten Generation als »ganz russisch« bezeichneten, waren sie ebenso ein Objekt von solchem milden Spott (heute werden Nachkommen jener »ganz russischen« Deutschen in Deutschland als »ganz deutsch« nicht ernst genommen und als angebliche AfD-Wähler, »Russland-Versteher« u. Ä. stigmatisiert).

Ich habe Russland als erwachsener Mensch verlassen und hege, obwohl ich mich in beiden Welten zu Hause fühle, keine Ansprüche auf bedingungslose Zugehörigkeit zu einer der Welten und vertrete nur mich selbst. Die Frage, die mich jedoch interessiert: Ist das eine Illusion? Ich habe immer behauptet, meine Identitäten würden ganz friedlich in mir zusammenleben. Aber die Welt ist heute alles andere als friedlich gestimmt. Manchmal führt ein bisschen mehr Information über einen Umstand zu einem großen Unterschied in seiner Bewertung. Vor kurzem saß ich auf einem Podium mit einem Dichter, der in Deutschland aufgewachsen ist und sich völlig zu Recht als Deutscher versteht. Als wir über unsere Hintergründe befragt wurden, begann er die spannende Geschichte seiner Familie zu erzählen, was uns in die Türkei führte, und sagte, dass dort momentan eine schwierige Situation herrsche, er aber hoffe, dass es nicht so schlimm wie in Russland werden würde. Angesichts der großen Welle von Berichten über Verhaftungen, Massenentlassungen von Intellektuellen und die Streichung der Evolutionstheorie aus den Lehrplänen der türkischen Schulen bin ich im ersten Moment verblüfft, im zweiten aber sage ich mir, dass der Dichterkollege bestimmt mehr über die Türkei weiß, genauso, wie ich mehr über Russland weiß, und dass es ausgesprochen komisch wäre, wenn wir darüber zu diskutieren begännen, wo es nun schlimmer wäre. Das würde einer Szene aus den Kindheitserinnerungen des in der Bukowina geborenen Dichters Moses Rosenkranz (1904–2003) ähneln: In einer kleinen Synagoge in Galizien treffen sich österreichische und russische Juden und streiten sich darum, welches Land ein »Gefängnis der Völker« sei. Zusätzliche Seltsamkeit gibt dieser rührenden und bizarren Szene die ernst gemeinte Überlegung des Autors (das Buch wurde Ende der 50er Jahre geschrieben), dass die Position der russischen Juden, einfacher Kaufleute, nur dadurch zu erklären sei, dass sie bezahlte »Propagandisten« des Zaren seien.

Ich kann nicht in den fünf bis zehn Minuten, die ich auf dem Podium zur Verfügung habe, die ganze Komplexität der Lage eines riesigen Landes darstellen, das seit bald 30 Jahren zum ersten Mal in seiner Geschichte ein demokratisches System hat. Ich bin bereit, über viele Probleme dieses Landes zu sprechen. Und ich mache das auch oft (einmal, nach meinem Artikel in der NZZ über die Rückkehr des sozialistischen Realismus in die russische Prosa, hat mich eine russische Mitarbeiterin des Moskauer Goethe-Instituts angerufen und nach Moskau zu einer Diskussion eingeladen. Sie hatte auch eine persönliche Frage: »Warum mögen Sie uns nicht?«). Ich verstehe, dass mein Gesprächspartner nur das weiß, was er aus den Medien bekommt. Es kann nicht anders sein. Auch mein Wissen über die Türkei wurde durch die Filter der Medien gezogen, ehe es zu mir gelangte. Ich bin bereit, zu vermuten, dass jemand über etwas einfach mehr Kenntnisse hat, und würde gerne von anderen dasselbe erwarten können.

Die Frage bleibt: Ob das »Bonus-Wissen« den Blick verstellt? Ich vermute, dass nicht das »Bonus-Wissen« zu einem Problem wird, sondern dass die meisten Menschen glauben, über alles gleich gut Bescheid zu wissen. Genauer gesagt, alle wissen *wieder* Bescheid, man denke an eine Fragmentüberschrift in der »Dialektik der Aufklärung« von Horkheimer/Adorno: »Gegen Bescheidwissen«. Die Bescheidwissenden werden in diesem während des Zweiten Weltkrieges entstandenen Werk als ein gefährlicher Bestandteil der Bewegung, die zur Katastrophe der westlichen Zivilisation geführt hat, dargestellt. Heute sind sie wieder zahlreich vertreten. Auch von mir will man, dass ich die Welt erkläre, Bescheid weiß und »dasselbe rede«. Ich glaube, es beginnt das Zeitalter des *kollektiven Denkens*.

Weltbürger auf der Flucht
(Die Sprache und das Gewissen)

All I have is a Voice.
W. H. Auden: September 1, 1939

Wenn man »Geflüchtete« statt »Flüchtlinge« sagt, wird man niemandem helfen, genauso, wie das Wort »Studierende« allein keine Gleichberechtigung der Geschlechter schafft.

Da es jetzt zwei Wörter gibt, »Flüchtlinge« und »Geflüchtete«, beginnt die semantische Trennung, weil die Sprache bekanntlich keine hundertprozentigen Synonyme duldet. So wie zum Beispiel keiner »Studierendenrevolution« sagen würde, sagt auch keiner zu den Menschen, die die beiden spanischen Exklaven Ceuta und Melilla bestürmen, »Geflüchtete«. Sie sind weiterhin »Flüchtlinge«. Womöglich bis es ihnen gelingt, die Grenze zu passieren.

»Völkerwanderung« – so versuchen finstere Propheten, der Gesellschaft Angst einzujagen; auch Rom sei dadurch untergegangen. Wie so oft stimmt das Wort nicht. »Völkerwanderung« bezieht sich auf Stämme. Heutige »Flüchtlinge« oder »Geflüchtete« sind jeder für sich. Sie bewegen sich nicht in Stämmen. Höchstens in Familien.

Ich sehe einen Zweiminutenfilm: 350 Männer aus Afrika haben es nach Ceuta geschafft. Sie haben den 6 Meter hohen Grenzzaun besiegt und sind jetzt auf EU-Territorium. Sie sind aufgeregt wie nach einem gewonnenen Sportspiel. Andere Männer, müde Sicherheitskräfte, Rotkreuzler mit Latexhandschuhen und Mundschutz, nehmen sie in Empfang. Sind die jungen Männer aus Afrika »Weltbürger«?

Das sieht aus wie ein absurdes Spiel: Wer von zahllosen Anwärtern das fast Unmögliche schafft, der ist drin. Als hätten Computerspiele diese Realität generiert. Alle Europäer leben in Ceuta und Melilla, es ist eine Täuschung, dass man sich in Berlin, Paris oder Frankfurt in einer anderen Situation befinde und seinen Espresso in einem Straßencafé nicht in Sichtweite der »Flüchtlinge« oder »Geflüchteten« trinke. In »Europa« wird dieses absurde Spiel auch getrieben: Wer es schafft, durchzukommen, und unterwegs nicht ertrinkt, nicht verhungert und nicht erschossen wird, der hat eine Chance, hier zu bleiben. Wer es nicht schafft, der zählt nicht. Wer in Syrien auf den verrückten Gedanken kommt, ein Visum in einem europäischen Konsulat zu beantragen, wird höchstwahrscheinlich abgewiesen. Das sind die Schwächsten, die Bedürftigsten oder die, die ihre Familie nicht allein lassen wollen. Das ist unvermeidlich, die Situation ist so, und niemand hat eine funktionierende Idee, wie man die Situation verbessern kann.

Noch ein Film. Die Aufnahme dauert eine Minute: An einem andalusischen Strand, der voll von Urlaubern ist, landet ein Schlauchbot mit Flüchtlingen. Der Sand, das Gischtzischen, die Sonne, die Urlauber in ihren Badeanzügen schauen irritiert auf die aus dem Boot aussteigenden und gleich irgendwohin rennenden Männer, die ihrerseits die Badegäste überhaupt nicht beachten, als wären diese einfach nicht da. In späteren Nachrichten heißt es, die Männer aus dem Schlauchboot seien spurlos verschwunden. Wie die meisten Nachrichten brechen sie irgendwann ab, und man erfährt nie, wie die Geschichte dann schließlich ausgeht. Das ähnelt einem surrealistischen Film, von Luis Buñuel etwa, der den diskreten Charme der Bourgeoisie mit feinen giftigen Pfeilen durchlöcherte.

Das Bedürfnis, sich als »gut« sehen zu können, ist dem Menschen eigen. Das Gewissen ist ein mächtiges Tier, das zu quälen weiß. Aber Menschen verstehen es, dieses Tier zu zähmen.

Gutmenschen? Gute Menschen? »Wir«?

Mehrmals hin und her persifliert, aber was steckt dahinter? Auf wessen Kosten gewinnt man das Gefühl, gut zu sein? Wodurch ist dieses Gefühl gedeckt?

»Demokratie, Politik braucht Sprache, Diskussion, Positionen, das ist nicht zu bestreiten. Aber weshalb bereitet es mir jetzt ein solches Unbehagen, zu sprechen, an einer Diskussion teilzunehmen, eine Position zu beziehen? Und zwar ohne dass mir alles gleich wäre und ich nicht unterscheiden könnte zwischen den abendländisch oder islamistisch Identitären mit ihren Hetzpredigten und denen, die für Menschenrechte, Offenheit und Hilfe eintreten und denen ich mich zuzählen will. Aber als was will ich mich ihnen zuzählen, was habe ich außer wohlmeinenden Floskeln oder verstiegenen, ins Leere laufenden Überlegungen? Außer der billigen Freude, einen Standpunkt zu haben und auf der richtigen Seite zu sein? Ist nicht doch zu spüren, dass diese Freude ohne ein gewisses Unbehagen nicht mehr zu empfinden ist?«

So beginnt Thomas Stangl, einer der sprachbewusstesten Schriftsteller, die ich kenne, seinen Essay zum Thema Flucht in einer Sonderausgabe der Zeitschrift »Triëdere«. Das ist eine so klare Selbstreflexion, die so deutlich die allgemeine Lage der Sprache und der Diskussionen in der Gesellschaft zeigt, dass sie aus dem Sprachlichen herausführt, wie jeder gelungene Text aus dem Sprachlichen herausführt, weil Sprache ein Instrument ist und, wenn sie ihre Aufgabe erfüllt, wie jedes gute Instrument unsichtbar wird. Was kann ein Autor, außer die Sprache sprechen zu lassen? Jeder, auch ein Autor, kann nach Kräften helfen, wo er kann. Aber jeder, auch ein Autor, hat seine eigene Aufgabe. »All I have is a Voice«, *Alles, was ich habe, ist eine Stimme,* schrieb W. H. Auden am Anfangstag des Zweiten Weltkriegs. Später war Auden mit diesem Gedicht unzufrieden, vielleicht aus diesem unvermeidlichen Gefühl heraus, dass das Gewissen nach noch etwas verlangt. Eine ähnliche Zeile schrieb der im Ersten Weltkrieg gefallene englische Lyriker Wilfred Owen: *Alles, was ein Dichter heute tun kann, ist zu warnen,* »All a poet can do today is warn.«

In Stangls Text spricht das Gewissen, das verlangt, sich selbst als fremd zu begreifen, die Fremdheit in sich hereinzulassen; die Nacht Hölderlins, die »Fremdlingin«, hilft, alles in ein bisschen Fremdes zu verwandeln: »*Nacht, Fremdlingin unter den Menschen,* so heißt es in einem Gedicht von Hölderlin, auf den ich jetzt immer wieder komme, ohne es zu wollen«, schreibt Stangl und hilft übrigens mit dieser »Fremdlingin« dem Wort »Flüchtling« und schenkt ihm damit eine Freundin, die »Flüchtlingin«. Und weiter:

»Anstatt von Selbstsicherheiten und Wahrheiten aus lässt sich viel besser von der Fremdheit her denken, von der vielleicht ganz flüchtigen harmlosen Erfahrung, nicht daheim zu sein im Wirklichen; dass die Wirklichkeit nicht mehr das ist, wo man mit seinen Wörtern daheim war, nicht mehr das, was man als die Wirklichkeit kannte. Deshalb das Hin- und Herschieben und das Aushöhlen von Wörtern, auch wenn es müßig erscheint, wir die Sprache in der Fremde immer nur fast verloren haben und die Nacht, als Fremdlingin unter den Menschen, nur das Bild einer Nacht ist; für etwas steht, für das Nichts von einem Etwas, eine lyrische Unsicherheit, Haltlosigkeit.

[...] Meine unsicheren Blicke auf wirkliche Menschen im Westbahnhof, meine Blicke auf den Bildschirm, die kein Leben retten und sich in sich selbst verstricken, diese Wörter hier, die kein Leben retten, während es gleichzeitig möglich ist, Leben zu retten und man an dieser Aufgabe verzweifeln kann statt an Wörtern. An wirklichem Mangel statt an Ideen, Projektionen und eingebildeten Ängsten. Nützliche Wörter wären dann: Winterkleidung, Zelte, Decken, Joghurt, Brot, Öl und so weiter. Nützliche, handfeste, schnell verbrauchte Wörter, als dünnes Gerüst über einer Basis aus Leere und Verlorenheit. Das ist der Beginn; dann folgen die Diskussionen, die Konflikte, die Theorien und so weiter. Wichtig ist, dass die Leere nicht vergessen wird, die Verlorenheit, das ganz dünne Gerüst des Nützlichen, unbedingt Notwendigen, als unsichere und einzig mögliche Basis.«

Der Mensch der Zukunft ist Fremdling. Auf dem andalusischen Strand treffen sich zwei einander fremde Realitäten. Sie sind in einen surrealistischen Film gezwungen: die vorverbale Zeichensprache der Geschichte. Die verbale Sprache, das heißt auch das Verständnis, die Aufarbeitung verspätet sich. Die verbale Sprache bietet noch solche Wörter wie »Weltbürger« an, ohne vorzuwarnen, dass man mit den Heimatlosen tauschen muss, um sich Weltbürger nennen zu dürfen. Wenn man das nicht macht, sollte man sich wenigstens den moralischen Zeigefinger abschneiden. Schon in der Sowjetunion mit ihren dichtgemachten Staatsgrenzen dachte ich, dass der Begriff mich verhöhnt. Heute würde ich das Wort aus anderen Gründen nicht benutzen. Sagen Sie »Weltbürger« zu einem Afrikaner, der gerade im Mittelmeer ertrinkt. Ich schäme mich, dieses Wort auszusprechen. Daran ist nichts Neues. Bereits 1985 sagte Joseph Brodsky, der im Exil lebte: »Hunderttausende von *displaced persons*, Gastarbeitern, Bootsflüchtlingen und illegalen Einwanderern aller Art haben die Orchidee aus dem Knopfloch des Schriftstellers im Exil entfernt.«

Wer ist hier der Stier? Und wer das Mädchen?

> *Blendend weiß ist die Farbe, wie Schnee*
> Ovid/Johann Heinrich Voß

Der namensgebende Mythos enthält ein unlösbares Paradoxon. Europa wurde aus ihrer asiatischen Heimat entführt (aus Phönizien, was geographisch den heutigen Ländern Syrien und Libanon entspricht) und auf eine Insel gebracht, die zu einem anderen Kontinent gehörte, dem sie den Namen verlieh. Alle haben dieses Bild im Kopf, wie Zeus in Gestalt eines mächtigen Stieres das Mädchen über die Wellen trägt, als wäre das der eigentliche Liebesakt dieses Paares, nach welchem sich der Stier aus dem Staub gemacht und die Sterblichen mit diesem Puzzle, dass aus dem einen Kontinent ein anderer geworden ist, allein gelassen hat. Europas Brüder wurden von ihrem Vater in die Welt geschickt, sie durften erst dann zurück, wenn sie sie gefunden hatten. Bis heute setzen sie ihre Suche fort. Ihre Schwester ist das aus Asien geraubte Asien und zugleich das aus dem fremden, entführten Asien gewordene Europa. Sie ist die, die alle besitzen wollen: Entweder wollen sie sie behalten und mit niemandem teilen und tun so, als würden sie nicht verstehen, was ihre Brüder hier zu suchen haben. Oder sie wollen sie zurück. Die Letzteren überqueren unter Lebensgefahr heimtückische Gewässer, lassen sich in den Zelten der Flüchtlingslager nieder und halten Ausschau nach ihr. Die, die sie jetzt besitzen, beargwöhnen die Fremdlinge, haben Angst, dass sie ihnen Europa nehmen. Viele beanspruchen sie für sich und meinen, Europa gehöre ihnen oder sie würden zu Europa gehören.

* * *

Ich sitze auf einem Podium mit sechs oder fünf »alten weißen Männern«, diesem Schrecken des neuesten politischen Narrativs. Eigentlich finde ich die Verallgemeinerung auch in diesem Fall diskriminierend, keinen Deut besser, als wenn man »mit sechs Weibern« oder »mit sechs Negern« sagen oder mit einem an sich neutralen Wort Menschen auf eine einzige, für die Situation nicht relevante Eigenschaft reduzieren würde. Ich verstehe, dass das, was ich im Weiteren mache, noch perfider ist, das ist, wie wenn man sagt: »Ich habe nichts gegen Schwule, aber dieses Pärchen bestätigt gerade alle Vorurteile.« Dabei habe ich wirklich viel übrig für »alte weiße Männer«; um den wunderbaren (weißen, aber leider nicht so alt gewordenen) Oscar Wilde zu paraphrasieren: Ich mag Männer mit Vergangenheit (und Frauen mit Zukunft), aber in diesem Fall habe ich Pech, meine Gesprächspartner haben zu diesem Podium wenig Charme mitgebracht, dafür viel Selbstgerechtigkeit und Arroganz. Um die Verallgemeinerung doch zu vermeiden, sage ich lieber: Ich sitze mit sechs oder fünf Zeitgenossen auf dem Podium. Wir sind eingeladen, um über »Europa« zu diskutieren. Bald merke ich, dass etwas mich von den anderen gravierend unterscheidet (nicht mein biologisches Geschlecht), das mir anfangs absolut *nicht* klar war, ich aber im Laufe des Gesprächs zu verstehen bekommen habe: Ihrer Meinung nach bin ich die Einzige in der Runde, die nicht zu den Europäern gehört und hier eigentlich nichts zu suchen hat, außer dem Rollenfach der dankbar Nickenden. Die anderen bilden ein »Wir«: »Wir« sollen darüber sprechen, wie »wir« Europa retten. Männer mit Vergangenheit, aber ohne Charme erzählen, wie sehr sie Europa (gemeint ist natürlich ausschließlich die EU) lieben. Sie erzählen zum Beispiel, dass es zum ersten Mal in der Geschichte keine Visen zwischen den europäischen Ländern gebe und dass diese Tatsache die Hoffnung auf Frieden verspreche. Wenn ich sage, dass es vor dem Ersten Weltkrieg ebenso keine Visen innerhalb Westeuropas gab, antworten sie, dass das etwas ganz anderes sei, ohne zu erklären, warum. Wenn ich sage, dass ich die Ideologisierung des Wortes »Europa« erschreckend finde, weil ich in der Sowjetunion aufgewachsen bin und weiß, wie ideologisch gesteuertes Denken aussieht, ignorieren sie mich wohlwollend. Und wenn ich sage, dass »wir« Europa im Sprachgebrauch nicht mit der EU gleichsetzen sollten, um das weitere Auseinanderdriften der ehemaligen Kaltekriegsländer wenigstens zu verlangsamen, fragt mich der Moderator gönnerhaft, »was wir im Westen tun können, damit wir Russland auf den Weg helfen, auf dem es die Bedingungen erfüllt, die uns erlauben, es in Europa aufzunehmen«.

* * *

Der Stier zeigt sich ganz friedlich:

»Blendend weiß ist die Farbe, wie Schnee, den weder ein
    Fußtritt
Niedergestampft, noch gelöset der tauende Atem des
    Südwinds.
Muskelig strotzt ihm der Hals; und dem Bug' enthangen die
    Wampen.
Klein zwar ist das Gehörn, doch zierlicher, als von des
    Künstlers
Händen geformt, durchsichtiger auch wie die klarste Juwele.
Gar nicht drohet die Stirn, noch schreckt sein leuchtendes
    Auge;
Friede beherrscht das Gesicht. Es staunt die Tochter Agenors,
Dass er so herrlich erscheint, und nichts Feindseliges
    vornimmt.«

Dieser »friedliche« Stier hat noch vieles von überall her mitgenommen, für alles war Platz auf seinem breiten Rücken, womit das anmutige Mädchen Europa spielen konnte: Sklaven und Gold, Tee und Gewürze, Rauchwaren und Diamanten, Götter und Geschichten, Seide und Porzellan. Jetzt kommen ihre Brüder und schlagen ihre Zelte auf. Das Mädchen erkennt sie nicht wieder, sie hat Angst vor ihnen.

Sie sitzt im Verlies, von alten schneeweißen Stieren bewacht, und darf nicht »Brüder, wo seid ihr?« fragen.

Vox populi (Vox Dei?)

Noch eine Facette der Verwirrung um »Elite« und »Volk«: Die »konservativen« und »elitären« Autoren sind diejenigen, die dem »Volk« die Stimme verleihen. Sie können mit ihrer konservativen und elitären Haltung in der Tradition von zum Beispiel Ortega y Gasset, dem Warner vor dem »Aufstand der Massen«, oder auch von Ortegas zehntem Aufguss Nicolas Gomez Davila gesehen werden, zugleich sind sie paradoxerweise die Stimme des »Volkes«, das vor jedem »Anderssein« Angst hat. Gewiss würden diese Intellektuellen, die (bewusst oder unbewusst) die *Vox populi* vertreten, im schlimmsten Fall des nächstfälligen Sieges des »Volkes« von diesem »Volk« auf die eine oder andere Weise beseitigt werden. Trotzdem oder gerade deshalb ist es falsch, jedes Mal eine Weile mit Elan kollektiv dagegen zu denken und zu sprechen und die Angelegenheit abzuhaken. Weil diese »Konservativen« der »progressiven Öffentlichkeit« die Möglichkeit bieten, mit dem »Volk« zu sprechen, statt in der Art, wie Stephan Wackwitz es in dem bereits genannten Essay beschreibt (raus mit euch! – selber raus!), auf dem Niveau fortwährender gegenseitiger Beschimpfungen zu verbleiben. Aber nach dieser Möglichkeit scheint sich keiner zu sehnen.

Millionen Menschen denken so, wie Sibylle Lewitscharoff es in ihrer berühmten Dresdner Rede artikulierte. Etwas Neues zu erfinden ist nahezu unmöglich. 1954 sprach Ernst Jünger in »Das Sanduhrbuch« mit eigentlich entschiedeneren Einwänden, als es Sibylle Lewitscharoff tut, über die künstliche Befruchtung (Hervorhebung von mir):

»Wenn es [...] gelänge, hier und da ein Rädchen anzuhalten, etwa den Bau von Atombomben zu verbieten, dann würde der Schrecken aus anderen Teilen des Werkes hervorbrechen. So ist, um ein Beispiel zu nennen, das biologische Wissen dabei, dem physikalischen in dieser Hinsicht den Rang abzulaufen – *wobei man nicht so sehr an die Vernichtungsmittel zu denken braucht, als etwa an die künstliche Befruchtung von Menschen: einem der schwersten Tabubrüche, die man ersinnen kann. Schon leben Zehntausende von vaterlosen Wesen auf dieser Welt, von Wesen, bei deren Zeugung Liebe nicht mitwirkte. Sie werden die Henker von morgen sein. Die Schaffung einer solchen Kaste geht weit über die antike Sklaverei hinaus.*«

Heute sind es manchmal dieselben Menschen, die sich über Lewitscharoffs zweifellos menschenverachtende, aber talentierte Wortschöpfung »halb Mensch, halb künstliches Weißnichtwas« empören, die Ernst Jünger irgendwie entzückend finden (wie immer ist natürlich unbekannt, inwiefern sie das gelesen haben, worüber sie sprechen).

Gerade jene Stelle bei Jünger, wo er über die künstliche Befruchtung spricht, wurde vom damaligen »Zeit«-Rezensenten als eine Weisheit gepriesen: »Seine Realität wird dem Leser des Buches durchaus evident, so daß er sich nicht mehr überrumpelt fühlt, sondern erschreckende Wahrheit erkennt.« Die Zeiten ändern sich. Zum Glück, würde ich sagen. Nur vertraue ich dem kollektiven Denken nicht. Nicht, wenn es das »Gute, Wahre, Schöne« vertritt oder »Vorwärts zum Kommunismus!« oder »europäische Werte«. Gab es nicht eine ähnliche Konstellation in der Weimarer Republik? Eine feine, kluge, intellektuelle »Elite« missachtete »das Volk«, das, teilweise durch diese Nichtbeachtung, zu einer unmenschlichen »Masse« wurde. Die absurde Parole »Für Demokratie gegen das Volk!« hätte man auch damals aussprechen können. Meine persönliche Position ist klar: Ich bin selbst eine »entartete Kunst«. Mein Herz schlägt auf der Seite der aus verschiedenen »volkshygienischen Gründen« verachteten Menschen. Einer der widerlichsten Witze, die ich je gehört habe: »Die privilegierteste Person heute ist eine schwarze Lesbe im Rollstuhl.« Aber derjenige, der diesen Witz erzählt und aufgrund seiner »weißen« Hautfarbe, seiner Mainstream-Sexualität oder seiner Gesundheit privilegiert sein will und fürchtet, dass ihm alles genommen wird, ist meistens kein privilegierter Zeitgenosse, sondern ein armes verängstigtes Würstchen, für welches konservative Gegendenker der »kulturellen Elite« zum Sprachrohr werden.

* * *

Womöglich ist die rege Lyrikszene der letzten Jahre ein Zeichen dafür, dass die Sprache nach neuen Wegen sucht. Und, ja, klar bin ich nicht die Erste, die das sagt, aber das ist wichtig: Platon hat die Dichter aus seinem Idealstaat aus ebendiesem Grund vertrieben: Weil sie die Sprache präzisieren und nicht, wie er behauptet, weil sie wie begeisterte Vögel ohne Verstand zwitschern würden, *Lügendichter* sozusagen, die es wagen, zu behaupten, dass die Gerechten unglücklich und die Ungerechten glücklich seien (ein gutes späteres Beispiel dafür ist Shakespeares Sonett 66: »Zu sehen: Verdienst am Bettelstab geboren / Und leere Nichtse teuer aufgeputzt«). Das müsse man ihnen verbieten und alle vertreiben, bis auf die, die Lobgesänge auf Götter und verdiente Staatsmänner singen. Die berühmte platonische Verknüpfung von Dichtung und Wahnsinn ist ein fieses Manöver, damit man den Gedichten nicht glaubt, bei ihnen nicht lernt, auf eigene Faust zu denken. Im Übrigen waren viele große Philosophen Lyrikleser (oder schrieben sogar Gedichte).

Den Schwimmkäfer zu Ende denken (oder lieber nicht?)

Gemeint ist der Schwimmkäfer aus Hofmannsthals Brief des Lord Chandos an Francis Bacon. Der Schwimmkäfer gehört zu den Augenblicken, die einerseits ein durchdringendes Gefühl hervorrufen, einen anderseits aber auch ratlos zurücklassen, weil sie unsinnig bleiben, zu schweigen davon, dass sie erfasst werden könnten:

> »und wenn mich diese Gießkanne und das Wasser in ihr, das vom Schatten des Baumes finster ist, und ein Schwimmkäfer, der auf dem Spiegel dieses Wassers von einem dunklen Ufer zum andern rudert, wenn diese Zusammensetzung von Nichtigkeiten mich mit einer solchen Gegenwart des Unendlichen durchschauert, von den Wurzeln der Haare bis ins Mark der Fersen mich durchschauert, daß ich in Worte ausbrechen möchte, von denen ich weiß, fände ich sie, so würden sie jene Cherubim, an die ich nicht glaube, niederzwingen, und daß ich dann von jener Stelle schweigend mich wegkehre.«

Das ist mehr als hundert Jahre her. Heute kann man in dieser Verzweiflung nichts Besonderes entdecken, wie ein Wiener Schriftsteller von heute, der sprachvirtuose Richard Obermayr, bemerkt: »Die Krise von Lord Chandos ist heute eine behaglich gewordene Skepsis, die mich kaum berührt, die Einsicht, dass wir für die Dinge und Sachverhalte keine echten Namen, sondern nur aus Konvention und zu ihren Eigenschaften äußerliche Zeichen besitzen, ist zu einem Gemeinsinn geworden.« Und doch: Schöne Literatur hat gelernt, mit diesem Problem zu leben. Das Problem hat die Belletristik verlassen und verhöhnt nun das Sachschreiben, das von dieser Skepsis nichts zu ahnen scheint. Ich spreche wieder mit Obermayr: »Die Literatur hat niemals den Eid darauf geleistet, eine beständige, sichere Beziehung zwischen Wirklichkeit und Sprache zu bieten.« Aber ein nicht-belletristischer Text hat eher diesen Anspruch. Oder sollte ihn zumindest haben.

Jede Sprachskepsis ist anders. Die Sprache bleibt so geheimnisvoll wie ansonsten wahrscheinlich nur die Zeit. Aber damit, was Benn sagt, dass man besser aufpassen soll, welche Wörter man verwendet, ist jede neue Generation konfrontiert. Auch mit der Aufgabe, mit den Wörtern die Welt neu zu schaffen (Adams erste Aufgabe im Paradies war, alle Dinge zu benennen). Deshalb beunruhigt Hofmannsthals Schwimmkäfer Obermayr doch irgendwie: »Gewiss, auch ich möchte den Schwimmkäfer zu Ende denken ... Mir gelingt es vielleicht, seinen kleinen und mit glatten, silbrigen [silbrigen! – Grüße an Benn, und richten Sie ihm bitte aus, dass es keine Regel gibt, was er allerdings auch bemerkt und Stefan George das »Blau« erlaubt – O. M.] Schuppen bedeckten Leib zu beschreiben, diesen Käfer mit langen Fühlern und drei Schwanzfedern ..., und nun fällt sein Name, hier, auf ihn wie ein Tropfen Harz und hält ihn für immer fest.« Aber auch das heißt nicht, ihn zu Ende zu denken, denn es bleiben immer »das Schweben des Zufalls, Augenblicke erhellender Ungenauigkeit«. Das, was es zu Hofmannsthals Zeit nicht gab, ist die durch das allgegenwärtige Internet gekommene Zerstreuung. Keine fünfminütige Langeweile an einem Bahnsteig, in einer Schlange, beim Warten auf einen sich verspätenden Freund oder auf Godot ist mehr möglich. Wie kann man unter solchen Umständen einen Schwimmkäfer zu Ende denken? Und doch – das müsste man, das sollte man. Nur wie?

Kastanie, blühe!

Ich habe das Privileg, mit der Dichterin Elke Erb befreundet zu sein, die Wörter wie Lebewesen behandelt. Manchmal notiert sie Wörter, die besonders energiegeladen sind. In folgender Notiz, die sie mir per E-Mail geschickt hat, steht unter anderem das Wort »hassverklemmt«; sie schreibt: »von Hass verklemmt. Wieder so ein starkes Wort, von starker Sinnlichkeit.« Und dann berührt sie das Benn'sche Problem: Manche Wörter können nicht mehr. »Wo doch sonst die Sprache tot wie Pappe ist«, heißt es bei ihr. Gleich kommt sie auf so ein Wort, paradoxerweise gerade dann, wenn sie von ihrem Bedürfnis spricht, ihre Freude an Wörtern mitzuteilen: »Und immer wieder möchte ich mich an meine ›Mitmenschen‹ wenden – nun guck dir mal dieses Wort an. Ein durch und durch unnatürliches Wort. Was? Das: der Mitmensch.«

Also könnte man »Mitmensch« zur Liste der ermüdeten Wörter hinzufügen. Ich glaube nicht an Wörter, die endgültig zu Pappe werden. Manche benötigen nur etwas (manchmal viel) Zeit, um sich wieder aufzuladen.

Am Ende von Elke Erbs Mitteilung steht ein Befehl der Dichterin an die Sprache: »Kastanie, blühe!«

ÜBER DIE DUMMHEIT DER STUNDE

An einem warmen Berliner Sommerabend (der einen fast unerträglich heißen Berliner Tag ablöste und so unschuldig nach Lindenblüten duftete, als wären die viereinhalb Stunden am nahezu glühenden Gleis des Bahnhofs Berlin-Spandau nie gewesen, im Laufe deren ich vergeblich versucht hatte, die Hauptstadt gen Frankfurt am Main zu verlassen) saß ich mit der Schriftstellerin Iris Hanika auf der Terrasse eines Cafés und erzählte ihr von den jungen Autoren, die mein Seminar im Rahmen der Heiner-Müller-Gastprofessur an der FU besuchten.

Erstaunlich oft waren die von ihnen initiierten Gesprächsthemen aus dem Sud des Feuilletons entstanden. Zum Beispiel: Muss Literatur politisch sein? Oder entschiedener: Wann wird Literatur endlich wieder politisch?! Welche Inhalte muss/darf Literatur transportieren? Muss Literatur aktuell sein, und was heißt Aktualität? Wie weit darf die künstlerische Freiheit gehen? Fördert der Literaturbetrieb tatsächlich nur die Mittelschicht-Akademiker-Kinder? Usw.

Für mich (und ich kann nur hoffen, auch für meine »Studenten«) waren diese Gespräche insbesondere deshalb interessant, weil ich die Meinung vertrete, dass sich die Literatur möglichst von der Medienaktualität unbeeinflusst halten soll. Diese meine Ansicht bedarf einer Erklärung. Ich bin mir dessen bewusst, dass wir uns jetzt, wenn ich das schreibe, auf der Spitze der gesellschaftlichen Aufregung befinden. Natürlich hat die Geschichte nie geschlafen (geschweige denn ihr Ende erreicht), aber innerhalb von wenigen Jahren ist auch in unseren Breiten die unmittelbare Wirklichkeit so geworden, dass man sie beim besten Willen nicht ignorieren kann. Ist *Jetzt* ein guter Zeitpunkt, um über die Unabhängigkeit der Kunst von der Aktualität zu diskutieren? Können wir uns überhaupt noch darüber austauschen? Ich glaube, ja. Ich glaube sogar, dass es genau der richtige Zeitpunkt ist. Weil es in Zeiten sich ausruhender Geschichte ziemlich belanglos und abstrakt ist, über die Verknüpfung von Kunst mit Politik, Wirtschaft, Zensur oder Menschenrechten zu streiten. Jetzt ist es aber anders. Leider. Was ich meinen »Studenten« zu sagen versucht hatte (und ich fürchte, es ist mir nicht gelungen, sonst hätte ich kein Bedürfnis, diesen Text zu schreiben): Unter vielen Begabten gibt es wenige, die der Dummheit der Stunde nicht hinterherlaufen. Es geht um die Freiheit und die Frechheit, die allgemeingültigen Vorstellungen und Forderungen nicht zu berücksichtigen.

An jenem Abend und in diesem Zusammenhang erinnerte sich Iris Hanika an den beeindruckenden Satz von Carl Einstein, »Aktualität ist Collaboration«, wofür ich mich an dieser Stelle bei ihr bedanke. Das ist ein in seiner Rätselhaftigkeit prächtiger Satz. Um ihn deuten zu können, habe ich den Band mit den Nachlasstexten, aus dem er stammt, gekauft und gelesen. Diesen Satz an sich könnte man auf die Fahnen der Aktualitätsverweigerer schreiben. Dabei darf man das nicht, weil der Urheber das Wort »Collaboration« nicht negativ gemeint hat. Der Satz ist aus dem Nachlass und undatiert. Zu vermuten ist, dass er im Frankreich der 30er Jahre und somit *vor* der Besatzung durch NS-deutsche Truppen geschrieben wurde. Das Wort Kollaboration, mal mit »K«, mal mit »C« geschrieben, steht bei Carl Einstein wenn nicht für die Zusammenarbeit, dann wenigstens für den Dialog mit der Wirklichkeit, zu dem er unverhofft aufruft. Der Theoretiker und Verfechter der Kunst der Moderne einerseits stand mit seinen linkspolitischen Überzeugungen andererseits im Widerspruch zu seinem eigenen ästhetischen Programm, auf welches er als Folge verzichten musste. Das ehrliche Denken ist widersprüchlich. Und in diesem Zitat: »Begreiflich, dass die Modernen nicht die breite Aktualität darstellen; denn solches Unternehmen hätte an sich ihren schrankenlosen Individualism begrenzt u widerlegt. – *Aktualität ist Collaboration*; denn Gegenwart besteht aus mannigfaltigen Elementen u Kraeften« – tritt seine volle Widersprüchlichkeit hervor.

Wie jeder gelungene Satz gehört auch dieser, »Aktualität ist Collaboration«, nachdem er ausgesprochen wurde, nicht oder nicht ausschließlich dem Urheber. Zu Carl Einstein komme ich noch zurück. Zuerst will ich mich mit diesen Worten in seiner Abwesenheit beschäftigen. Mit wem kollaboriert der Künstler, wenn er versucht, »aktuell« zu sein? Ich glaube, er kollaboriert mit der Dummheit der Stunde. Die Gegenwart ist trügerisch. Journalisten und Politiker können nichts dafür, sie müssen sich mit ihr auseinandersetzen. Das ist ein unvermeidliches Übel. Dieser Tatsache ist Jean Amérys Essay »Terror der Aktualität« gewidmet. Das ist ein Übel, erklärt er, weil der Beschleunigungs- und Abwechslungszwang zu gefährlicher Belanglosigkeit der Information führt und letztendlich zu fehlerhaften Ansichten. Denn Aktualität ist eine tückische Sache. Wie Mode. Sie ändert sich ständig. Und das ist der Grund, meiner Meinung nach, warum sie einen Künstler immer verrät, warum ein Künstler, der sich auf sie verlässt, am Ende immer dumm dasteht. Keiner sieht die Gegenwart. Wir alle bekommen vom medialen Feld verschiedene Bilder, aus denen wir das auswählen, was unseren Vorstellungen entspricht. Aber im Unterschied zu Journalisten und Politikern können sich Künstler den Luxus leisten, diese Bilder zu ignorieren. Ob sie sich diesen Luxus nehmen, ist eine andere Frage.

Künstler sind nicht hellsichtiger als alle anderen Menschen. Ihre Meinungen zu der jeweiligen aktuellen Lage sind, obwohl sie sie in überzeugende Gewänder zu kleiden wissen, nicht wertvoller als die Meinungen eines jeden Menschen. Wären die politischen Überzeugungen der Dichter übrigens relevant, hätten wir weder Dostojewskij noch Céline, weder Knut Hamsun noch Ezra Pound (die Liste kann jeder fortsetzen) lesen können. Obwohl das allgemein bekannt ist, versucht man den Autoren immer wieder eine maßgebliche politische Meinung abzugewinnen. Ich will nicht mitmachen, obwohl es genau das ist, was man notorisch von mir erwartet. Man interviewt mich zum Beispiel anlässlich der besagten Gastprofessur für deutsche Poetik und fragt fast ausschließlich nach der aktuellen politischen Lage in Russland. Jedoch ist meine Meinung (im Allgemeinen und in diesem Fall im Besonderen und besonders) zu dieser aktuellen Lage viel weniger relevant als meine Meinung zur deutschen Poetik, was mir noch kein Interviewer glauben wollte.

Eine Meinung zu verschiedenen Geschehnissen habe ich schon. Ich versuche, mich auf die Gebiete zu begrenzen, bei denen ich mich mehr oder weniger auskenne, und schreibe darüber ab und zu in Form eines Zeitungsartikels, aber auf keinen Fall in Prosa oder Gedicht. Künstler sind auch Menschen und haben ihre Überzeugungen oder Nerven, wie es Akutagawa Ryūnosuke nennt, wie es Tarkowski in »Stalker« den Schriftsteller wiederholen lässt und wie es Joseph Brodsky in vielen Gesprächen paraphrasiert: *Ich habe keine Überzeugungen, ich habe nur Nerven.* Auch Künstler haben ihre spontanen Reaktionen auf die Gegenwart. Eine andere Sache ist, wie und ob diese persönlichen Reaktionen und Überzeugungen (oder Nerven) zu Kunst verarbeitet werden oder ob sie rohe Betroffenheitsbilder bleiben. Im letzteren Fall helfen sie nicht bei der Lösung welcher Probleme der Gegenwart auch immer, sondern stören nur.

Schlimm an der Aktualität ist auch, dass sie nur für einen

Moment eine solche ist und im nächsten verschwindet und wirkliche Probleme zusammen mit belanglosen Sensationen in die graue Zone des Halbvergessens mit sich zieht. Deshalb werden die aktuellsten Bücher am schnellsten obsolet. Aber niemand spricht im Vakuum. Und niemand spricht in ein Vakuum, auch wenn es einem zuweilen so scheinen mag. Oscar Wilde schaffte mit seinem dekadenten »Das Bildnis des Dorian Gray« ein Porträt der Epoche, das heute viel aussagekräftiger ist als die meisten Abhandlungen und Sachbücher. Nicht zufällig hat Will Self versucht, in »Dorian – eine Nachahmung« nach diesem Muster das Porträt seiner eigenen Epoche zu malen, was wahrscheinlich deshalb nicht hundertprozentig gelingen konnte, weil die Idee, ein aktuelles Bild der Epoche zu schaffen, zu stark in der Anlage präsent war. Darüber hinaus finde ich, dass Self die gesamte Spannung drastisch reduziert, indem er die Figur, die bei Wilde ein Mädchen ist, zu einem Jungen macht. Diese eigentlich korrektere Angabe zerstört den Wilde'schen Zauber. Ähnlich würde Prousts »Recherche« ihre Spannung dramatisch verlieren, wenn wir das Ganze umschreiben und Marcel anstatt *Albertina* einen *Albert* unterschieben würden. Weil Kunst die Verwandlung der Realität in einen anderen physischen Zustand ist. Es kann gelingen oder (wie in den meisten Fällen) nicht gelingen. Wie es gelingt, wenn es gelingt, ist jedes Mal ein Rätsel. Beim Schreiben dieses Absatzes habe ich mir versprochen, dass ich, falls ich eines Tages eine Fabel schreibe, die vom Wesen der Liebe sprechen soll, in den Mittelpunkt meiner Narration ein homosexuelles Paar stellen werde, um meinen Text von der Aktualität der eigenen Erfahrungen zu befreien. Es gibt sowieso keinen Realismus. Es gibt nur die Überzeugungskraft des Dichters. Einige können besser als einige andere suggerieren, sie böten ein realistisches Bild an. Nicht nur die Medien, auch Kunst schafft trügerische Bilder. Die Visionen der Kunst können wahr sein, allerdings nur, wenn sie niemandes Interessen außer ihren eigenen bedienen.

Und nun, wie versprochen, zurück zu Carl Einstein. Er benutzte das Wort K/Collaboration im positiven Sinne. Dann kam die Zeit, die das Wort mit brutaler Eindeutigkeit belastete. Eine böse linguistische Ironie des Schicksals! Carl Einstein nahm sich das Leben an der französisch-spanischen Grenze, in der Erwartung, dass er entweder über die Grenze geführt oder als Jude verhaftet und ins KZ geschickt werden würde. Er erlitt fast genau das gleiche Ende wie Walter Benjamin (der sich zwar auf der anderen Seite der Grenze, aber aus derselben Verzweiflung heraus das Leben nahm). Wenn wir die neuesten Erkenntnisse über Samuel Becketts »Warten auf Godot« berücksichtigen, nämlich dass es sich in diesem Stück, laut der sensationellen, aber gut begründeten Hypothese von Valentin Temkine, um zwei Juden handelt, die in einem Grenzgebiet auf einen Schleuser der Résistance warten, der sie aus dem besetzten Frankreich hinausführen soll, dann sind Walter Benjamin und Carl Einstein gewiss Wladimir und Estragon, zwei »metaphysische Clowns« der grausamen Zeit. All der Schrecken dieser Zeit, die Hoffnungslosigkeit, die Gottesferne, die Desillusionierung, die die Versöhnung mit der Wirklichkeit unmöglich macht, schreien aus diesem Stück und werden immer schreien. In der bis in die völlige Unkenntlichkeit der Umstände zugespitzten Abstraktion ist das Elend der Epoche für immer gespeichert. Von diesem Paradoxon kann man viel lernen.

Die Krise der Kunst, die nach allen Siegen der Moderne eintrat und die Carl Einstein in den 30er Jahren registrierte, wurde nach dem Zweiten Weltkrieg langsam überwunden, indem sie immer mehr ignoriert wurde. Man darf wieder naiv sein und die Dummheiten der Aktualität künstlerisch ausleben, man wird (freiwillig?) zum Befehlsempfänger der Aktualität degradiert, schreibt, trotz des äußeren Dichteranspruchs, nur, um gekauft zu werden, also bedient man. Niemand stellt die Frage, wie die Themen der Aktualität so zu behandeln wären, dass das Ergebnis nicht danach aussehen würde, dass sie vom medialen Feld aufgezwungen oder ihm entnommen sind, und zwar deswegen, weil der Autor entweder nicht weiß, was und worüber er sonst schreiben sollte, oder weil er Angst hat, zurückzubleiben. Interessanterweise stand ich in jenem Sommersemester im E-Mail-Wechsel mit einer jungen Künstlerin (ungefähr im Alter meiner »Studenten«), Magdalena West, die schrieb: »Leute halten ein Bild für zeitgenössisch, wenn ein Auto, ein moderner Bau oder ein Model in Sportschuhen auf einem Bild zu sehen ist oder wenn die Farben wie in einer Supermarktkette grellen. Das hat nichts mit verantwortungsvoller Kritik zu tun. Es wird dadurch eher die fehlende Auseinandersetzung mit der Geschichte überdeckt oder einfach nur ausgenutzt, dass man damit gut bedienen kann.«

Anscheinend läuft es in der bildenden Kunst verblüffend ähnlich. Dabei muss man sich gar nicht bemühen, gegenwärtig zu sein. Man lebt in der Gegenwart. Man wird altmodisch nur bei den Versuchen, mit der Zeit Schritt zu halten.

Wenn Künstler ihr politisches Engagement mit ihrer Kunst illustrieren, erzählen sie meistens Quatsch. Ob sie ihren Quatsch talentiert erzählen, ist das Einzige, was zählt. Dann bekommt das Werk einen Mehrwert, der weit über das gestellte Ziel hinausreicht. Und so lief es eigentlich immer und wird es immer laufen (falls überhaupt etwas laufen wird; mein geschichtlicher Optimismus befindet sich momentan fast auf dem Nullpunkt).

ÜBER DEN PATRIOTISMUS

*Dulce et decorum est
Pro patria mori.*

Ich sitze an einem der letzten Wintertage, die schon so frühlingshaft sind, im Zug. Aus dem Fenster sehe ich linker Hand fränkische Weinberge, rechts liegt der Main, alles mit Sonnenlicht durchtränkt. Nichts als Glück strahlen diese Landschaften aus. Ich habe keine Lust, an meinem traurigen Versuch, Gedanken und Gefühle der letzten Jahre zusammenzufassen, weiterzuschreiben, obwohl die Zeit im Zug immer meine beste Arbeitszeit ist. Ich will dieses Glück nicht verschatten. Es gibt nichts Natürlicheres auf der Welt, als die eigene Umgebung zu lieben. Wie perfide wird das immer wieder missbraucht. »Schau, wie wunderschön diese Wälder (Berge, Seen oder was auch immer) sind«, sagt man zu einem Kind und fügt hinzu: »Das ist deine Heimat, du musst sie lieben und beschützen, sie ist das schönste Land auf der Welt.«

»Patriotismus ist die letzte Zuflucht eines Schurken« – dieser Spruch von Samuel Johnson war in der Sowjetunion in oppositionellen Kreisen sehr populär. Eigentlich war dieser Satz nicht so gemeint, dass der Patriotismus an sich eine niedere Eigenschaft sei, sondern so, dass ein Schurke, wenn er keine Argumente mehr hat, den Patriotismus wie eine Geisel vor sich schiebe.

Kann sein, dass ein natürliches, warmes Gefühl zum Opfer der Erstarrung des Wortes »Patriotismus« wurde, welches seine ursprüngliche Energie verlor und zu einem Ungeheuer wurde, das etwas bezeichnet, was *anerzogen* werden muss und

Pflicht ist. Vielleicht ist es wieder ein sprachliches Problem, dass aus einem natürlichen Gefühl ein künstliches entwickelt wurde. Und für das natürliche Gefühl gibt es kein Wort mehr.

Heute taucht der Begriff »Patriotische Erziehung«, den ich schon als Kind albern fand, in den russischen Medien wieder auf, insbesondere dann, wenn sie über die Diskussionen im russischen Parlament berichten, das sich mit diesem Thema gerne beschäftigt. Aber nicht nur in Russland – der »Patriotismus« ist weltweit brandaktuell geworden. Auch in Deutschland und nicht nur auf Pegida und AfD beschränkt. Viele Dämonen, die als besiegt galten, sind wieder da. Nur die Konstellation, wer was vertritt, wer mit »Patriotismus« und wer mit »Kosmopolitismus« argumentiert, was sich oft als dasselbe entpuppt, ist von Land zu Land anders.

* * *

Wilfred Owen, der englische Lyriker, der eine Woche vor dem Ende des Ersten Weltkriegs gefallen ist, schrieb ungefähr ein Jahr vor diesem Ende das eindringliche Gedicht »Dulce et Decorum est«, das den Schützengrabentod unerträglich lebendig macht und am Ende eine klare Aussage zu übersteigertem Patriotismus trifft:

My friend, you would not tell with such high zest
To children ardent for some desperate glory,
The old Lie: Dulce et decorum est
Pro patria mori.

Mein Freund, du würdest den Kindern, die sich
So verbissen nach Ruhm sehnen,
Die alte Lüge nicht mit so großer Lust wiederholen:
Dulce et decorum est
Pro patria mori.

Die alte Lüge stammt aus Horaz: »Es ist süß und gut, für das Vaterland zu sterben.« Diese alte Lüge scheint ab und zu, meistens nach einer großen Katastrophe, überwunden zu sein. Im Nachhinein schwören alle »nie wieder«. Nach einer Erholungsphase ist sie wieder da.

Als ich angefangen habe, über den neuen russischen Patriotismus und die alten Probleme der Russen mit ihrem Selbstbild nachzudenken, waren die vielen patriotisch-populistischen Wellen weltweit, die nun zu einem riesigen Tsunami zu werden drohen, noch nicht da. Das, was als Gedankenspiel begonnen hat, hat an (für meinen Geschmack überflüssiger) Aktualität gewonnen.

Die andere Seite der Medaille

> *Irgendwie ist der Mensch ja immer so ein abgekochtes Ei aus Jahrhunderten und weiß von nix [...]. Man hat es schwer, Strukturen in sich gelten zu lassen.*
> Elke Erb

Die besten Ideen sind die, die das Gefühl entstehen lassen, man hätte selbst darauf kommen müssen. Vor vielen Jahren las ich in dem Odessa-Roman »Die Fünf« von Vladimir Jabotinsky, wie eine gebildete Gesellschaft in St. Petersburg auf den Ausbruch des Russisch-Japanischen Krieges 1904 reagiert: »Die Aufregung am Tisch war groß, aber, wie ich besonders aus heutiger Distanz sehe, eigenartig: Diese Mentalität ist wohl in der gebildeten Gesellschaft eines anderen Landes undenkbar. Die Familie war durch und durch russisch [...], die meisten Gäste ebenfalls: Doch dieser Krieg erregte sie nicht wie etwas, das sie persönlich betraf, sondern wie etwas, das irgendwo in der Nähe geschah. [...] Alle prophezeiten mit einer seltsamen Genugtuung: ›Die unseren werden Prügel beziehen.‹ Und niemanden im ganzen Haus betrübte diese Aussicht.« Jabotinskys Erzähler erinnert sich Jahre später daran: »Damals verblüffte mich das natürlich kein bisschen, ich hatte nichts anderes erwartet. Erst jetzt, wenn ich zurückschaue, merke ich, wie seltsam das alles war.«

Jabotinsky hat ein Muster erkannt, das die Beziehung zwischen der russischen gebildeten Schicht und dem Staat noch heute bestimmt. Er selbst hatte die bewusst gewählte Position eines Beobachters aus einigem Abstand. Der 1880 in Odessa (Südrussland, am Schwarzen Meer, heutige Ukraine) geborene assimilierte Jude begann als russischer Schriftsteller. Bereits als Achtzehnjähriger wurde er zum Auslandskorrespondenten zweier Odessaer Zeitungen und lebte einige Zeit in Westeuropa. In späteren Memoiren bedauerten viele russische Autoren, dass er seine glänzende literarische Karriere früh abgebrochen hatte. Grund dafür waren Judenpogrome in Russland 1903 bis 1905. Jabotinsky empfand die Bemühungen der jüdischen Jugend, sich an eine fremde Kultur anzupassen, die sie nicht annehmen wollte, als erniedrigend und nun endgültig gescheitert und widmete sich der zionistischen Bewegung. 1936 schrieb er »Die Fünf«, eine Erinnerung an das verlassene Russland, ein Denkmal für die einzigartige Vielvölkerstadt Odessa, einen der ergreifendsten Familienromane des 20. Jahrhunderts, der 2012 endlich auf Deutsch erschien.

Seit ich in »Die Fünf« über diese Merkwürdigkeit im russischen Charakter gelesen habe, bemerke ich ähnliche Vorfälle in anderen Kontexten. Naheliegend wäre, das als »Selbsthass der Russen« zu definieren. Ich habe sogar versucht, Parallelen zum berühmten »jüdischen Selbsthass« zu finden, dessen bekanntester Analytiker Theodor Lessing zum Beispiel in seinem

Tagebuch schreibt: »Wie ich als Kind schon, unbewusst fortstrebend aus dem Sumpf meiner Herkunft, in glühender Liebe deutsche Märchen und Mythen in mich trank ...« Genau wie Jabotinsky wollte er letztendlich kein Bettler um Kulturgüter sein. Vielleicht hat Jabotinsky – wie Lessing – Keime eines nationalen Selbsthasses in sich gesehen und konnte sie auch in einem anderen Volk entdecken. Denn mancher Russe würde über sich in ähnlichen Worten sagen: »Wie ich als Kind schon, unbewusst fortstrebend aus dem Sumpf meiner Herkunft, in glühender Liebe europäische Märchen und Mythen in mich trank ...« Vielleicht verlieh die frei gewählte Außenposition Jabotinkys Blick auf die Russen den Scharfsinn.

Und doch ist die Idee des Selbsthasses kaum auf andere Völker anwendbar, weil das eng mit ihr verbundene Phänomen Antisemitismus eine singuläre Erscheinung ist. Und wenn es trotzdem gemacht wird, ist es immer eine demagogische Geste. Der Selbsthass wird gerne auch von Deutschen bemüht, wenn sie sich mit einem ihrer Lieblingsthemen beschäftigen, nämlich warum sich das Trauma des Nationalsozialismus der Überwindung entzieht, oder bei den verschiedenen Varianten der Deutschland-schafft-sich-ab-Idee. Deshalb habe ich auf das verlockende Gedankenspiel mit dem Selbsthass der Russen verzichtet.

Ich finde es trotzdem aufschlussreich, zu sehen, wie der russische Kulturwissenschaftler Boris Groys seinen deutschen Kollegen Theodor Lessing kommentiert. Das war eine glückliche Idee, den seit 1981 in Deutschland lebenden Groys, der vor seiner Immigration eine wichtige Figur in der inoffiziellen Kultur Moskaus und Leningrads gewesen war, um ein Vorwort für die Neuauflage von Theodor Lessings »Der jüdische Selbsthaß« zu bitten. Ins Zentrum seiner Betrachtungen stellt Groys das paradoxe Verhältnis zwischen dem Jüdischen und dem Griechisch-Römischen im europäischen Selbstbild und das daraus folgende Missverständnis nach dem Fall der Ghettomauer: »Die jüdische Geistestradition wurde zur Grundlage der europäischen Kultur, eine andere Kultur hat Europa nicht. Darum ist es nicht verwunderlich, dass die Juden zur Zeit der Aufklärung in die europäische Kultur traten, als wäre es ihr eigenes Haus, und so schnell wie möglich jene Zeit zu vergessen suchten, als man ihnen den Zutritt verwehrt hatte. Anders konnte es gar nicht sein. Die Verwunderung Europas, überhaupt der Gedanke, es hätte anders sein können, zeigt das ganze Ausmaß der Verblendung, in der Europa sich bis dato befunden hatte.«

Obwohl man, wie gesagt, keine direkten Parallelen ziehen darf, kann man in Bezug auf das schwierige Verhältnis der Russen zu sich selbst eher mit dem eigentlich russischen Gedanken von Groys etwas anfangen als mit dem eigentlich deutschen Gedanken von Lessing. Wenn – nach Groys – Juden in der europäischen Zivilisation ihre eigene sahen, dann tun es Russen ebenso (ohne allerdings zu vergessen, dass die Europäer dem nicht ohne Vorbehalt zustimmen würden). Sie haben ihr Christentum von Byzanz übernommen, das eine Gründung Konstantins war, der als erster christlicher Kaiser gilt und entsprechend als Anfang des europäischen Christentums gesehen werden kann, was auch der berühmte und sowohl bei antipatriotischen Russen als auch bei patriotischen Europäern verhasste Spruch meint: »Moskau ist das dritte Rom.«

Eine Geschichte der Spaltung des russischen Selbstbildes kann man mit Pjotr Tschaadajew beginnen lassen, für den die Frage, inwieweit Russland zur Gemeinschaft der europäischen Völker gehört oder nicht gehört, zu einer Manie wurde: »... wir schritten nie Seite an Seite mit anderen Völkern; wir gehören keiner der großen Familien des Menschengeschlechts an; wir gehören weder zum Westen noch zum Osten und haben weder die Traditionen des einen noch die des anderen.

Wir stehen gleichsam außerhalb der Zeit, und so ging die weltweite Erziehung der Menschheit an uns vorbei.«

Der 1794 geborene Tschaadajew war eine der illustren Figuren der ersten Hälfte des 19. Jahrhunderts. Er studierte an der Moskauer Universität, entschied sich für eine Militärkarriere und nahm 1812 an den Napoleonischen Kriegen teil, die weitreichende Auswirkungen auf den weiteren Verlauf der russischen Geschichte hatten. Viele junge Männer waren auf einmal mit einer siegreichen Armee im westlichen Ausland und sahen dort einiges, was sie beeindruckte. Zu Hause wartete statt der erhofften Reformen eine Enttäuschung auf sie, Zar Alexander I. schien alles vergessen zu haben, was zu Anfang seiner Regierungszeit so vielversprechend gewesen war.

1823 bis 1826 unternahm Tschaadajew eine Auslandsreise. Am 14. Dezember 1825 brach in Russland der Offiziersaufstand aus, der als »Dekabristen-Aufstand« berühmt geworden ist – ebenso eine Folge jener Stimmung nach den Napoleonischen Kriegen. Der Aufstand wurde niedergeschlagen, was bedeutete, dass ein großer Teil der gebildeten und gesellschaftlich aktiven Menschen aus dem öffentlichen Leben ausgeschlossen wurde; fünf wurden hingerichtet, viele andere verbannt. Diejenigen, die unbeteiligt geblieben waren, fanden sich in einer verwüsteten gesellschaftlichen Landschaft wieder, und selbst wenn sie die Ideen der Dekabristen in keiner Weise teilten, hatten sie damit zu leben, dass ihr Bekannten- und Familienkreis um einen erheblichen Teil der Mitglieder gebracht worden war. Diese traurige Wirklichkeit erwartete den von seiner Auslandsreise zurückgekehrten Tschaadajew.

Über Tschaadajew, der stets zurückhaltend blieb, weiß man nur wenig. Er war beliebt, witzig und sarkastisch, dabei wohlerzogen und höflich, betont elegant gekleidet (»Man kann ein wackrer Mensch sein und sich dabei um die Schönheit der Nägel kümmern«, schrieb Puschkin in »Eugen Onegin« und meinte Tschaadajew). Man weiß überhaupt nichts von seinem Privatleben, weshalb es verschiedene Vermutungen gibt. Man führt ihn gerne unter den Homosexuellen, weil nicht bekannt ist, dass er je eine Affäre mit einer Frau gehabt hätte, nur, dass er von ihn verehrenden Frauen umgeben war. Andererseits weiß man über keine Affäre zwischen ihm und einem Mann. Weil er als Geburtsfehler der russischen Geschichte die Tatsache sah, dass Russland seinerzeit griechisch-orthodox und nicht römisch-katholisch geworden war, meinte man, er sei zum katholischen Glauben übergetreten, was ebenso nicht belegt ist. Von den insgesamt acht »Philosophischen Briefen«, die er 1829/30 geschrieben hatte, wurde lediglich der erste zu seinen Lebzeiten veröffentlicht: 1836 in der Zeitschrift »Teleskop«. Er wurde über Nacht russlandweit berühmt. Die Zeitschrift wurde verboten; der Herausgeber Nikolai Nadeschdin verbannt; der für dieses Heft zuständige Zensor entlassen. Tschaadajew durfte seine Wohnung nicht mehr verlassen und wurde täglich von einem Arzt besucht: Zar Nikolaus I. hatte ihn für verrückt erklärt. Die gebildete Gesellschaft war voller Mitgefühl für ihn, egal, ob man seine Ansichten teilte oder nicht. Puschkin schrieb ihm eine polemische Antwort, die er jedoch, mit einem Sprichwort als Begründung, nicht abgeschickt hat: »Eine Krähe hackt der anderen kein Auge aus.« Puschkin war in seiner Jugendzeit rebellisch gewesen und hätte in dieses imaginäre Wohnzimmer aus Jabotinskys Roman gepasst; in seinen späten Jahren (wenn man das über jemanden sagen darf, der nur 37 wurde) nahm er sein Land vor dieser imaginären Gesellschaft in Schutz. Das ist ein extremer Anachronismus, aber ich beschreibe einige Erscheinungen, die Jahrhunderte andauern, und mische an dieser Stelle einmal die Zeiten, um das zu unterstreichen.

* * *

Natürlich wird die Idee der totalen Unzulänglichkeit von der Idee einer einzigartigen Großartigkeit begleitet, wir sind die Letzten / wir sind die Ersten; wir sind die Schlechtesten / wir sind die Besten – das gehört immer eng zusammen. »Wir gehören zu den Nationen, die gleichsam nicht Teil der Menschheit sind, sondern nur dafür existieren, um der Welt irgendeine wichtige Lehre zu geben«, diese Ambivalenz sieht man in allen Wendungen der von Tschaadajew begonnenen Tradition.

Tschaadajew, der so wenig geschrieben und keine originelle philosophische Idee entwickelt hatte, bestimmte die Richtung des russischen Denkens Jahrhunderte im Voraus. Gewiss hatte er einen Charme, den weder seine wenigen Schriften noch seine privaten Briefe wiedergeben können (Letztere zeigen einen angespannten, kapriziösen, eher eitlen als ehrgeizigen Mann), was keine Erklärung dafür sein kann. Nach einer Phase der Isolation verkehrte er bis zu seinem Tod 1856 in den Moskauer Salons, immer aufgeweckt, immer geistreich, immer dandyhaft, und sprach von seinem »mobilen Lehrstuhl« aus, »den er von einem Salon in den anderen brachte«, wie der Dichter Pjotr Wjasemski ihn nicht ohne giftige Ironie, aber auch nicht ohne Bewunderung beschrieb. Alle haben ihn respektiert, sowohl seine Gegner, die »Slawophilen«, die politisch konservativ und orthodox waren, als auch die nach den »Slawophilen« gekommene neue, positivistische und revolutionäre Generation, die bei weitem nicht alle seine Ideen teilen konnte, genauer gesagt, gar keine, nicht nur seinen Katholizismus und Mystizismus: Er verabscheute Revolution. Das hinderte zum Beispiel den revolutionären Publizisten Alexander Herzen nicht daran, ihn als Wegbereiter für alle Revolutionäre und den ersten Philosophischen Brief als den weckenden Schuss inmitten der dunklen Nacht zu bezeichnen. Und so geht es mit Tschaadajew weiter. Selten sieht man so viel Wirkung bei so geringer Leistung.

Meilensteine. Intelligenzija und Macht

1909 erschien ein Sammelband unter dem Titel »Wechi« (»Meilensteine«/»Wegzeichen« – je nachdem, wie man das russische Wort »Wechi« interpretiert), der zu einem großen und heute noch fortwirkenden Ereignis wurde. Sechs Philosophen verschiedener Richtungen folgten dem Aufruf von Michail Gerschenson, sich zu Rolle und Selbstbild der russischen gebildeten Schicht, der »Intelligenzija«, zu äußern. In der Regel vermeide ich das nur Russland-Interessierten geläufige Wort »Intelligenzija«. »Intelligenzija« gilt als russisches Phänomen und soll mehr als bloß ein bestimmtes Bildungsniveau samt entsprechender beruflicher Tätigkeit umfassen. Einige rühmen sie, die anderen tadeln sie, und spätestens seit »Meilensteine« sprechen alle über ihre Krise. Interessanterweise hatte Gerschenson eine Tschaadajew-Biographie geschrieben. Weder Gerschenson noch die anderen »Meilensteiner« zählen Tschaadajew zur »Intelligenzija«, im Gegenteil, sie bedauern, dass die »Intelligenzija«, die sich ab Mitte des 19. Jahrhunderts gebildet hatte, zu wenig von Tschaadajew übernommen habe. Dabei erkennt man Tschaadajews Stimme in fast allen »Meilensteine«-Beiträgen, was wieder einmal zeigt, wie groß sein Einfluss auf die Herausbildung der »Intelligenzija« war.

Der Sammelband war in erster Linie eine Reaktion auf das Scheitern und die Grausamkeiten der ersten russischen Revolution (1905–1907). Und die Revolution selbst war zu einem großen Teil eine Folge der Niederlage Russlands im Russisch-Japanischen Krieg gewesen, von dessen Ausbruch Jabotinsky in »Die Fünf« erzählt und über die Schadenfreude der gebildeten Russen angesichts der möglichen Niederlage staunt. Eigentlich war dieser Krieg und nicht erst der Erste Weltkrieg der Auslöser des 20. Jahrhunderts, obwohl das fast niemand bemerkte und in Westeuropa noch das *Fin de Siècle* andauerte und das »lange 19. Jahrhundert« nicht zu Ende war. Folge dieses Krieges jedoch war nicht nur die erste russische Revolution, sondern – Dominostein für Dominostein – auch der Erste Weltkrieg, beide russische Revolutionen von 1917 und so weiter bis zu Japans Angriff auf Pearl Harbor 1941 und den US-amerikanischen Atombombenabwürfen auf Hiroshima und Nagasaki. Der Angriff auf Pearl Harbor war übrigens von Admiral Isoroku Yamamoto geplant worden, der 1905 an der Seeschlacht von Tsushima teilgenommen hatte; für Japan war der Sieg bei Tsushima ein Argument, warum der Angriff auf Pearl Harbor ebenso zu einem Erfolg führen würde: weil der Russisch-Japanische Krieg mit einem ebenso überraschenden Angriff auf die russische Flotte in Port Arthur begonnen hatte (von dem in der Szene aus Jabotinskys Roman die Rede ist). Die vernichtende Niederlage der russischen Flotte bei Tsushima schlug Wellen in alle Richtungen, die die westliche Welt in eine tiefe Krise trieben und für die nicht-europäische Welt signalisierten, dass der Sieg über eine europäische Großmacht und die Befreiung von der westlichen Kolonisierung möglich waren. Zum Beispiel ziert den Umschlag des Buches von Pankaj Mishra über die antikolonialistische Bewegung Asiens (»Aus den Ruinen des Empires«) ein japanischer Stich, der die Schlacht von Tsushima darstellt. Im Vorwort zu diesem Buch werden Menschen aufgezählt, die diese Schlacht als Beginn der Befreiung begrüßten (Mustafa Kemal, Rabindranath Tagore, Jawaharlal Nehru und viele andere). Russland stand dabei komischerweise stellvertretend für alle westlichen Kolonialmächte, insbesondere für Großbritannien. Interessant ist, dass, während in Russland jeder Mensch, auch ohne geschichtliche Kenntnisse, das Wort »Tsushima« kennt und irgendwie weiß, dass dort eine für die russische Flotte vernichtende Seeschlacht stattfand, davon im Westen nur sehr wenige wissen, meistens Berufshistoriker. Das ist nur ein Beispiel dafür, dass Menschen in verschiedenen Ländern so verschiedene Hintergründe und Grundlagen für ihre Wahrnehmung der Geschichte und der Gegenwart haben, dass sie oft einfach nichts dafür können, aneinander vorbeizureden.

In einem gewissen Sinne waren auch die »Meilensteine« eine Folge der Seeschlacht von Tsushima. Das waren Gespräche von Intellektuellen (Intelligenzija) unter und über sich. »Ein halbes Jahrhundert treibt man sich auf Plätzen herum, jammernd und streitend. Zu Hause ist Dreck, Armut, Unordnung, aber das interessiert den Hausherrn nicht. Er ist in der Öffentlichkeit, er rettet das Volk, das ist leichter und interessanter als die Schmutzarbeit daheim. Niemand lebte, alle waren in gesellschaftlicher Sache unterwegs [...]. Sie lebten nicht einmal egoistisch, sie freuten sich ihres Lebens nicht, genossen es nicht in vollen Zügen. [...] Das war ein seltsamer Asketismus, nicht Lossagung vom persönlichen Gefühlsleben, sondern Verzicht darauf, es zu kontrollieren. Es lief spontan ab, zerfahren, finster und krampfhaft. [...] [I]m ganzen ist das Leben, das die Intelligencija führt, furchtbar, ein einziges Grauen und Verwüstung: nicht die geringste Disziplin, nicht die leiseste Konsequenz selbst in Äußerlichkeiten«, schreibt der »Meilensteine«-Herausgeber Gerschenson.

Das erinnert an viele Stellen in Tschaadajews Brief, etwa: »Schauen Sie sich um. Denken Sie nicht, dass niemand auf seinem Platz zufrieden ist? Wir alle sehen wie Reisende aus. Niemand hat einen bestimmten Raum für sich, es gibt keine guten Gewohnheiten, keine Regel; [...] es gibt nichts, was uns binden würde, was Sympathie und Liebe wecken würde, es gibt nichts Beständiges, nichts Dauerhaftes; alles fließt vorbei, ohne draußen oder drinnen eine Spur zu hinterlassen. In den eigenen Häusern sind wir wie Gäste.«

Die »Meilensteiner« waren ursprünglich oppositionell, teilweise sogar revolutionär gestimmte Intellektuelle, die nach den Erschütterungen der ersten russischen Revolution das kollektive Denken der »russischen Intelligenzija« in Frage gestellt haben. Dieses kollektive Denken entstand im Laufe des 19. Jahrhunderts und diktierte allen seinen Willen, sogar solch konservativen Autoren wie Dostojewskij. Der Verleger Alexej Suworin erinnert sich an ein Gespräch mit Dostojewskij, das 1880 standfand, kurz vor dessen Tod und mitten in einer Terrorwelle (bekanntlich haben die russischen revolutionär orientierten »Intelligenzler« im 19. Jahrhundert den modernen Terrorismus erfunden):

»›Stellen Sie sich vor‹, sagte er, ›dass wir vor einem Schaufenster stehen […]. Neben uns steht ein Mensch […]. Er wartet auf etwas und schaut sich um. Plötzlich kommt ein anderer Mensch zu ihm und sagt: »Jetzt wird der Winterpalast gesprengt. […] Stellen Sie sich vor, dass wir mithören, dass diese Menschen so aufgeregt sind, dass sie ihre Stimmen nicht kontrollieren. Würden Sie in den Winterpalast gehen, um dort vorzuwarnen, oder sich an die Polizei wenden, damit sie diese Menschen festnehmen würde. Würden Sie?‹
›Nein, würde ich nicht …‹
›Ich auch nicht. Warum? Das ist doch furchtbar, ein Verbrechen. […] Ich habe mir alle Gründe aufgezählt, warum ich das machen sollte. Das sind gute, wichtige Gründe. Und dann die Gründe, die mich davon abhalten würden. Sie sind einfach nichtig. Die Angst, als Denunziant gebrandmarkt zu werden. […] Die Liberalen würden mir das nie verzeihen. […] Ist das normal? Bei uns ist nichts normal.‹«

Ich vermute, dass in der Bundesrepublik Deutschland der 70er Jahre einige Menschen vor einem ähnlichen Dilemma standen, wenn es um die RAF ging; man denke etwa an »Die verlorene Ehre der Katharina Blum«. Russland liegt nicht auf dem Mars und ist durchaus mit der übrigen Welt vergleichbar. Vermutlich würde sich auch auf dem Mars (wäre dort intelligentes Leben gefunden worden) keiner den Ruf eines Denunzianten wünschen. Und auch auf dem Mars würde Sehnsucht nach der Revolution entstehen und untergehen. Nicht nur die von Gerschenson beschriebene russische Intelligenzija »rettete das Volk« und war »in gesellschaftlicher Sache unterwegs«. Thomas Stangl analysiert in seinem Essay »Revolution und Sehnsucht« bei westlichen Intellektuellen die Verneinung ihrer selbst, die auch für die russische »Intelligenzija« bezeichnend war: »Man könnte von Selbsthass sprechen, aber es geht um ein politisches und kein psychologisches Phänomen.« Stangl vergleicht zwei zeitlich getrennte Aussagen: »›Wann wird uns endlich der Boden unter den Füssen weggerissen‹, schreibt Peter Weiss am 24. November 1970. ›Mit allen Kräften wünschen wir‹, heißt es einige Jahrzehnte davor in einem offenen Brief der Surrealisten an Paul Claudel, ›dass Revolutionen, Kriege und Aufstände in den Kolonien […] diese abendländische Zivilisation zugrunde richten.‹« Stangl nennt die Gemeinsamkeit dieser beiden Positionen, sie sehen »das Eigene als von Grund auf falsch, verfault und verloren« an. Es waren westliche Intellektuelle im 20. Jahrhundert, die nach den »eigenen« revolutionären Grausamkeiten des 18. und 19. Jahrhunderts lediglich Beobachter von Schrecken der anderen wurden. Die einzige geschichtliche Periode, in der eine bedeutende Zahl westlicher Intellektueller Russland bewundert und in Schutz genommen hat, war die Periode des Stalinismus. Das war eine der Seiten des von Stangl im selben Essay nüchtern und zugleich ein bisschen nostalgisch beschriebenen Phänomens, dass diese Revolutionen woanders als stellvertretend »für uns« empfunden wurden: Russland, Vietnam, Kuba, Nicaragua. Und wenn dort etwas schiefging, dann waren wiederum die dort schuld, die eine gute Idee verdorben hatten: Da Menschen sich selbst als gut sehen wollen, wird die Unzufriedenheit mit sich selbst auf etwas übertragen, das zwar ganz nah ist, aber mit dem Subjekt doch nicht identisch. Im Falle der russischen »Intelligenzija« wurde das Objekt der Unzufriedenheit zu einem Kollektiv, einem »wir«, aus dem wundersamerweise das Subjekt doch ausgeschlossen wurde.

Das Verhältnis »Volk«/»Masse« – »Elite«/»Macht« ist seitdem nicht nur in Russland noch verwirrender geworden. Weder »das Volk« zu vergöttern, wie das die russische »Intelligenzija« im 19. Jahrhundert gemacht hat, noch es zu ignorieren, wie man das nun weltweit zu machen versucht und über den Einfluss der »Populisten« staunt, scheint eine gute Wahl zu sein. Wahrscheinlich werden Menschen in Russland heute, die offen ihre nostalgische Sehnsucht nach der Stalinzeit äußern, von demselben Zeitgeist bestimmt wie Menschen, die die Hitlerzeit verharmlosen, oder wie Menschen, die weltweit nationalpopulistische Politiker wählen.

* * *

Fast ausnahmslos alle Freunde meiner Jugend lebten in jener Tradition, die die »Meilensteine« zu analysieren versucht hatten und deren Ausprägung Jabotinsky in der beschriebenen Szene skizziert. Zu unserem kollektiven Witzeschatz gehörten logischerweise auch die uralten und verstaubten Aperçus von Tschaadajew, was ich erst später begriff, als ich sie in Überlieferungen aus seiner Zeit antraf, etwa von Alexander Herzen: »In Moskau, pflegte Tschaadajew zu sagen, werden jedem Ausländer eine große Kanone und eine Glocke gezeigt, eine Kanone, aus der man nicht schießen kann, und eine Glocke, die nicht läuten kann. Eine erstaunliche Stadt mit wahnwitzigen Sehenswürdigkeiten; oder ist vielleicht die große Glocke ohne den Klöppel eine Hieroglyphe für dieses riesige stumme Land.«

Auch heutige Intellektuelle bringen gerne Sprüche hervor, die weder dem Verstehen noch dem Lösen von Problemen dienen, sondern nur zeigen, dass sie »dagegen« sind, dass sie »in gesellschaftlicher Sache unterwegs« sind. Mich beunruhigt diese unreflektierte Wiederholung, die sowohl in russischen als auch in westlichen Medien gefragt ist, obwohl sie nur zur weiteren emotionalen Eskalation in einer gefährlichen Zeit und äußerst selten zu einem Erkenntnisgewinn führt.

»Die Russen stehen nicht hinter Putin, die liegen bloß auf dem Sofa vor dem Fernseher, weil sie ja auch keinen Hebel haben, um irgendwo anzusetzen. Die Menschen in Russland wurden immer geführt, sie haben nichts anderes gelernt, als dass der Staat sich um alles kümmert. Das Volk sollte nur strammstehen und gehorchen. Eine europäische Zukunft jedoch würde harte Arbeit voraussetzen«, so erklärt Wladimir Kaminer die angebliche Apathie der Russen in einem Interview in »Der Standard«.

Charakteristisch für solche Äußerungen ist ihre prinzipielle Beliebigkeit. Sie können automatisch generiert werden. Die anfängliche Anstrengung, jene explosionsartige Verzweiflung, mit der Tschaadajew diese Denkrichtung ins Leben gerufen hat, ist schon lange nicht mehr da. Solche Wiederholungen beschreiben keine realen Probleme. Wenn man sich um Lösungen bemüht, sieht das anders aus als etwa die apokalyptischen Rufe des in der Schweiz lebenden Schriftstellers Michail Schischkin: »Russland ist ein Gefängnisland mit einem spezifischen Rechtsverständnis. Ein Viertel der russischen Bevölkerung war inhaftiert. Wer selbst kein Häftling war, ist unter ehemaligen Häftlingen aufgewachsen. Was das Gefängnis nicht geschafft hat, hat die Armee vollendet. Der Gaunerjargon, die kriminelle Subkultur, die normative Kraft der ›Gefängnismoral‹ beeinflussen die moderne russische Gesellschaft nicht nur, sie sind zu ihrem Fundament geworden.«

Dabei sind die meisten Menschen, die so oder ähnlich von einer »europäischen Zukunft« träumen, auf das, was in »Europa« passiert, nicht einmal neugierig. Wenn zum Beispiel der S. Fischer Verlag Sergej Lebedew, einen Autor aus Russland, zur Buchmesse einlädt und ihn bittet, wie es heißt, »täglich von Erlebtem und Erlesenem« in einem Blog zu berichten, erfährt der Leser aus allen fünf Beiträgen nichts über die Buchmesse, nur Variationen desselben Narrativs der russischen »Intelligenzija«: »Siebzig Jahre haben wir in einem Land des Atheismus gelebt«; »Wo überhaupt hat die Literatur ihren Platz in einem Land, das wie ein Kranker fiebert und unter Wahnvorstellungen leidet?« Und, scheinbar direkt von Tschaadajew übernommen, die Behauptung, dass »Russland an der Entzweiung mit dem Rest der Welt leidet«. Wie kann man die Lage im eigenen Land sehen, wenn man nicht in der Lage ist, sich umzuschauen, und auch in einem anderen Land nur das allgegenwärtige Russland vor Augen hat? Einen solchen »Buchmesse-Blog« hätte man »bloß auf dem Sofa vor dem Fernseher« liegend schreiben können.

Kein Wunder, dass Leute Angst haben, wenn sie, ich bestehe darauf, unverantwortliche und auf billige Effekte abzielende Worte hören, wie zum Beispiel die Warnungen von Swetlana Alexijewitsch, der Nobelpreisträgerin von 2015, zu Sowjetzeiten übrigens eine brave und regimetreue Journalistin, in der NZZ: »Die Menschen im Westen möchten ganz normal friedlich leben, und die Russen sind bereit, für eine heroische Idee zu sterben. […] Man sollte die ukrainische Armee mit modernen Defensivwaffen ausrüsten und sie ausbilden. Der Westen muss sich von der Illusion verabschieden, dass Diplomatie und Dialog zu einer Lösung führen werden. Es gibt diese Erfahrung in der bellizistischen russischen Gesellschaft nicht, und schon gar nicht in der fanatisierten russischen Politik. Die Sache ist mit Reden nicht zu stoppen.« Das ist ein schaudererregender Aufruf zu einem neuen Weltkrieg. Was die Politik treibt, weiß keiner. Aber die Stilistik der Propaganda kann jeder vernünftige Mensch erkennen und zurückweisen. Entweder das, oder man wird wieder im Nachhinein »nie wieder« sagen.

Ich verteidige Russland nicht vor Tschaadajews Erben. Ich lebe schon fast 30 Jahre in Frankfurt am Main. Für mich ist Deutschland sowieso näher geworden, mein Zuhause, das Land, wo mein Kind aufgewachsen ist. Ich beobachte hier gängige Denkverknotungen und voreilige Schlussfolgerungen. Sie beunruhigen mich sogar mehr als das, was in Russland passiert. Hätte ich in Russland gelebt, wäre das anders.

Wie gesagt klammern sich die meisten Menschen aus der Gemeinschaft, zu der sie gehören und die sie kritisieren, aus. Man will auf der sicheren Seite sein. Und man ist es. Und wird unterstützt. Und riskiert dabei nichts. Irgendwie ist das unglaubwürdig. Etwa eine Hetzkampagne (posthum) gegen Joseph Brodsky. Ihm wird sie nicht mehr schaden. Aber dem unabhängigen Denken sehr wohl. Als russische Muttersprachlerin werde ich oft gefragt, ob Joseph Brodsky wirklich ein großer Dichter sei. Hinter dieser Frage steckt eine andere, nämlich: Wie stark ist Brodskys Ruhm durch seine Bilderbuchbiographie – Verbannung, tragische Liebe, Exil und, als Krönung, der Nobelpreis (1987) – und deren politischen Mehrwert zu Zeiten des Kalten Krieges beeinflusst? Wenn ein Leser nur mit Übersetzungen vorliebnehmen muss, will er wissen, ob sich die Mühe lohnt, hinter den Interpretenstimmen die des Originals zu erraten. Deshalb allem voran: Ja, Brodsky ist trotz seiner Bilderbuchbiographie ein hervorragender Autor.

Seine Souveränität und seine Frechheit brachten ihn in der Sowjetunion in die Verbannung. Auch im Westen verlor er diese Eigenschaften nicht. Nicht kollektiv zu denken, ist immer gefährlich. Keine Gesellschaft duldet das. Auch die bestmögliche Gesellschaft, die die Freiheit des Individuums und die Menschenwürde respektiert, hat in dieser Hinsicht ihre Toleranzgrenze. Es gibt überall genug Menschen, die meinen, alle sollten ihre Überzeugungen teilen, und wer das nicht macht, der verstoße gegen Demokratie und Meinungsfreiheit. Der in Berlin lebende russische Autor Michail Ryklin schrieb in der NZZ vom 21. 2. 2015:

»Ich bin mir sicher, in keinem anderen Land als Russland hätte die Propaganda vergleichbare Resultate erzielt. […] Die Mehrzahl der Infizierten weiss im Normalzustand nichts davon, aber bei Berührung mit den Bildern der Aggression, welche die Massenmedien verbreiten, wird die Sache virulent. Als Indiz führe ich einen Fall an, in dem das imperiale Virus ohne alle Propaganda in einem Mann zutage trat, dessen Immunität dagegen bis dahin unangezweifelt geblieben war.«

Mit »einem Mann« ist Joseph Brodsky gemeint, der oft genug mit seinen Meinungen ziemlich allein dastand, während die anderen ein kollektives Denken ausübten, wie es auch Ryklin anlässlich von Brodskys Gedicht »Auf die Unabhängigkeit der Ukraine« aus dem Jahr 1991 tut.

Brodsky sagte mehrmals, dass das furchtbare Leid und die kolossale existentielle Kälte, denen Menschen ausgesetzt waren, eigentlich gegenseitiges Mitleid hätten hervorrufen müssen, es aber nicht haben. Wie traurig war es, zu beobachten, dass die während der kommunistischen Diktaturen ins Unbewusste verdrängten Nationalismen, die von den nicht verarbeiteten Verbrechen des Zweiten Weltkriegs verstärkt wurden, sich nach dem Ende des Ostblocks plötzlich befreit hatten. Bestimmt wurde das »sehr riskante Gedicht«, wie Brodsky es nannte, aus diesem Gefühl heraus geschrieben. Ryklin versucht, darin etwas ganz anderes zu finden.

Ryklin unterstellt Brodsky eine Bedrohung: »Der Dichter prophezeit zuletzt dem ukrainischen Volk einen schweren Tod auf der nackten Matratze und ein verspätetes Begreifen seiner großen Schuld vor der russischen Poesie«, und bekräftigt das mit einem Zitat: »›Auf dem Totenbett werdet ihr röcheln, an den Rand der Matratze gekrallt, / Die Verse von Alexander und nicht den Stuss von Taras‹. ›Alexander‹ ist natürlich der russische Nationaldichter Puschkin, und ›Taras‹ der ukrainische Nationaldichter Schewtschenko.« Brodsky prophezeit jedoch keinen schweren Tod, dass jemand auf einer nackten Matratze liegen würde, sagt er auch nicht, Übersetzungsfloskeln sind nicht immer harmlos. Brodsky sagt nur, dass seine ukrainischen Kollegen genauso wie er mit russischer Poesie aufgewachsen sind und dass sie, genauso wie er, der russische Dichter, der im Gedicht spricht, in ihrer Todesstunde Puschkins Verse mit dem letzten Atemzug röcheln werden. Wenn ich ukrainische Gedichte der Gegenwart lese, sehe ich übrigens, dass in der chemischen Zusammensetzung ihrer lyrischen Sprache auch Brodskys Gedichte stecken. Das war auch der Grund, warum dieses Gedicht auf viele ukrainische Dichter als persönliche Beleidigung wirkte. Für sie war Brodsky selbstverständlich auf der Seite des »Guten« gewesen. Dann stellte sich heraus, dass diese Seite des Guten nicht homogen war. Man hatte gedacht, alle von den Kommunisten unterdrückten Menschen säßen im selben Boot. Aber das war nicht dasselbe Boot. Ein ähnliches Phänomen versucht Brodsky zu formulieren. Er sagt, das sei »ein riskantes Gedicht«, er ist bereit, zu riskieren und die sichere Seite zu verlassen, das ist seine große menschliche Leistung.

Ich bin mir nicht sicher, ob Ryklin das Gedicht tatsächlich so oberflächlich liest oder ob er es bewusst falsch nacherzählt und interpretiert, um die unbequeme Eigenmeinung von Brodsky als »Propaganda-Virus« darzustellen. Brodsky spricht von der gemeinsamen geschichtlichen Verantwortung der Russen und der Ukrainer: »Nicht wir, die Kazapen [ein ukrainisches Schimpfwort für die Russen; O.M.], dürfen euch des Verrats bezichtigen / Wir selber haben 70 Jahre / Mit todestrunkenen Augen, wie von Tarzan regiert, gelebt.«

Niemals ist Brodsky russischer Imperialist gewesen, wie Ryklin es darzustellen versucht: »Die Lektüre dieses Gedichts ist ernüchternd: Man versteht plötzlich besser, warum alte russische Bekannte, gestern noch zurechnungsfähig, trunken sind vom Glück der Inbesitznahme der Krim, dafür die ganze Welt brüskieren und in ihrer Ekstase gar nicht merken, wie sie buchstäblich zusehends verarmen. Man wundert sich weniger über die Wirkung der imperialen Anästhesie, wenn man weiß, dass auch der berühmte Dichter, unter Gefährdung seines Rufs als freier und aufgeklärter Denker [...] zum Schreibtisch eilte und auf dem Papier Gefühlen ihren Lauf ließ, die er nicht beherrschen konnte.« Also gefährdet derjenige, der frei denkt, seinen Ruf als freier Denker! Was für eine pervertierte Logik. Dabei wird in Brodskys Gedicht nur unendliche Trauer über den Zwist aller mit allen geäußert, darüber, dass die Geschichte genauso weitergeht wie immer: »Na gut, auch wir kommen ohne euch zurecht, doch was die Träne aus dem Auge angeht, / Gibt es keinen Befehl, auf ein anderes Mal zu warten.«

In der Sowjetunion gab es eine interessante Form der »ideologischen Arbeit«: Das Komsomolzengericht. Die Mitglieder des Komsomols (der Kommunistischen Vereinigung der Jugend) versammelten sich, um jemanden (der auch abwesend sein konnte) zu tadeln. Etwas Ähnliches wurde 2015 im Rahmen des Festivals »Poetica« in Köln durchgeführt: Der zweite

Festivaltag ist dem Thema »Poesie und Politik« gewidmet, und zwar, so die »Kölnische Rundschau« vom 29. Januar 2015, »anhand eines Skandalgedichts, das der Exilrusse Joseph Brodsky (1940–1996) in Amerika ›Auf die Unabhängigkeit der Ukraine‹ schrieb. Wie konnte der Nobelpreisträger und Kreml-Kritiker 1991 die Ukrainer als Hinterwäldlervolk von ›Kürbismelonen‹ verspotten? [...] Für Köln ausgesucht hat ihn der russische Philosoph Michail Ryklin. [...] In Brodskys Gedicht sieht er die Jekyll / Hyde-Verwandlung vom elitären Einzelgänger zum ›Sprachrohr einer tödlich beleidigten imperialen Autorität.‹ Zagajewski liest den anrüchigen Text eher ›als Rollengedicht, in dem sich Brodsky als russischer Ganove inszenierte‹. Spiel statt Beleidigung? Michael Krüger hört hier Brodskys ›Bauchstimme‹ heraus und bedauert, dass der Dichter jetzt für diesen bewusst unveröffentlichten Missgriff ›als russischer Superpatriot in Anspruch genommen wird‹.«

Mit großer Erleichterung las ich am Ende des Berichts: »Marcel Beyer indessen springt zornig dem toten Kollegen bei und findet ›diese ganze Tribunalsituation fürchterlich.‹«

Die beschriebene und von Marcel Beyer treffend als Tribunalsituation bezeichnete Szene zeugt leider von der zunehmenden Primitivität innerhalb der literarischen Gemeinschaft. Keine Möglichkeit für ein Gespräch, nicht einmal unter Intellektuellen, nicht einmal unter Dichtern.

WEST-ÖSTLICHES SPIEGELKABINETT

Menschen sind auf keinen Fall verpflichtet, über russische Dinge Bescheid zu wissen. Es gibt vieles, was nicht weniger aufregend und wissenswert ist. Aber fast alle glauben, über Russland Bescheid zu wissen, und urteilen so kategorisch, wie sie das über zum Beispiel Malaysia nie machen würden.

Ich befinde mich zwischen zwei Informationsflüssen und kann die gegenseitigen Verzerrungen sehen. Information ist, nachdem sie die Landesgrenze überschritten hat, nicht mehr dieselbe.

Ein paar Beispiele.

»Die Welt« schreibt: »Für 60 Prozent der Bundesbürger gehört der Islam einer Umfrage zufolge nicht zu Deutschland.« Ein russisches Nachrichten-Magazin betitelt seinen Bericht darüber mit: »Die Mehrheit der Deutschen verweigert den Muslimen das Recht, in Deutschland zu leben.« Sie sehen es selbst: Eine kleine Verschiebung macht viel aus.

Oder ich rufe meine Mutter an. Sie ist in Panik und kann über nichts anderes sprechen als darüber, dass in Deutschland eine Neuausgabe von Hitlers »Mein Kampf« verlegt wird. Auch wenn man in Deutschland lebt, ist man nicht unbedingt davon begeistert, aber man denkt nicht, dass diesem Schritt unmittelbar eine nationalsozialistische Diktatur folgen werde. Ein paar Tage später: In deutschen Nachrichten steht: »Russland ist kein Partner mehr, stellt die Regierung fest, sondern ein Rivale.« In russischen Nachrichten heißt es dann: »Die Entscheidung Deutschlands, Russland nicht mehr als Partner, sondern als Rivalen zu sehen, sieht vor dem Hintergrund der Wiederveröffentlichung von ›Mein Kampf‹ unheilverheißend aus.«

Oder: Anfang 2016 tritt der damalige Präsident des EU-Parlaments und spätere Kanzlerkandidat Martin Schulz in einer Talkshow auf. Als Gabriele Krone-Schmalz sagt, man müsse die Russen nicht mögen, sondern sie als Partner und nicht als Gegner sehen, um etwas auf der politischen Weltszene bewegen zu können, antwortet er, mit einem quasi charmanten Lächeln, das ein Bonmot signalisiert: »Es ist so schwer, sie zu mögen.« Dass er mit »ich mag Putin nicht besonders« fortfährt, klingt kindisch und irgendwie auch rührend. Aber mit den Wörtern, die Völker bezeichnen, sollte man vorsichtiger umgehen. Keiner muss jemanden mögen. Jedoch sollte ein Politiker sich überlegen, welche Sentiments er öffentlich gesteht. Weil so ein Ausrutscher eine Kettenreaktion auslöst. Ein paar Zeitungen haben seine Worte falsch zitiert, zum Beispiel die »Bild«: »Ich mag sie (die Russen) nicht besonders. Und es ist auch schwer, sie zu mögen.« Wie es oft passiert, sieht die ganze Szene in einer weiteren Wiedergabe anders aus. Russische Medien haben, ausgehend von diesen nicht ganz korrekten Meldungen, darüber berichtet, und das ganze Bild sah so aus, als ob der Politiker öffentlich mit seiner Aversion gegen Russen den eigenen Wahlkampf schmückte.

Diese Spiegelbilder zeigen, wie Informationen über Deutschland, nur weil sie die Grenze passiert haben, eine andere Realität darstellen als die, die man in Deutschland wahrnimmt. Genauso ist das mit den Bildern, die diese Grenze in die andere Richtung – von Russland nach Deutschland – passieren. In diesem Sinne noch ein Bild aus dem ost-westlichen Spiegelkabinett. Alle Zeitungen reagieren auf ein Gesetz in Russland, das den ersten Fall von Gewalt innerhalb einer Familie aus der strafrechtlichen in die verwaltungsrechtliche Verantwortlichkeit verschiebt, was eine Geldstrafe und 15 Tage Arrest bedeutet statt wie früher bis zu 2 Jahren Gefängnis. Es gibt viele Aktivisten in Russland, die sich damit auseinandersetzen, aufklärerische Arbeit leisten, den Opfern helfen. Das wird in allen russischen Medien sehr heftig diskutiert, und es gibt zahlreiche Proteste. Deutsche Medien berichten darüber aber so, als wäre das in Russland gehorsam akzeptiert worden. Gewalt in der Familie ist ein riesiges Problem, nicht nur in Russland, auch in Westeuropa, leider und zu unserer gemeinsamen Schande. In Russland, das immer noch ein riesiges Land mit vielen ländlichen Gebieten und vielen Religionen ist, ist dieses Problem besonders akut. In den wenigen Wochen, in denen das ein Medienthema war, wurde ich mehrmals danach gefragt, und meine Gesprächspartner waren erstaunt bis misstrauisch, wenn ich erzählte, dass weder ich noch jemand aus meinem Verwandten- und Bekanntenkreis in Russland auch nur ein einziges Mal Opfer häuslicher Gewalt geworden ist. Normalerweise frage ich mich nicht, was für ein Bild meines ›Migrationshintergrunds‹ meine Bekannten haben (ähnlich geht es mir freilich auch, wenn man mich nach einer Opernvorstellung in zum Beispiel Frankfurt fragt, ob ich als Russin wegen des modernen Bühnenbildes schockiert bin). Wenn mein Gesprächspartner sich an diese Information mehr oder weniger gewöhnt hat, fragt er mich in vollem Ernst (weil das in den Zeitungen steht), ob ich das auch schrecklich finde, dass Frauen in Russland mit ihren Partnern nach dem Motto leben: »Er schlägt mich, also liebt er mich.« Wenn ich sage, dass dieses alte Sprichwort ausschließlich ironisch und nie im Ernst verwendet wird, schicken sich meine Gesprächspartner an, mich als »Putinversteherin« abzutun. Und ich bleibe bei einer Frage: Wem kann so ein Russlandbild nützen? Das frage ich mich auch, wenn eine Berliner Kollegin in einem Interview über Daniil Charms belehrt: »Charms übrigens würde ich keinesfalls als Dadaisten bezeichnen! Wenn man seine Lebensumstände kennt, erscheinen einem seine Texte irgendwann als vollkommen realistisch.« Was für eine arrogante Missachtung der gewaltigen künstlerischen Leistung von Daniil Charms und seinen Freunden, die die Ästhetik des Absurden entdeckt haben (natürlich war das, rein literaturgeschichtlich gesehen, kein Dadaismus) und die ihre völlige Unabhängigkeit bewiesen haben, indem sie in den 30er Jahren die nicht von einem politischen Moment bedingte, sondern universelle, existentielle Tragik des Lebens zum Gegenstand ihrer Kunst machten!

LOB DES SMALLTALKS

In einigen Jahrhunderten werden wir möglicherweise den einen oder anderen Stern kolonisiert und dort menschliche Siedlungen gegründet haben, aber derzeit haben wir nur diesen einen Planeten, und wir müssen alle zusammen daran arbeiten, ihn zu bewahren.
Dazu müssen wir die Schranken innerhalb und zwischen den Nationen abbauen und nicht noch verstärken.
Stephen Hawking

Ich schreibe langsam. Manchmal bezweifle ich, dass ich es schaffe, diesen Text zu Ende zu schreiben, bevor die Katastrophe beginnt, auf die Politiker aller Welt mit schlafwandlerischer Sicherheit und ebensolcher Gedankenlosigkeit zusteuern.

Eine oft übersehene Lehre aus der Geschichte ist, dass es unlösbare Probleme gibt und dass es vielleicht am besten wäre, mit ihnen zu leben, ohne eine Lösung zu forcieren.

In letzter Zeit münden alle Gespräche in »politische« Themen. Das ist eine Neuheit, was alle, die ich frage, bestätigen. Du sprichst über Literatur, das Wetter, Ferien, eine Ausstellung, eine Opernpremiere, und plötzlich wird die Unterhaltung auf die aktuellen Themen aus den Medien gesteuert. Ich muss immer aufpassen, nicht in eine Ecke gestellt zu werden, in die ich nicht gehöre. Wenn ich etwas sage, was nicht mit den Medienberichten übereinstimmt, höre ich als Antwort: »So verlogen ist unsere westliche Presse nicht!« Oder: »Ich bin trotzdem nicht für Putin und nicht für Erdoğan und nicht für Trump!«, obwohl ich kein einziges Wort über Presse, Putin und – Gott bewahre! – Erdoğan oder Trump gesagt habe. Als würde die normale menschliche Sprache versagen. Oder man will von *mir* wissen, warum die Sängerin Anna Netrebko Putin unterstützt. Das erinnert mich an eine Episode in der Einkaufsstraße einer kleinen türkischen Stadt: Vor einem Pelzladen stand ein handgeschriebenes Schild (auf Russisch): »Rabatt für Verwandte und Landsleute von Putin!« Der Besitzer eines benachbarten Ladens empörte sich in einem annehmbaren Russisch mit weichem, orientalischem Akzent: »Wieso? Er ist doch Millionär! Das ist doch absurd!« Ziemlich oft fühle ich mich während eines Gesprächs wie jene »Verwandten und Landsleute« von Putin. Das ist doch eigentlich absurd.

Es wäre allerdings ungerecht, zu behaupten, dass es ausschließlich mir als Russin so gehe. Ich beobachte oft, wie eine Dame aus England oder ein Herr aus der Türkei oder jemand aus den USA (und alle diese Menschen haben spannende Berufe und hätten viel Interessantes aus der Welt der Kunst, der Wissenschaft oder über den Alltag in ihrem jeweiligen Land zu erzählen) gleich nach May, Erdoğan oder Trump gefragt werden. Die Politisierung des Smalltalks ist ein Merkmal der neuesten Gegenwart. Solche Gespräche dienen nie der Wahrheit, sie führen, wie jeder Klatsch, nur zur Bestätigung, dass »wir« gute, ehrliche, progressive Menschen sind und »sie« nicht. Auch klassische Smalltalk-Themen sind gefährdet. Zum einen sind die Medien, was für Krisenzeiten typisch ist, voll von unterhaltenden Beiträgen über Essen und Kochen oder Liebe und Sex. Zum anderen sind auch sie ideologisiert und politisiert: zum Beispiel durch die Veganismus-/Vegetarismus-/Bio-/Gesundheits- oder die Gender-/Sexismus-Problematik.

Smalltalk wäre dazu da, die zweifellos edlen Ziele von *poli-*

tical correctness zu erfüllen, ohne in einer nächstfälligen ideologischen Falle zu landen. Manchen Themen sollte man sich mit Vorsicht und über Smalltalk-Umwege nähern. Es gab zwei Episoden in meiner Kindheit, die mir gezeigt haben, dass das nationale Selbstgefühl ein sehr dünnes Eis ist. Einmal habe ich ein Mädchen gefragt, zu welchem Volk ihr Familienname gehört (ich glaube, sie hieß Rubajan, ich wusste damals nicht, dass das eindeutig ein armenischer Name ist). Das Mädchen antwortete: »Mein Großvater sagt, dass nur schlechte Menschen solche Fragen stellen«, und mied später meine Gesellschaft. Ein zweites Mal, ich war schon Teenager, fragte ich einen Jungen dasselbe. Er hatte einen jüdischen Namen, der sich von den gängigen jüdischen Namen unterschied, also nicht Ginsburg oder Rappoport, sondern Prachjé, was aufregend französisch klang. Das Ergebnis war ähnlich. Seitdem weiß ich, wie quälend es ist, jemanden unbeabsichtigt verletzt zu haben, und bin mehr als vorsichtig. Trotzdem gerate ich ab und zu in eine beschämende Lage. Einmal, bei einem Literaturfestival, hat jemand Oleg Jurjew und mich nach der Lage in Georgien gefragt. Die Lage ist sehr schwierig, wie in jedem postsowjetischen Land, haben wir geantwortet, mit Sicherheit ohne ein einziges Wort gegen Georgien zu sagen. Am nächsten Morgen sprach mich eine Frau an, die ich am Vortag bemerkt hatte, weil sie durch ihre besondere, stolze und zugleich verhaltene Schönheit auffiel. Sie sagte, sie habe schon gestern mit uns sprechen wollen, aber jemand habe ihr gesagt, dass wir die Georgier nicht mögen würden. Sie aber denke, wir alle kämen aus demselben Staat, hätten die gleiche Vergangenheit, hätten gleich gelitten und könnten nun viel Verständnis füreinander haben, und habe sich doch dazu entschieden, mit mir zu sprechen. Ich war dankbar, dass sie das gemacht hatte. Und sie glaubte mir sofort, dass ich am Vortag kein schlechtes Wort über ihre Heimat gesagt hatte. Menschen wollen zu den wieder wach werdenden Ressentiments nicht zurück, sondern sie werden dazu gezwungen.

2014 durfte ich auf Einladung des Goethe-Instituts einen Monat in der finnischen Stadt Tampere verbringen. Zur gleichen Zeit war Finnland Ehrengast auf der Frankfurter Buchmesse, und alle Zeitungen brachten etwas dazu: »Ein friedvolles kleines Volk in einem großen Land sind die Finnen. Was ihr Dasein am nordöstlichen Rand Europas prekär macht, ist die 1269 Kilometer lange Grenze zu Russland«, wie eine Zeitung schrieb. Zugleich hatte ich von meiner sehr geschätzten Freundin und Kollegin Nora Gomringer eine Nachricht bekommen, die dasselbe Problem schildert. Sie war – ebenso auf Einladung des Goethe-Instituts – in Helsinki gewesen, und wir hatten verabredet, dass wir unsere Blogs für das Goethe-Institut als Briefe aneinander schreiben würden. Das gab mir dankenswerterweise die Möglichkeit, mich zu diesem Problem zu äußern, aber im Rahmen der persönlichen Wahrnehmung zu bleiben und nicht in eine politische Diskussion abzurutschen. Ich zitiere daraus:

> Du schreibst mir: »Es gibt ein klares anti-russisches Sentiment unter den Finnen und die natürliche Grenze ist so lang und der Nato-Beitritt so fern, dass man sich vielleicht nicht unbegründet vor dem ›Tigerstreichler im Kreml‹ fürchtet (seit den albernen Bildern von Putin im Tanktop, einen Tiger streichelnd, will ich das so schreiben). Ich war bei einem rotarischen Meeting freundlicher, distinguierter Finnen, Schweden und zahlreicher internationaler Gäste, die sich aber allesamt für eine Art Russenquote im Land aussprachen. Man vermeint, dass viele in Finnland lebende Russen anfangen würden, wenn es eng wird, um Putins Hilfe zu bitten, so dass er seine nonchalant geäußerte Behauptung, er würde sich einfach erlauben, die finnischen

Flughäfen zu benutzen im Falle eines Falles, wahrmachen würde. Der Ukraine-Konflikt und seine Folgen und die möglichen Folgen der Folgen werden hier sehr lebhaft diskutiert. Sicher ist es seltsam, wenn ich den Finnen in ihrer Kultur aber viele Gemeinsamkeiten mit den Russen zuspreche. Wer wen über wie lange und wie intensiv geprägt hat, ist fast nicht zu sagen. Wenn man aber durch die Markthalle streift, sieht man allerhand Reibekuchenartiges, Eingelegtes, Mariniertes, das mich sehr, sehr an meine Zeit im verrückt-schönen Novosibirsk erinnert.«

Man muss kein Historiker sein, um festzustellen, dass Völker einander nicht lieben. Am wenigsten mögen sich die benachbarten Völker. Aber »das Volk« ist die kollektive Schale eines Menschen, ein Über-Ich und ein Unter-Ich zugleich. Kein Mensch braucht die Launen seines Volkes (seiner Völker) zu teilen. Ich glaube, dass man als Chauvinist oder als Kosmopolit geboren wird, ich meine, dass man nichts dafür kann (mir ist bewusst, dass beide Begriffe unzulänglich sind, aber ich lasse sie fürs Erste so stehen, um mich auf andere Dinge zu konzentrieren). Ich habe mein ganzes Leben lang versucht, mich so weit wie möglich von Vorurteilen jeder Art fernzuhalten. Zu meinen Kindheitserinnerungen an den Mythos Finnland gehören betrunkene finnische Touristen, die nach Leningrad kamen, um Wodka zu trinken, weil der Alkoholverkauf in Finnland stark eingeschränkt wurde. Niemals wäre mir in den Sinn gekommen, daraus irgendwelche Verallgemeinerungen abzuleiten und Finnen als besonders alkoholliebend zu bezeichnen. Später, in den 90er Jahren in Frankfurt, in meiner ersten deutschen Konversationsgruppe, die aus Leuten aus der ganzen Welt bestand, die es nötig hatten, Deutsch zu lernen, hatten wir das Konversationsthema »Vorurteile«. Eine hübsche junge Finnin sagte dazu, dass nicht alle Vorurteile falsch seien, dass alle Rus-

sen Alkoholiker seien, stimme zum Beispiel auch. Das fand ich lustig. Aber generell war das eine entspannte Zeit.
Heute sind alle jahrhundertelangen Konflikte wiederbelebt worden und werden von allen Seiten eifrig gepflegt. Man setzt einfach fort, was die Vorfahren begonnen haben, ohne es zu verstehen, ohne die Geschichte zu reflektieren. Die Staaten verfolgen ihre politischen oder wirtschaftlichen Interessen oder agieren aus gegenseitigen Verpflichtungen oder aus der aktuellen Position im Machtkampfring heraus; die Öffentlichkeit wird durch Propaganda verführt, gegenseitige Vorurteile werden gut gefüttert, zu gut, wie Stopfgänse, als stünde hinter all dem jemand, der auf die grausame *foie gras* der Geschichte Appetit hat.
Es gibt Menschen, die verworrene Zusammenhänge der Geschichte verkörpern. Ich würde sagen, die Staatsgrenzen gehen direkt durch ihren Körper. In friedlichen Zeiten kann das für sie unterhaltsam sein. In angespannten Zeiten beginnen diese Grenzen wie alte Wunden zu brennen und zu bluten. Ein Paradebeispiel dafür ist Freiherr Carl Gustaf Emil Mannerheim, ein Finne schwedischer Abstammung (wie Edith Södergran) und ein halbes Leben lang in Diensten der russischen Krone. Er war ein russischer Gardeoffizier, lebte in meiner Stadt, in St. Petersburg, war tapfer, leichtsinnig, verschwenderisch, ein Frauenheld (mit herzzerreißenden Geschichten wie in einem russischen Roman), mied aber auch das Schlachtfeld nicht (hatte viele russische Auszeichnungen), bis zu seinem Tod war er dem gestürzten russischen Zaren treu, auf seinem Schreibtisch stand das signierte Foto von Nikolaus II. Nach der Revolution von 1917 wurde er zum konsequenten Gegner der Sowjetunion, nicht nur als finnischer Politiker, zu welchem er dann wurde, sondern auch und vielleicht sogar in erster Linie als russischer Offizier, als treuer Diener der russischen Krone.

Den Bürgerkrieg gab es auch in Finnland. Im Unterschied zu Russland gewannen hier die »Weißen«, und die »Roten« wurden mit aller möglichen Grausamkeit ausgerottet (wie in Sowjetrussland die »Weißen«). In Tampere gibt es ein Museum dieses grausamen Krieges, ich erspare Dir die Bilder. Der russisch-finnische Krieg von 1939 war in gewissem Sinne auch die Fortsetzung des russischen und des finnischen Bürgerkriegs, ich glaube, dass in diesem speziellen Fall das auch der Grund war, warum die Diplomatie scheiterte. Das ist eine sehr schmerzhafte Seite der Geschichte. Und dann der Zweite Weltkrieg. Zu Mannerheims 75. Geburtstag kam Hitler nach Finnland. Die deutschen Truppen wurden in Finnland stationiert. Von den Deutschen habe die Zukunft Finnlands als unabhängigen Staates abgehängt, schrieb Mannerheim später. Er schrieb auch, dass seine Bedingung gewesen sei, dass es von Finnland aus keine Offensive gegen Leningrad geben würde (so hieß damals sein (und mein) St. Petersburg). Politik ist die Kunst des Möglichen. Diesem Möglichen werden immer wieder unzählige Menschenleben geopfert. Finnland begann keine Offensive, unterstützte aber die Belagerung Leningrads vom Norden her (mehr als eine Million Leningrader verhungerten, man sagte, man hatte Glück, dass der Winter so kalt war, die Leichen warteten eingefroren auf die Lastwagen und die Ausbreitung von Epidemien blieb aus), allerdings versuchte Freiherr Carl Gustaf Emil Mannerheim die Stadt, die auch zu seiner Stadt geworden war, mein von Kiefernwäldern mit Findlingen umgebenes St. Petersburg, zu schonen, an einem Haus im Newski Prospekt und an ein paar anderen Häusern in anderen Straßen gibt es Schilder aus der Kriegszeit, die man als Mahnmale beibehalten hat: BÜRGER! WÄHREND DES BESCHUSSES IST DIESE SEITE DER STRASSE AM GEFÄHRLICHSTEN, diese Seite wurde von

den Wehrmacht-Truppen beschossen, die andere, nicht so gefährliche, wurde von den Finnen geschont, das ist wahr, sie schossen fast nicht. Heute steht in St. Petersburg Mannerheims Büste (enthüllt 2007). Ist das eines der letzten Merkmale der gegenseitigen Versuche, sich aus dem Albtraum der Geschichte zu retten? Aus dem Hamsterrad hinauszuspringen? Bevor es wieder kalt und eisern wird?
Ich neige nicht zu Pauschalurteilen, ich werde nie sagen: »Finnen sind russophob«. Ich weigere mich, an welchem Ressentiment auch immer teilzunehmen. Vor kurzem erzählte ich über das, was Du mir schreibst, einem russischen Freund, der oft nach Finnland kommt. Er sagte: »Das kann nicht sein. Die Finnen sind freundlich und liebenswürdig. Sie mögen uns.« Ich habe bereut, dass ich ihm das erzählt hatte. Nach meiner jetzigen, unmittelbaren Erfahrung: Finnland ist schön. Die Finnen sind freundlich, hilfsbereit und frei von nationalen Vorurteilen. Finnisches Essen ist köstlich. Das, was Du über die Markthalle schreibst, die vor Dir Köstlichkeiten ausbreitet, die Dich an Nowosibirsk erinnern, klingt verführerisch. Stimmt auch. Heute haben wir eingelegte Reizker gekauft.

Der Brief wurde für die Seite des Goethe-Instituts ins Finnische übersetzt, was mir die Möglichkeit gab, die Meinungen von Finnen dazu zu erfahren. Das Ergebnis war genauso erfreulich und erfrischend wie das Gespräch mit jener Georgierin. Menschen sollten miteinander sprechen und nicht stellvertretend die Medien sprechen lassen. Der Smalltalk, der eine vorsichtige Bewegung zueinander erlaubt, wird heute unterschätzt. Ich fürchte sogar, die Kultur des Smalltalks ist gefährdet.

* * *

Medien, imaginärer als Träume oder einige Organismen entwickelten Fähigkeiten von Abfall zu leben.

Steffen Popp

Vielleicht wird sich schon bald niemand mehr vorstellen können, wie frei, offen und »normal« die Stimmung nach dem Ende des Kalten Krieges war. Nein, ich will nicht sagen, dass es im letzten Jahrzehnt des 20. und im ersten des 21. Jahrhunderts keine Katastrophen, keine Kriege, keine politischen Fehlschritte gegeben habe. Trotzdem: Der Kalte Krieg war vorbei. Europa freute sich auf die Früchte einer immer enger werdenden europäischen Integration. Russland genoss die Öffnung der Grenzen. Meine persönliche Empfindung vom Ende des Kalten Krieges war wahrscheinlich nicht anders als bei den meisten Menschen. Dazu kam noch, dass wir nach Deutschland gekommen waren und für uns alles neu war. Ich fühlte mich als freier Mensch in einer freien Welt. Persönlich, innerlich frei habe ich mich allerdings immer gefühlt, wenn ich auch für diese innere Freiheit mit bestimmten äußeren Begrenzungen zu bezahlen hatte. Nur ein braver sowjetischer Bürger konnte: regulär studieren (als Nicht-Mitglied des Komsomols konnte ich nur ein Abendstudium absolvieren); ins Ausland reisen (ich ersetzte mir das mit Reisen per Anhalter durch die halbe Sowjetunion); Gedichte publizieren (natürlich hatte auch ein braver Bürger Schwierigkeiten, den hochbegehrten literarischen Karriereweg zu beschreiten, aber bei mir und solchen wie mir bestand nicht einmal die theoretische Möglichkeit). Um Missverständnisse zu vermeiden: Es geht um die spätsowjetische Zeit, die relativ harmlos war. Als ich geboren wurde, war Stalin bereits neun Jahre tot.

Ich habe zwei geschichtliche Brüche erlebt. Der erste war spektakulär: Perestrojka, Wende, Fall der Berliner Mauer,

Wiedervereinigung Deutschlands, Zusammenbruch der Sowjetunion. Der zweite erfolgte schleichend. Und er ist nun »plötzlich« da. Aus den kleinen Fehlern der Politiker, der Journalisten, der Finanzleute ist eine weltumfassende Krisenstimmung geworden.

* * *

Die schöne Nach-dem-Kalten-Krieg-Zeit (die *Belle Époque* meiner Generation) endete erschreckenderweise 2014, im Jubiläumsjahr des Ersten Weltkriegs. Man reagiert auf die Nachrichtenflut nicht immer gemäß der Bedeutung einer jeweiligen Meldung. Wenn man zum ersten Mal den Namen eines künftigen Tyrannen hört oder von einer wissenschaftlichen Erfindung, die die Welt verändern wird, misst man dem selten die gebührende Bedeutung bei. Dass aus vielen ungelösten Problemen aus der Zeit der Sowjetunion nun eines die Welt zu den Verhältnissen des Kalten Krieges zurückwerfen würde, begriff ich damals nur langsam. Durch einen seltsamen Zufall sagte mir in jenen Tagen ein Freund bei einem Streit, dass unser Missverständnis *an kulturellen Unterschieden* liege. Da mir so etwas üblicherweise nicht passiert, war ich schockiert. Nicht ein Russe in mir war verletzt, sondern ein individueller Mensch, der meint, dass er (wenigstens von seinen Freunden) als solcher wahrgenommen wird, dass seine Fehler eben seine Fehler sind und nicht auf 150 Millionen Menschen extrapolierbar bzw. durch 150 Millionen Menschen bedingt sind. Manchmal werfe ich einen Schatten auf 80 Millionen Deutsche, etwa wenn ich die Straße bei Rot überquere und hinter mir ein Mann seiner Begleiterin auf Russisch sagt: »Diese Deutschen! Sie laufen immer über Rot.«

* * *

Ich lebe bald mehr als die Hälfte meines Lebens (und bereits jetzt den größten Teil meines erwachsenen Lebens) in Deutschland, ich bin mit vielen Kollegen in drei deutschsprachigen Ländern befreundet (mit einigen sogar verfeindet, was auch zur »Integration« ins literarische Leben gehört), ich schreibe fast ausschließlich auf Deutsch, es ist mein Beruf, auf Deutsch zu schreiben. Trotzdem, wenn ich zum Beispiel den Berliner Literaturpreis bekomme, behandelt man mich als »eine russische Autorin« (die ich mit meinen russischen Gedichten auch bin, was aber bei dieser Angelegenheit nicht von großer Bedeutung wäre).

Carolin Emcke beschreibt in ihrem Buch »Wie wir begehren«, wie sie immer wieder auf ihre Homosexualität reduziert wird:

»Es gibt unendliche Eigenschaften, aus denen sich ein Individuum bildet. Ich bin Philosophin und Journalistin, ich schreibe über Landschaften der Gewalt und bin Borussia-Dortmund-Fan, gebratene Zwiebel und Antisemitismus verursachen mir Brechreiz, […] ich verstehe nichts von Wein, aber von Tee, […] ich sammle Fotografen und ihre Bilder, in meinem Freundeskreis und an den Wänden meiner Wohnung, ich liebe das Licht in Jerusalem, und aus allem hätte sich mehr Gesprächsstoff entwickeln lassen als aus der Art, wie ich begehre.«

Wenn man auf eine einzige Eigenschaft reduziert wird, ist das immer diskriminierend, ganz egal, welche Eigenschaft das ist. Kurz vor der Verleihung des Berliner Literaturpreises wollte ein Rundfunksender ein Gespräch mit mir aufnehmen. Im Studio begrüßte man mich als Vermittlerin zwischen den beiden Kulturen. Ich freute mich auf die Möglichkeit, über die Werke der russischen Literatur, die ich für das deutschsprachige Publikum hatte entdecken dürfen, zu sprechen. Mein Gesprächspartner meinte aber, dass ich über die Lage in der Ukraine zu erzählen habe. Als ich »Ich möchte das lieber nicht tun« antwortete, sagte er mit strenger Stimme, dass ich als »Vermittlerin« das doch unbedingt zu machen habe. Ich bin nicht schlagfertig (in Wien gibt es ein Lokal, wo die Kellner über einen blitzschnellen Witz verfügen und wo ich zu gerne ein paar Monate als Lehrling verbringen würde, aber ich fürchte, sie stellen nur Männer ein). Ich brauche Zeit, um nachzudenken. Damals im Studio hätte ich sagen sollen, dass man (jeder Mensch) täglich vor irgendeine Wahl gestellt wird, die falsche Alternativen anbietet. »Für Trump oder für Clinton?« Es kann aber sein, dass man überhaupt nicht will, dass die Position an der Spitze eines fernen Landes als solche so viel in der ganzen Welt bestimmt. »Für Russland oder für die Ukraine?« Es kann sein, dass man nicht einverstanden ist, die Ukraine so, wie sie jetzt ist, mit der korrupten Regierung und der Würdigung von schlimmsten Kollaborateuren aus dem Zweiten Weltkrieg, als Bollwerk der »europäischen Werte«, wie es oft dargestellt wird, zu sehen. Das heißt nicht automatisch, dass man »für Putin« sei, was auch immer das bedeuten soll. Auch nicht, dass man »gegen die Ukraine« sei. Menschen werden von falschen Zusammenhängen in Denkfallen gelockt. Was hat die Tatsache, dass ich für meine deutschen Romane den Berliner Literaturpreis bekomme, mit dem zu tun, was ich über die Ukraine denke? Warum befragt man mich mit nahezu verhörender Stimme darüber? Am besten hätte ich aufstehen und gehen sollen. Heute noch tut es mir leid, dass ich nicht gegangen bin. Daran habe ich mich wieder erinnert, als ich in »Wie wir begehren« von Carolin Emcke gelesen habe, wie sie bei einer Hochzeit einen Platz an einem Tisch zugewiesen bekommen hatte, an dem ausschließlich homosexuelle Gäste gesammelt worden waren, so einer Art Katzentisch für

Schwule. Sie wollte ihren Freunden das Fest nicht verderben und blieb, war sich aber nicht sicher, ob das richtig war: »Wir hätten aufstehen und gehen sollen an dem Abend der Hochzeit, wir hätten diese Sitzordnung nicht akzeptieren sollen.« Auch ich blieb, obwohl auch ich der Meinung bin, dass ich, außer der Tatsache, dass ich Russin bin, noch viele andere Eigenschaften habe, die in vielen Fällen meine Persönlichkeit mehr bestimmen.

Politik interessiert mich nur als Privatmensch, nicht als Autorin. Was mich als Autorin interessiert, ist die momentane Verblödung der Welt. Auch meine eigene. Und die zunehmende Politisierung des Alltags. Ich glaube, ich habe ein Gespür für Propaganda und reagiere einfach mit meinen Nerven auf ihre Erscheinungen. Das ist die Schule, durch die ich in der Sowjetunion gegangen bin. Deshalb schreibe ich das alles, aus dem Glauben heraus, ich könnte mit meiner Erfahrung dem gesunden Menschenverstand dienen. Etwas erklären. Was natürlich unmöglich ist, weil man von mir immer wieder erwartet, dass ich auf das Bild, das vom medialen Feld erzeugt wird, eine weitere Schicht der bereits vorhandenen Farbe auftrage.

III

GEBRATENE NACHTIGALLEN

MANDELSTAM UND EUROPA.
EIN IMAGINÄRES SCHICKSAL

Ossip Mandelstam starb im Dezember 1938: krank, wahnsinnig, hungrig, in einem Lager bei Wladiwostok, am östlichen Ende der Sowjetunion. Sein Schicksal lässt niemanden gleichgültig und steht exemplarisch für Millionen von Opfern. Wenn man an Mandelstam denkt – ich meine nicht den oberflächlichen Gedanken, der durch das Bewusstsein gleitet, nicht das Auftauchen seiner Zeilen, was mir mehr oder weniger immer passiert, sondern einen konzentrierten Gedanken an ihn –, bricht einem das Herz vor Liebe und Mitleid. Ich meine nicht speziell mein Herz. Dieses Schluchzen hört man oft in den Texten anderer Schriftsteller. So sagte Nabokov: »Wenn ich Mandelstams Gedichte lese, die unter der verfluchten Macht dieser Tiere geschrieben wurden, spüre ich eine hilflose Scham darüber, dass ich so frei lebe und denke und schreibe und spreche in einem freien Teil der Welt. – Das ist das Einzige, bei dem einem die Freiheit bitter wird.«

Mandelstam, der über die Sehnsucht nach Weltkultur sprach, ließ diese Weltkultur gerne in seine Gedichte. In Westeuropa war er nur als sehr junger Mensch, und 1909 bis 1910 besuchte der 19-Jährige als Gasthörer die Heidelberger Universität. Eine verblüffende und trostlose Tatsache ist, dass sein Schicksal höchstwahrscheinlich kaum anders gewesen wäre, wäre er hier, in Heidelberg, geblieben.

Er durchstreifte diese alten Straßen und war wegen Europa aufgeregt und begeistert. Er betrat die bunten europäischen Häuser. Er verabredete die Miete, meldete seine Wohnadresse, schrieb sich ein für Vorlesungen (und schrieb in diesen Fällen seinen Namen mit zwei »m«: Mandelstamm, also hätten wir das nach seinem Willen auf Deutsch auch so machen sollen). Ein Gasthörer aus Russland. Ein hochmütiger und ängstlicher jüdischer Junge. Vor Europa hatte er weniger Angst als vor dem aristokratischen und imperialen Petersburg. Der ausländische Himmel, die ausländische Sprache, die ausländischen Berge, der ausländische Fluss. Alles war beruhigend fremd. Beruhigend, weil sie alle hier in der Tat fremd waren. Wenn du dich zu Hause fremd fühlst, wirst du zum ängstlichen, ewig um Verzeihung bittenden Parnok, dem komisch-tragischen jüdischen Protagonisten von Mandelstams früher Prosa. Wenn Mandelstam von den »zarten Europäerinnen« sprach, die ihm »so viel Kränkung, Anstrengung und Kummer« brachten, waren das die zarten Petersburgerinnen, deren neckische Schönheit ihn ängstigte, so, dass er sie »Europäerinnen« nannte. Seine jüdische Frau, die er viel später, im Bürgerkrieg, treffen wird, wird er »die biblische Lea« nennen: zuverlässig, nicht übermäßig schön, beruhigend, nicht fremd, das Eigene, wie eine Schwester. Die Frau selbst wird sich auf keinen Fall so verstehen, sie wird emanzipiert sein, als Jüdin und als Frau, sie wird in ihrem Selbstbild »europäisch« genug sein. Etwas Paradoxes wird in dieser Beziehung liegen. Aber auch in seinen Beziehungen zu anderen Frauen. In den Augenblicken des Glücks mit den »zarten Europäerinnen« wird er sich als einen mächtigen Stier sehen, der die zarte Europa entführt und durch die Wellen wegbringt. Und diese Europas werden in ihm ein Kalb sehen, einen Jüngling mit »Wimpern, so lang, dass es nirgends längere gäbe«, wie es in einem Gedicht von Marina Zwetajewa über ihn steht.

Das Haus in Heidelberg, in dem er wohnte, ist hässlich. Die rostfarbenen und weißen Türmchen und Balkone sind zu zierlich für einen so massiven Körper. Beim schnellen Blick gleicht es dem russischen »Hähnchenstil« aus derselben Zeit –

so wurde ironisch der russische Historismus bezeichnet. Aber dafür stehen links und rechts gegenüber grausilberne Gebäude mit geraden klassizistischen Linien, die er aus seinem Fenster sehen konnte. Besonders das linke ist dezent und unaufdringlich.

Egal, wohin er ging, er sah die Schlossruine oben. Wenn man diese Ruine heute sieht, denkt man zuerst an die Alliierten-Bombardierungen am Ende des Zweiten Weltkrieges. Dann erinnert man sich, dass Menschen immer sehr gut zerstören konnten, dass Heidelberg von den Franzosen, nicht einmal von den napoleonischen, sondern von denen Ludwigs XIV. zertrümmert wurde, so gründlich wie von einem Erdbeben. Das einzige erhalten gebliebene Renaissance-Haus mit dem rostfarbenen Männlein an der Fassade scheint eine Parodie auf den hiesigen Historismus zu sein, auf die Universitätsbibliothek mit ihrer spätromantischen und vormodernen Pracht. Der von Europa aufgeregte und begeisterte Mandelstam betrat diese Bibliothek und schielte argwöhnisch auf den steinernen Adler links von der Tür, der seinerseits argwöhnisch auf den muskulösen Prometheus schielte.

Die Stadt, die im 18. Jahrhundert wiederaufgebaut wurde, durfte ihn an Petersburg erinnern, durfte ihm als ein Altersgenosse Petersburgs erscheinen: Barock. Manchmal Rokoko: Eine Ballerina in der Nische einer vergissmeinnichtblauen Villa zeigt mit dem spitzen marmornen Fuß auf das indische Restaurant darunter. Manche Häuser, die mit ihren verjüngten Ecken in die Straßenkreuzungen einschneiden, sehen wie entfernte Verwandte solcher Häuser in Petersburg aus, über die Petersburger Passanten einander sagen: »Schauen Sie, da steht ein vollkommen Hoffmann'sches Haus.« Nur ist alles klein hier, nicht furchterregend, verhält sich zu Petersburg wie ein Puppenhaus zu einem wirklichen. Anders ist einzig das Schloss über der Stadt: die am Ende des 17. Jahrhunderts zum

Stillstand gezwungene Zeit. Herbstliche Berghänge laufen von der Stadt in den Himmel. Oder sie strömen vom Himmel in den Neckar.

Der von Europa aufgeregte und begeisterte Mandelstam besuchte hier den russischen Lesesaal, den zu jener Zeit nicht nur Studenten, sondern auch politische Emigranten aller Art frequentierten und wo sie im konspirativen Licht der Lampenschirme ihre Abende verbrachten: Die Kommunisten studierten Marx, die Anarchisten exzerpierten Bakunin, und die Bombenhelden vertieften sich in die Alchemie des Todes. Aber was hatte er hier zu suchen, der Junge mit dem Brausen der Zeit im Kopf? Er kam aus Europa in diesen Lesesaal und fühlte sich gleich zu Hause: Er senkte innerlich seinen Kopf und hob ihn äußerlich, als pickte er am Himmel (wie Orpheus auf einer altgriechischen Vase).

Auf der Suche nach diesem Lesesaal von vor hundert Jahren gehe ich womöglich an den anderen verborgenen Lesestuben mit den anderen Bombenhelden auf den magischen Teppichen des Orients vorbei. Ich betrete einen chinesischen Laden, wahrscheinlich um die »Schwalben vom Jangtse« und die »reinen und ehrlichen Chinesen« aus Mandelstams Gedichten zu ehren. An der Kasse sitzt eine gelangweilte Verkäuferin von so vollkommener Schönheit, als wäre sie ein Drache, der aus China herflog und sich in eine Frau verwandelte. Das ist fast unheimlich, ich verstehe in diesem Moment Mandelstams Weltkultur, seine Liebe zu und Angst vor allem Fremden.

Zurück zu Europa. Wer ist unheimlicher: Grete in einer deutschen Konditorei, in die er ging, um eine Tasse Schokolade zu trinken und Gretes gestärkte Haube zu bewundern, darunter versteckt die goldenen Locken der Lorelei? Mascha in der berühmten Filippow-Bäckerei in Petersburg, die ihm das brotig atmende Russland in Seidenpapier einwickelte?

Oder die aschenlockige Sulamith, die ihn von der aufregenden Angst befreite, die betäubende Lethe?

Wäre er hier geblieben, bei den Greten, hätte er Maschas Sprache halb vergessen. Dafür aber hätte er den Lehm der deutschen Rede bis zu unvorstellbarer Durchsichtigkeit weichgeknetet. Hätte die ins Niemandsland eingekehrten semantischen Paradoxe der deutschen Wörter befreit. Hätte die Poetik der Sehnsucht nach der russischen Welt entdeckt, wie er in seinem wirklichen Leben die Sehnsucht nach Europa dichtete.

Dann wäre er nicht im Lager bei Wladiwostok gestorben, sondern in Südfrankreich, und er hätte sich dabei nicht nach »Mitleid und Gnade der Erde und der Heckenkirschen Frankreichs« seiner Gedichte gesehnt, sondern nach Mitleid und Gnade der Gärten in Petersburger Vororten, die er verlassen hätte. Er wäre 1940 mit den anderen Juden Heidelbergs nach Camp de Gurs deportiert worden. Schwächlich, wie er war, hätte er kaum eine Chance gehabt, bis 1942 am Leben zu bleiben, bis man sie von dort in die Vernichtungslager weiterzuschicken begann, im Fall des in Warschau geborenen Mandelstam in sein Geburtsland.

Unweit des Neckars gibt es einen kleinen Platz, der erst in der »Kristallnacht« zum Platz wurde. Davor gab es hier eine Synagoge. An der Mauer eines der den Platz bildenden Häuser ist eine große Gedenktafel mit den Namen der deportierten Heidelberger Juden angebracht. Ich fand auf dem Boden und legte auf die obere Kante der Tafel einen Kieselstein: Gedenksteinchen für dieses andere Schicksal, für diesen nie gewesenen, aber ebenso ermordeten Ossip Mandelstam. In diesem Fall wäre er Josef Mandelstamm gewesen.

BEGEGNUNG IM SPIEGEL
(Giacomo Casanova und Marina Zwetajewa)

»Also, das andere Leben: im Schaffen. Ein kaltes, fruchtloses, unpersönliches, weltentfremdetes – das Leben des 80-jährigen Goethe. Die Idee meines Lebens war: Als 17-jährige von Casanova geliebt (nicht von meinem, sondern von einem fremden), von ihm verlassen zu werden und seinen Sohn großzuziehen. Und zu lieben – alle.
Im nächsten Leben schaffe ich das vielleicht: irgendwo in Deutschland. Aber wohin jetzt, mit dem Rest dieses Lebens, ich fürchte, noch mit der Hälfte [in Wirklichkeit blieb viel weniger übrig; O. M.) – ich weiß nicht. Mir reicht's.«

So schrieb eine der größten russischen Dichterinnen, Marina Zwetajewa, von einem Geliebten zutiefst verletzt: im Exil, in der Not, im Alter, kurz vor der folgenschweren selbstmörderischen Heimkehr.

Der Name Casanova ist hier kein Zufall. Sie war schon immer von ihm besessen. 1919 in Moskau schrieb sie »Phoenix«, ein Theaterstück über den alten Casanova und seine letzte Liebe. Moskau 1919: Zeit und Ort von Hunger, Gewalt, Schrecken.

Zwischen dem Moskauer »Phoenix« und den späteren tagebuchartigen Notizen lag das Leben.

* * *

Als Zwetajewa dieses Stück schrieb, empfand sie sich selbst als Casanovas hingebungsvolle Geliebte, nicht in dem Stück, sondern im Leben. Im Leben war sie damals jung, arm, stark, oder sagen wir besser: ungestüm. Von wenigen geliebt, von vielen unbemerkt, zum Kampf um Liebe und Poesie bereit. In dem Stück wollte sie lieber Casanova sein: älter, weiser, stärker. Nicht beschenkt, sondern nehmend. Und sie war bereit, die Bitterkeit eines solchen Schicksals in Kauf zu nehmen.

Als sie später jene bitteren Zeilen niederschrieb, war sie selbst bereits der Casanova ihrer Träume: Alt (zumindest in ihrer eigenen Wahrnehmung), arm, verbannt, stark oder sagen wir lieber: trotzig. Von wenigen geschätzt, von vielen gemieden und irgendwie abgekämpft. Nun wäre sie lieber Casanovas kleine Geliebte gewesen. Um die verflossene Jugend zurückzugewinnen. Wir wissen – und sie wusste auch: Das geht nicht.

Alter. Elend. Krankheit. Tod. Wofür und wozu gaben uns die Götter das alles? Keine Philosophie und keine Religion existiert, die sich nicht mit dieser Frage beschäftigt. Und keine bietet eine befriedigende Antwort. Die Kunst aber hat eine Antwort. Sie sagt: »Ich bin es, die all diese unbehaglichen Dinge braucht, um zu leben, um meine ewige Schönheit zu pflegen, um meinen kühlen Schimmer glänzen zu lassen.« Die Kunst hält diese etwas zynische Antwort zwar nicht geheim (nur das berühmte »Das Leben ist kurz, die Kunst ist lang« kann als offenes Bekenntnis betrachtet werden). Aber dieser Grund ist nur ein Grund für die Kunst, die eigentlich keine Gründe braucht.

Der Künstler, der Dichter, in unserem Fall die Dichterin, nimmt das Alter, das Elend, die Krankheit und den Tod als Lehm und modelt daraus die Jugend, Anmut, Überfluss, kurz: das Leben. Die Kunst ist zynisch, der Künstler nicht.

Der Dichter sagt sein Schicksal in seinen Werken voraus, hören wir seit der Zeit der Romantik. Und das gilt, zumindest für die Autoren, die ihr eigenes Leben benutzen, um ihre Literatur zu füttern und mit der Literatur das Leben etwas erträglicher (oder schöner oder interessanter oder unerträglicher) zu machen.

Marina Zwetajewa kannte diese Spielregel und war mit ihr einverstanden. Sie stellte ihre geistige Existenz der ganzen Welt entgegen; sie suchte verzweifelt nach »Wahlverwandtschaften«, nach Geistern, die zu einer ebenso großen Anstrengung fähig wären und die ihre Anstrengung zu schätzen wüssten (dabei zählte für sie gerade die Anstrengung mehr als die wirkliche Kraft). Unter den Zeitgenossen fand sie das kaum. Sie suchte weiter und fand einige im Bücherstaub. Und unter diesen räumte sie Casanova eine besondere Bedeutung ein.

1919 in Moskau dichtete Zwetajewa sich ein spätes Glück, sie legte sich ein Geschenk auf Vorrat an. Vorübergehend schenkte sie es Casanova, aber wenn sie alt genug sein würde, hoffte sie es zurückzubekommen. Das war sozusagen eine romantische Prophezeiung, eine etwas manipulierte allerdings. Denn Wunschlisten sehen die Spielregeln eigentlich nicht vor.

In Zwetajewas »Phoenix« begegnen wir Casanova in der Bibliothek des Schlosses von Dux in Böhmen. Er ist am Ende seines Lebensweges, sein Lebenswerk wird von ihm verflucht und verbrannt. Es war ein Liebeswerk. Unzählige Briefe, Blümchen, Locken zahlloser Frauen:

CASANOVA:
Getrennt die Blumen und die Locken.
Da reichen hundert Hände nicht!
Ein Haufen aller Farben, Rassen!
Vom Flachs des holländischen Säuglings
zu türkisch Henna. Gebürtige
aus allen Ländern. Leidenschaft
von A bis Z. Ade, Bukett!

Nicht diese schwarz-, gold- und rotlockigen Geschöpfe verdammt er. Er verwünscht die Liebe selbst und beschwört sie damit. Die Liebe, derentwegen er so einsam am Rande der Welt stirbt. Es gelingt ihm, die Liebe zurückzubeschwören. Sie erscheint noch einmal. Zwetajewa macht ihm dieses Geschenk zu einem neuen Jahr, das nie für ihn anbrechen sollte.

Laut einer lange geachteten Tradition hätte Casanovas Alter Respekt und Mitleid hervorzurufen. Casanova wehrt sich dagegen. Er macht sich lächerlich. Nervt die Gesellschaft absichtlich mit seinen altfränkischen Manieren. Gerät ständig in peinliche Situationen. Erlaubt sich, den Dienern ernstlich Kleinigkeiten übelzunehmen. Gewiss wäre er in der Lage gewesen, sich anders zu benehmen. Aber er wehrt sich gegen Respekt und Mitleid. Und er weiß, warum. Denn diese netten Dinge nehmen ihm das Recht auf die ihm einzig denkbare Existenz: auf Liebe und Leidenschaft. Casanovas Gleichgesinnte finden wir unter denjenigen Denkern, die sich konsequent möglichst weit vom gesunden Menschenverstand entfernt haben. Folgendes sagt zum Beispiel der russische Philosoph Lev Schestov, über Respekt dem Alter gegenüber:

»Man muss das Alter respektieren. Alle sagen das, sogar die alten Leute selbst. Doch durch diesen freiwilligen, oft auch demonstrativ betonten Respekt schimmert etwas für das Alter zutiefst Beleidigendes durch. Lassen wir einen Menschen in der Realität dem Beispiel Fausts folgen – was für eine Panik würde entstehen! Alte Leute sind oft entkräftet und deshalb gezwungen, so zu tun, als ob sie an nichts als den Interessen der Gerechtigkeit, dem guten Ruf und dergleichen recht platonischen Gütern interessiert wären. Nur ganz wenige wagen, der Sitte zuwiderzuhandeln, man hält diese wenigen für Ungeheuer und Unmenschen. Wir gestehen den Alten keine Wünsche zu.«

Was kann man dagegen tun? Casanova verzichtet auf den menschlichen Respekt. Und er gewinnt. Die Liebe erscheint noch einmal:

CASANOVA:
Kinder müssten
schlafen, statt herumzugeistern!
betrachtet sie genau
Im Aug ein Feuer. Im Ohr ein Ringlein.
hält die Hand in die Kerzenflamme
Das schmerzt. Lieg ich im Fieber, träum ich?
FRANZISKA:
klar und deutlich
Ich kam zu sagen Euch, dass ich Euch liebe.

So sollte dieses späte Glück aussehen.

* * *

Die Begegnung des alten Casanova mit der Kindfrau Franziska ist auch eine Begegnung der alten Marina Zwetajewa mit der jungen Marina Zwetajewa.

Von jüngeren Dichterlingen geliebt, wusste Marina Zwetajewa sehr wohl: Nicht ihre weibliche Ausstrahlung zieht jene an, sondern ihre geistige Wucht, ihr starker Wille und ihre Heimaterfahrung, die den jungen, im Exil erwachsen gewordenen Leuten fehlte, der Mythos Russland, nach dem sie sich sehnten wie die kleine Franziska nach dem Glanz von Venedig, Rom und Paris, der für sie in einer strassbesetzten Schnalle von Casanovas Schuh funkelte.

Zwetajewa wusste das. Sie schrieb an Pasternak: »Für das Geschlechtliche bin ich nicht anziehend.« Und sie klagte in Briefen und Tagebüchern, dass sich nie jemand in sie verliebt.

Es mangelte ihr an dem Leichtsinn, der sich nur in der Ernsthaftigkeit eines anderen hätte spiegeln können: »Ich will, dass mich ein alter Mann liebt, der viele liebte und mich als die letzte. Ich will nicht älter, weitschauender, kummervoller, gutherziger, kälter sein. Ich will nicht, dass man zu mir aufsieht.« Das ist aus dem Notizbuch. Jetzt will sie das Mädchen aus dem eigenen Frühwerk sein – die kleine Franziska, der Traum eines jeden Mannes, Gretchen, das keine Gretchenfrage stellt.

Den alten Mann, die führende Hand (egal, wohin), fand Zwetajewa im wirklichen Leben nie. Das war wohl nicht möglich. Ihr wirkliches Leben bestand aus ständiger Not und harter Arbeit. Und aus permanenter Verantwortung: für die Kinder, für den Ehemann, für die eigenen Werke. Zu gerne hätte sie diese Verantwortung auf jemand anderen abgewälzt. Es gab keinen. Im Gegenteil, die Schwachen streckten sich ihr entgegen. Sie hatte sich ein Los vorausgesagt und wurde es nie los.

Zwetajewa war dem Leben gegenüber ehrlich. Obwohl sie sich nie an die Welt der Alltagsprobleme anpasste, tat sie immer alles, was diese Welt von einem erwachsenen Menschen verlangt. Selbstmord war für sie immer ein Thema. Dessen künstlerischer Höhepunkt ist das Gedicht von 1939, das aus dem Entsetzen über die deutsche Okkupation der Tschechoslowakei geschrieben wurde:

Gibt nichts, was mich hier hält –
Kein Ton, kein Traum, kein Licht,
Denn diese Irrsinnswelt
Verdient nur eins: Verzicht.

Diesem Gedicht folgten noch die zwei schrecklichsten Jahre ihres Lebens, bis sie sich erhängte. Sie zögerte. Sie erfüllte ihre Pflicht, indem sie alle Kreisbögen des Teufelskreises durchlief.

Und vielleicht hoffte sie auch auf ein spätes Casanova-Glück, das sie vor vielen Jahren auf Vorrat angelegt hatte. Doch selbst wenn es gekommen wäre, sie hätte es nicht mehr angenommen: Ein alter Casanova konnte sie nicht mehr sein.

Andererseits, erwachsen ist Marina Zwetajewa nie geworden. Sie fragte sich immer, nein, sie antwortete sich immer, warum sie es in dieser Welt so schwer hat. Und ihre Antwort lautete: Weil der Dichter es allezeit und allgegenwärtig schwer hat. Die Gründe dafür waren verschieden: Weil der Dichter immer und überall ein Jude ist; weil der Dichter ein tausendfacher Mensch ist und so weiter.

Vielleicht auch darum, weil der Dichter, in unserem Fall die Dichterin, für immer ein Kind bleibt und doch nicht infantil sein darf.

Zwetajewa entging der Infantilität dadurch, dass sie ihre kindliche Seite kannte und sie ausdrücken konnte.

Aus dem Brief an einen Geliebten: »Ich wollte immer jemandem gehorchen, nur niemand wollte herrschen; die fremde Schwäche gab meiner Stärke nach, während meine Stärke doch fremder Stärke nachgeben wollte ... Ich wollte immer kleiner sein ... in zuverlässigen älteren Händen aufgehoben sein.« Schließlich war sie bereit und einverstanden, »älter, weitschauender, kummervoller, gutherziger, kälter zu sein«. Doch dafür verlangte sie von anderen Franziskas Selbstlosigkeit. Was heißt das? Was ist das Faszinierende an Franziska? Natürlich nicht, dass sie weder Sturm noch Wolf, noch Räuber fürchtet. Nein, eine solche Selbstlosigkeit bestünde im Wissen, dass das Ganze keine Aussicht hat. Nicht wegen Casanovas Alter. In weniger als einer Stunde wird er tot sein. Doch auch der junge Casanova wäre in weniger als einer Stunde fort. Wenn du eine Franziska bist, weiblich oder männlich, musst du das auch akzeptieren. Niemand der jüngeren Dichterlinge war so hingebungsvoll.

Marina Zwetajewa war nicht für dieses Glück bestimmt. Sie war für überhaupt kein Glück bestimmt. Sie wollte Casanova sein. Es gab keine Franziska. Sie war einverstanden, Franziska zu sein. Es gab keinen Casanova.

Sie hat ein hoffnungsloses Glück für sich und für Casanova gedichtet und im richtigen Leben nichts dergleichen gekriegt. Aber die Prophezeiung – die andere, die unbemerkte oder vielleicht verdrängte – hat sich trotzdem erfüllt. Sie dichtete sich ein spätes Unglück: Exil, Spott und Hohn und einen Tod, in den man weggeht, um heimzukehren (schließlich stirbt Casanova in »Phoenix«, weil das sein einziger Weg zurück nach Venedig ist). Oder nennen wir es lieber: die Heimkehr in den Tod.

In Zwetajewas Stück geschieht das in der letzten Stunde des Jahres 1799. Der historische Casanova hatte bereits anderthalb Jahre kein Interesse mehr an der Welt der Lebenden. Das ist kein Fehler. Zwetajewas Casanova vertritt das ganze Jahrhundert. Zwetajewa hatte ihr eigenes 18. Jahrhundert, das so wunderschön und vielseitig war wie Giacomo Casanova.

Das 20. Jahrhundert tut uns noch immer weh. Das 18. – fast nicht mehr. Jetzt wirkt der Schmerz einer russischen Dichterin, die sich 1941 das Leben nahm, noch real. Ein Abglanz dieses Schmerzes fällt sogar auf den alten Mann im Schloss von Dux in Böhmen. Auf den alten Mann, der, um es mit Nietzsche zu sagen, »vor großem Unglück, vor großer Hässlichkeit, vor großem Missraten« steht und gegen »das Mitleiden« und für die Liebe kämpft. Und dabei ein ganzes Jahrhundert und eine Dichterin vertritt. Oder wollte sie schon »das Mitleiden«, das sie einst im Voraus abgelehnt hatte?

»Hiob im weiblichen Gewand«, so hat Joseph Brodsky Zwetajewa genannt. Und er meinte nicht ihr Geschick. Er meinte ihre klagende Stimme. Dabei klingt diese Stimme in »Phoenix« noch am ruhigsten. Vielleicht, weil Marina Zwetajewa sich damals von Casanovas Memoiren anregen ließ, von einem Buch, dessen freundliche und gelassene Satzmelodie seine Leser so fasziniert.

Sonst ist ihre Stimme trostlos. In der übrigen Welt, außerhalb des Schlosses von Dux, ist für sie Harmonie zwischen Mensch und Mensch, zwischen Mensch und Gott und zwischen Mensch und Natur völlig undenkbar.

Und wenn eine Figur des Stückes ruft: »Es tut mir weh!«, und die Kunst sagt: »Um so besser!« – was tut dann der Künstler, der Dichter, in unserem Fall die Dichterin, was tut sie, nachdem sie uns das Leiden der Figur dargestellt hat? Sie kümmert sich um ihr jämmerliches Leben, es tut ihr weh.

Schon die alten Griechen fragten sich, warum das Leid auf der Bühne so guttut und das Leid im Leben so abstoßend wirkt. Die Katharsis und andere subtile Erklärungen sagen wenig. Die Antwort lautet wie eh und je: Das ist nun mal eben so.

AUFGEKLÄRTER VAMPIRISMUS

Schwarzes Meer, ein Dorf namens Gantiadi. Eine illegale, doch tolerierte, wenn auch namenlose Straße auf dem staubigen Streifen zwischen Gleisbett und Strand. Die nichts vom baldigen Krieg ahnende abchasische Küste zwischen Südrussland und Georgien, besiedelt, bebaut von den hier einst gestrandeten Russen, Armeniern, Griechen. Nachts trinken wir jungen Rotwein aus grünen Dreiliterdeckelgläsern, gekauft für drei Rubel bei der Armenierin Silvia jenseits der Gleise, im offiziellen Gantiadi. Wenn ich nach zwei Jahrzehnten Lambrusko trinke, grüße ich nicht nur jenen Dreirubelwein aus dem Dreiliterdeckelglas, sondern auch Jan Graf Potocki, den ich tagsüber am Strand lese. Die heißen blassen Sandkörnchen rutschen über die gewendeten Seiten. In der Jugend vermag man Unglaubliches, wie Lesen in greller Sonne, wovon später, wenn der Körper schon nicht mehr alles mitmachen will, die Augen sandig schmerzen. Eines der Wunder dieses Buches: Wenn ich es aufschlage und den ersten Satz vor mir sehe: »Als Offizier der französischen Armee nahm ich an der Belagerung von Saragossa teil«, ist der Jodgeruch des Meeres wieder da, als sei er unter dem Buchdeckel aufbewahrt. Andererseits: Als ich später im Rundfunk über den Abchasisch-Georgischen Krieg sprechen hörte, »Die Gefechte um das Dorf Gantiadi werden fortgesetzt«, über einen dieser vielen Kriege, die damals noch tief im Grund gelegen hatten wie gesäte Drachenzähne, verschwamm die Gegenwart und schwamm jenseits jeder Logik etwas aus der »Handschrift von Saragossa« herauf, z. B: »Nach diesen Worten verlor mein Vater das Bewusstsein, und an der Stelle, wo er gelegen war, fanden wir nur noch ein wenig glänzende, leichte Asche.« Dieses Buch strebt nach einer utopischen Welt, wo alles Wünschenswerte selbstverständlich ist. Wer wünschte nicht, keine sterblichen Überreste zu hinterlassen, sondern sich schlicht aufzulösen, von selbst eine *leichte Asche* zu werden, und den anderen das unheimliche Hantieren an der Leiche zu ersparen?

Im Spätherbst 1815 brach Jan Graf Potocki von einer Zuckerschale (so russische Forscher) bzw. von einem Samowar (so deutsche Quellen, wahrscheinlich von unserer östlichen Exotik berückt) ein silbernes Zierkügelchen ab, befahl seinem Hauspfarrer, es zu segnen, lud seine Pistole mit der soeben gesegneten Kugel und erschoss sich. Das geschah auf seinem Landgut Uladowka. Wie es die Überlieferung will, ist eine gesegnete silberne Kugel eins der beiden sichersten Mittel, einen Vampir zur Strecke zu bringen (das zweite, von Hollywood bevorzugte, ist bekanntlich ein Pfahl ins Herz). Was für ein Ungeheuer wollte er töten in sich? Hatte der 1761 geborene Sprössling polnischer Magnaten, ein in der Schweiz zur Schule gegangener Europäer, ein Gelehrter, der den Werten der Aufklärung und des Rationalismus sein ganzes Leben treu blieb, in sich also einen Grafen Dracula entdeckt, solch einen finsteren oder auch lebenslustigen Balkan-Feudalherrn, mit roten Lippen, blass und hager? Steckten zwei Persönlichkeiten in ihm, und die eine verurteilte die andere und richtete sie hin?

* * *

Der Tod in seinem Buch bleibt immer nur eine Maske, eine Karnevalsfigur, etwas Nicht-wirklich-Existierendes. Der junge flandrische Offizier Alfonso van Worden auf seinem Weg über die Bergkette Sierra Morena – ein malerisches, aber verrufenes Gebiet, wo Gehenkte als Gespenster und Vampire umhergeistern, Räuber wüten, Zigeuner schmuggeln und Finsteres tun – begegnet diesem Phantom immer wieder. Er begegnet ihm immer wieder, aber der junge Alfonso wurde nicht so erzogen, dass er vor etwas Angst haben durfte:

Nach dem Vorlesen einer Gruselgeschichte – es wird immer wieder gelesen, vorgelesen, gelauscht und erzählt, als kostümiere sich der Roman, verkleide sich als eine Anthologie aus der Antike oder eine Sammlung mittelalterlicher Anekdoten und Novellen (nach Blut duftenden bunten Fetzen), Potocki, ein Magier der Zitate, nimmt alles, was ihm nehmenswert erscheint – fragt Alfonsos Vater, ob er Angst gehabt hätte, hätte er solche Geister getroffen. Als darauf ein ehrliches *Ja* folgt, will der Vater ihn mit seinem Degen durchbohren. Beim zweiten Mal weiß der gelehrige Alfonso schon zu erwidern: *Ich hätte nicht den geringsten Schauder verspürt,* und lässt sich auch im Weiteren leiten von den Prinzipien würdiger Furchtlosigkeit. Damit ist das erste Verhaltens- und Weltanschauungsmodell der »Handschrift« eingeführt. (*Ich kann keine Angst haben, sagte sich Andrej Bolkonskij und ritt vorwärts.* Diesen Satz aus einem anderen nachgerade ewigen Buch sage ich mir immer im Zahnarztsessel. Obwohl er kaum hilft.) Die heroischen Zeiten scheinen für uns Vorzeiten geblieben zu sein.

* * *

»Mit Kummer sehe ich, dass Eure Tugenden auf einer höchst übertriebenen Ehrauffassung beruhen. Übrigens beruhen die Tugenden auf anderen und sichereren Grundsätzen«, sagt ein Einsiedler nach dem vergeblichen Versuch, das Geheimnis der beiden verführerischen Dämoninnen aus Alfonso zu fischen. Auch der um Alfonso besorgte Leser ist verärgert: Ein zwei Vampiren gegebenes Ehrenwort zählt doch nicht! (Wer den Roman zum ersten Mal liest, verfängt sich, von der Logik einer *gothic novel* mitgerissen, in den unzähligen Fallen des verschmitzten Autors.)

Potocki, der an seinem Roman Anfang des 19. Jahrhunderts schreibt, verlegt die Handlung in das 18. Alles, was für uns in irrealem vergoldeten Nebel flimmert, alle diese Spitzenkragen, Degen, Ehrengerichte, Schergen der heiligen Hermandad, der Spanische Erbfolgekrieg, die großen und kleinen Höfe, tückische Diplomaten und galante Affären unter Klostergewölben – all das war für Potocki so nah, so das Bewusstsein bestimmend wie für uns – immer noch – *unsere* Geschichte des 20. Jahrhunderts. Nur ist wohl der – schon für Potocki ferne – Nachhall des Heroischen noch ferner gerückt.

Vielleicht hatte Potocki zu viele Objekte für seine Loyalität: Polen, Europa und der russische Kaiser und die Freimaurer und die Malteser. Und die katholische Kirche. Und die Wissenschaft. Und auch vielleicht noch etwas, was wir nicht anzunehmen wagen. Er war Abgeordneter des polnischen Sejms und Geheimrat beim russischen Hof. Er sprach Französisch ungleich besser als Polnisch und verfasste auch seinen berühmten Roman auf Französisch. Aus einem Goya zugeschriebenen Bildnis schaut an uns vorbei ein Herr von träger Beleibtheit. Sein Blick ist auf solche Weise konzentriert, dass völlige Zerstreutheit durchschaut durch ihn. Zwei hohe Orden zieren seine Brust: der russische St. Vladimir und der polnische St. Stanislav.

Was jagte ihn durch die ganze Welt?

* * *

»Unterwegs begann ich über die Maximen nachzudenken, die ich eben gehört hatte, denn ich konnte nicht begreifen, dass es solidere Grundlagen für die Tugenden geben könne als den

Ehrstandpunkt, der mir ganz allein schon alle Tugenden in sich zu begreifen schien.«

Wie Alfonso van Worden ein Musterbild eines Adeligen und Soldaten ist, steht Herzog von Velásquez, der zweite Unter-dem-Galgen-Erwachte, für die Wissenschaft: »Señor, Sie haben sich schlecht ausgedrückt, und ich habe den Verdacht, dass man Sie falsche Grundsätze gelehrt hat.«

Der heute fast ausschließlich als Autor der »Handschrift von Saragossa« bekannte Potocki war für seine Zeitgenossen nicht nur ein hochgestellter Politiker, sondern auch ein großer Wissenschaftler. Er bereiste die halbe Welt (West-, Süd- und Osteuropa, Ägypten, Türkei, Kaukasus, Mongolei) und veröffentlichte Reiseberichte, die sich durch kühne geschichtliche, archäologische und gesellschaftliche Beobachtungen und Schlussfolgerungen auszeichneten. »Ich erzähle von allem, was mir begegnet, ich werde in der Überzeugung schreiben, dass jede Wahrheit über Natur und Menschen so wichtig ist, dass es sich lohnt, ihretwegen auf Mußestunden und Vergnügen zu verzichten«, notierte er vor einer seiner Reisen. Er wollte eine Landkarte von Sibirien anfertigen, die das 4. Buch von Herodot erläutern sollte. Man kann ihn als einen der ersten Slawisten ansehen, da er nach der Ursprache und den Wurzeln aller Slawen suchte. Wie seine schwindelerregenden etymologischen oder archäologischen Hypothesen belegen, waren die Slawen für diesen schillernden Polen offensichtlich so exotisch wie Araber oder Tscherkessen. Dass die Zeitgenossen in ihm einen großen Wissenschaftler sahen, ist wahr, aber die ganze Wahrheit ist, dass sie ihn zugleich auch für einen auffälligen Sonderling hielten und glaubten, dass mit seinem Kopf nicht alles in Ordnung sei.

Potocki wusste bestimmt von dem Flüstern hinter seinem Rücken. Den leidenschaftlichen Wissenschaftler Velásquez lässt er die giftigen Früchte der Erkenntnis kosten, deren Wurzel aber für Leute wie Velásquez (und Potocki?) süß ist (vielleicht sind die Früchte nur denen nützlich im praktischen Leben, denen die Wurzel bitter ist).

Andere und sicherere Grundsätze: Tugenden eines Wissenschaftlers? (Auch dieses Lebensmodell scheitert in einer der Geschichten dieses verschachtelten Buches, wo jede Utopie letztendlich wie ein verkleideter Albtraum wirkt.)

Vielleicht gelten die silbernen Kugeln auch den Magiern?, fragt Jelena Schwarz, in ihrer E-Mail auf meine Vermutung antwortend, dass Potocki sich als einen Vampir ansah. Mit größter Sorgfalt bringt Potocki alle rätselhaften Erscheinungen zu einer rationalen Erklärung, nur ist sein ›Umweltgewebe‹ trotzdem undicht. Etwas Übernatürliches sickert hindurch. Wer dieses Gefühl nie hatte – alles zerfällt gleich, durch die sichtbare Schale schaut etwas Unwahrnehmbares –, wird dieses Buch vielleicht nicht lieben. (Buñuel: *Der diskrete Charme der Bourgeoisie*: In einem Lokal gibt es keinen Wein, keinen Kaffee, keine Limonade, kein Wasser. Noch ein Schritt, und die Geister sind da. Als wir das im Leningrad der 80er Jahre anschauten, lachten wir: Bei uns war es in einem Kaffeehaus durchaus möglich, keinen Wein, Kaffee, Tee zu bekommen, auch ohne die Nähe übernatürlicher Kräfte. So oder so, in St. Petersburg brauchst du nur für einen Augenblick wegzuschauen, und alles anscheinend so gut Zusammengenähte fliegt auseinander. Das Jenseitige schlägt durch, und es mutet realer an als das Diesseitige.)

* * *

Ein drittes Modell: das Eintauchen in die mystische und/oder religiöse Problematik.

»Ich nahm den Herzog von Velásquez beiseite und sagte:

›Erlauben Sie mir die Frage, was Sie von diesen Dingen halten, die uns der Ewige Jude erzählt hat. Es gibt dabei Aussagen, die zu hören uns nicht ansteht und die mir im Gegensatz zu dem Glauben zu stehen scheinen, den wir bekennen‹. ›Señor Alfonso‹, antwortete Velásquez, ›diese fromme Empfindung ehrt Sie in den Augen eines jeglichen denkenden Menschen. Mein eigener Glaube ist, so wage ich zu sagen, aufgeklärter als der Ihre; aber er ist nicht weniger stark und nicht weniger rein. Ich glaube aber, Señor Alfonso, was ich anhören kann, ohne beunruhigt zu sein, können auch Sie ohne Bedenken hören.‹«

Was auch immer der Ewige Jude erzählt, dürfen die beiden Señores ihm wohl glauben: Er, der Ewige Jude, gehört ja zu der christlichen Mythologie. Aber in der Welt des Kabbalisten (noch ein Stein dieses erzählerischen Kaleidoskops) – nach der einfachsten Logik des Entweder/Oder – sollte kein Platz für ihn sein. Der Kabbalist ist aber derjenige, der den Ewigen Juden hervorruft.

Der Antiheld Ahaspher ist wohl die (heimlich) wichtigste Figur des Romans. Zu diesem Sprechenden will der Autor aber eine gewisse Distanz halten. So macht er das ohnehin suspekte Subjekt zum grausamen Monster, das aus Langeweile die unschuldigen Wanderer zu einem hungrigen Löwen lockt (wenn sich der auch am Ende als verkleideter Schauspieler entpuppt). In Ahasphers Mund legt der Autor, was er selber als Wissenschaftler mit seiner Affinität zum Mystizismus über die ägyptische Religion, die Mysterien, über die geheimnisvollen Drusen zu sagen hätte.

Nach der dichten leuchtenden Luft Jerusalems atmet sich ein Nachmittag in Tel Aviv leicht und unbeschwert. Eine eiserne ringförmige Konstruktion am Strand, viel komplizierter als die herkömmlichen Riesenräder des Oktoberfestes: Für einige

Shekel kann man in der Höhe mit nach unten gerichtetem Kopf fliegen, Nervenkitzel für die Touristen im Land, wo jede Sekunde jeder Bus in die Luft fliegen kann. »Wir haben ja genug Nervendusche da«, sagt eine Freundin, die im nächsten Moment die Drusen sieht. »Wollen wir die Drusen-Fladen?« Die geheimnisvollen Drusen, die die mit dem Frischkäse gefüllten Fladen verkaufen, sehen genauso aus wie alle anderen an dieser Strandpromenade. Nur ihre Seelen wandern wie die Seelen von Indern oder Altgriechen. Es heißt über die Drusen, sie pflegen ihre Mysterien immer noch. Eine alte Frau und ein junger Mann verkaufen die Fladen. Ich schäme mich für meinen zu aufmerksamen Blick. Ich bin ja selbst oft ein exotisches Objekt der Neugier.

Der ägyptische Priester erzählt dem noch jungen und noch un-ewigen Juden (um die Zeitrechnungswende), was Potocki von der ägyptischen Mythologie und Theologie weiß oder vermutet. Wahrscheinlich spricht der Priester die tiefe Enttäuschung des Freimaurers Potocki aus, wenn er über Mysterien bemerkt: »Die Initiation [die Einweihung in die Mysterien] verschafft uns also weder Aufklärung über den Ursprung des Kults noch über die Geschichte der Götter, ja nicht einmal über die Bedeutung unserer Sinnbilder.« Vielleicht entspringt Potockis etwas gleichmütiges Wohlwollen jeder Religion gegenüber dieser Enttäuschung. Vielleicht ist die einzige, immerhin wertvolle Lehre, die Potocki bei seiner mystischen Erfahrung zuteilwurde: Die Mysterien erleuchten nichts.

Bald (oder jetzt schon) muss die Wahrnehmung der Weltliteratur irgendwie ohne eine Vorstellung der Leser von religiöser / mystischer Symbolik auskommen. Was ist dieses Buch für denjenigen, dessen Herz nicht schmerzt, wenn alle die üppigen mystischen Begebenheiten der himmlischen Zwillinge und Zwillinginnen, die der Kabbalist und die vorgebliche Kabbalistin erzählen, sich als schöne, aber leere Hirngespinste erweisen?

* * *

Noch ein Lebensmodell in der »Handschrift«, das vierte: edelwildes Leben in Einklang mit der Natur. Dafür steht der Zigeunerhauptmann: Von den Intrigen der Höfe ermüdet, von den Großen der Welt enttäuscht und mehrmals verraten, zog er sich zurück ins natürliche Leben.

Als Potocki alle gesellschaftlichen Modelle ausprobiert hatte, zog er sich zurück auf sein Familienlandgut. Welche pastoralen Freuden er da hatte, wissen wir nicht. Aber ebendiese Freuden beendete er mit der silbernen Kugel.

Mein Mann ruft mich aus Schweden an, wo er in einem Schriftstellerhaus an einem Roman über den Neuen Golem schreibt. Nach der zweiten Stunde des Gesprächs fällt ihm beiläufig ein, dass er heute mit einem älteren russischen Kollegen zu Abend gegessen hat, der (eine sowjetische Berühmtheit, für uns quasi ein Stück Kindheit) erzählte, dass er in den 60er Jahren nach Polen wollte, um irgendeiner Sportveranstaltung beizuwohnen (diese armseligen sowjetischen Hemingways!). Den Behörden gab er listig an, er wolle im Familienarchiv Potockis arbeiten, um die Manuskripte des damals (auch dank des polnischen Films) modisch gewordenen Schriftstellers zu erforschen. List lohnt sich nicht immer: Die Ausreisegenehmigung wurde ihm versagt, und zwar mit der Begründung, die Familie Potocki habe im Krieg mit den Deutschen kollaboriert. – *Sei aber vorsichtig, ich weiß nicht, ob es wahr ist.*

Potocki war der treue Sohn eines Landes, das zwischen Osten und Westen als stolzer Zankapfel lag. Seit der ersten Teilung

Polens begrenzt er seine gesellschaftliche Aktivität auf die Wissenschaft. Er hat den Untergang seines Traums gesehen. (Ich habe den Untergang einer Welt gesehen, der als der Sieg der Freiheit gefeiert wurde und so viel Blut gekostet und Leid verursacht hatte, dass manche festen Prinzipien sich dabei relativiert haben. Nichts ist mir verständlicher als Verzicht auf die politischen Überzeugungen.) Also *beruhen die Tugenden auf anderen und sichereren Grundsätzen ...*

Dass die Figuren in diesem Buch schematisch sind, ist klar:
- Patriotismus & Loyalität, durch Alfonso van Worden vertreten
- Wissenschaft & Bücherwelt, dafür ist Velásquez da
- Religion & Mystik, chimärische unwirkliche Gestalten: der ewige Jude, die Scheinjüdin, der vorgetäuschte Kabbalist
- Naturleben & Verzicht auf die Zivilisation, Zigeunerhauptmann

Was aber reißt den Leser dann mit? Die Handlung? Es gibt keine. Sie wird ständig von zu vielen Erzählern unterbrochen, selbst Velásquez mit seinem mathematisch trainierten Verstand kann nicht allen Strängen folgen und beschwert sich. Wenn es sich bei Potocki um einen Berufsliteraten des 18. Jahrhunderts, einen Lesage oder Prévost handelte, könnte man annehmen, dass der Unterhaltungswert dieser unzähligen verschachtelten Erzählungen auch der Zweck des Schreibens war. Aber dieser Autor war kein Berufsliterat. Wozu also das Ganze? Und welchen Unterton, welche Botschaft entnimmt man dieser Vielstimmigkeit?

Potocki war kein Berufsliterat, er hat die Romantik übersehen (die Geister sind ja vorhanden, die exotischen orientalischen Tänze, Kostüme und Speisen sind auch da, Zigeuner und Räuber ohnedies, und doch werden sie alle auf eine völlig andere Art behandelt). Das Buch bleibt ein verspätetes Werk der Aufklärung, einer Zeit des Selbstbewusstseins des Menschen. Einer Epoche des Aufschwungs, deren Folgen weniger freudig als sie selbst waren. Als bekäme man vom klaren Wasser der Aufklärung einen Romantik-Kater. Diese von Potocki übersehene Folgekrankheit der Aufklärung hatte ihrerseits wieder Komplikationen: die Unnatürlichkeit des Naturalismus und psychologischen Romans sowie die diversen kleinen Strömungen, die danach kamen. Das warme Licht der Moderne (ich habe früher darüber gelacht, aber es hat etwas für sich: Manchmal wird die Moderne von Tolstoi an gezählt) hätte die arme Literatur heilen können, doch die allgemeine Alphabetisierung verhinderte das. Die *aufgestandene Masse* wollte vereinfachte Geschichten verschlingen: romantische Brühe mit psychologischen Knödeln. »Die Handschrift von Saragossa« könnte ein heutiges Werk sein, gäbe es diese Krankheit nicht.

»Die Handschrift« ist die Geschichte des allgemeinen Scheiterns. Zwar bleibt Alfonso van Worden verschont, und auch andere Protagonisten des Romans sind für das Schicksal unantastbar (wie der Tod existieren für sie auch die anderen Unannehmlichkeiten nicht wirklich, nur als Phantome, die sich schließlich als raffiniertes Schauspiel erweisen), aber sie haben keine Muße, keine Ruhe in der Muße. Sie sind für Wochen in einer wunderbaren Gegend festgehalten, zwangsläufig werden sie mit festlicher Nichtstuerei beschert. Und doch sind sie angespannt. Ruhe ist unmöglich, wenn du von einem verrückten Grafen ausgedacht bist, der, obwohl dazu geboren, eher kein Liebling der Götter ist:

- *Patriotismus & Loyalität*, weder Polen noch Russland wollte seine politischen Dienste ernst nehmen
- *Wissenschaft & Bücherwelt*, weder polnische noch russische, noch französische Kollegen wollten seine Verdienste

und seinen klaren Verstand anerkennen, nur seine Seltsamkeit sehen
- *Religion & Mystik*, wer wirklich ein religiöses Gefühl hat, zerbricht keine silberne Zuckerdose, um sich zu erschießen
- *Naturleben & Verzicht auf die Zivilisation*, wer Frieden und Ruhe gefunden hat, bringt sich nicht um

Also, das wunderbare Buch, das reine Lesefreude bereitet, ist ein Journal des Scheiterns seines Verfassers, begonnen vielleicht als Zeitvertreib eines reichen und gelehrten Dilettanten, als eine individuelle Geheimutopie. War etwa der Roman jener Vampir, den Graf Potocki in sich töten wollte? Dann hat er danebengeschossen.

... IST SELBST DER BITTERE KREN WIE HIMBEERE

Lange hielt sich die Illusion der 60er Jahre: der Unterschied zwischen Hochkultur und Popkultur könne überwunden werden. Und imperativ/normativ: ist zu überwinden. Was sieht man ein halbes Jahrhundert später? Zwar kann sich die Literatur freiwillig vereinfachen und verblöden, aber das ändert nichts: Die Vereinfachung und Verblödung der Leserschaft schreitet dann einfach noch schneller voran. Die Schere bleibt. Wenn wir als Leser einem Buch folgen, das wir nicht ganz begreifen, werden wir es vielleicht nie einholen, dafür aber unsere Denkmuskeln trainieren. Folgt umgekehrt die Literatur uns Lesern und befreit sich atemlos von allem, was ihren Lauf erschwert, holt auch sie uns nie ein, aber sie verliert alles, was sie hat.

Es war eine vergleichsweise kurze Periode in der Geschichte Europas, die durch Massenalphabetisierung geprägt war. Das fiel mit dem Beginn der Verbreitung des Wohlstands zusammen. Es galt als Zeichen der Zugehörigkeit zu »besseren« Kreisen, Bücher zu lesen, sich auszukennen und dazu noch »komplizierte« Bücher zu lesen. In der Blütezeit der Liebe zwischen Masse und Hochkultur entstanden Werke, die, bei all ihrer Komplexität, benutzt wurden, um sich zu schmeicheln: *Ulysses*, *Recherche*, zwei Kennwörter für die eingeweihten Millionen (interessant, dass parallel dazu Werke geschrieben wurden, die der Masse unbekannt blieben, aber in der Spätsaison der Liebe zwischen Masse und Hochkultur doch berühmt wurden und sich in derselben Funktion etablierten: Kafka, Bruno Schulz, Fernando Pessoa, Konstantinos Kavafis).

Sonst, in allen anderen Zeiten, waren die Lesenden eine Minderheit. Die Literatur existierte trotzdem. Gefördert. Von einem feudalen Herrscher. Von einem Klosterorden. Vom Staat. In den Universitäten versteckt. Sich mit Auftragsarbeiten über Wasser haltend. Manchmal Ruhm und Respekt, manchmal Armut und Verachtung erntend. Hinter einem Feudalherren stand ein ausgebeuteter, unterdrückter »kleiner Mann«, den niemand fragte. Hinter dem Staat steht ein selbstbewusster Steuerzahler und fragt: »Wozu?«

Wie auch immer: Wir sind auf dem Weg zurück in die Leser-als-Minorität-Verhältnisse, und vielleicht ist das sogar gut für die Literatur!

Die Menge hat sich von der Vorstellung, gebildet zu sein, sei schick, emanzipiert. Fast ist es schon schick, blöd und ungebildet zu sein (was genauso peinlich ist wie das Bildungsgetue). Das ist Sache eines jeden Einzelnen. Ich kann nichts dagegen sagen. Unzumutbar, auch komisch, ist aber, dass sich einige Menschen im Literaturbetrieb, die Literaten, die Autoren und Kritiker, die Lektoren und Verleger, davon emanzipiert haben.

Es gibt einen alten Woody-Allen-Film, in dem ein Intellektueller (von Woody Allen gespielt) gesteht, dass er ein Lügner ist. Er gibt vor, er habe *Moby-Dick* gelesen, weil er sich schämt, ihn nicht gelesen zu haben. Ich frage mich: Wo sind solche wunderbaren Menschen heute?! Denn ich bin lieber in der Gesellschaft von Kollegen, die lügen und vorgeben, »Moby-Dick« gelesen zu haben, als in der Gesellschaft solcher, die dreist sagen, dass sie ihn nicht gelesen haben: Sie gestehen das nicht, weil sie ehrlich sind, sondern weil sie sich nicht genieren, »Moby-Dick« oder was auch immer nicht gelesen zu haben. Sie beginnen sogar, das für cool zu halten (»Moby-Dick« habe auch ich nicht gelesen, es gab biographische Gründe dafür. Aber ich habe es noch vor).

Was noch bemerkenswerter ist: Autoren, Kritiker, Lektoren

und Kulturjournalisten schämen sich seit einiger Zeit nicht zu sagen, dass sie ein Buch nicht verstanden haben. Haben sie ein Buch nicht verstanden, meinen sie, das Buch sei schuld. Meiner Meinung nach sollen wir lieber so tun, als hätten wir das Buch verstanden, und weiter denken. Irgendwann werden wir mehr verstehen. Und es wird der Bereicherung unseres inneren Lebens und der Entwicklung unserer Persönlichkeiten dienen. Und der Aufhaltung der Verblödung. Wozu, so können wir uns heute fragen, brauchen wir das, wenn die Wissenschaft uns lehrt, dass wir gar keine Persönlichkeit haben.

In der Tat: wozu?

Ich bin fest davon überzeugt, dass Kunst (gleich, ob wir sie produzieren oder rezipieren) unsere Hoffnung auf Persönlichkeit ist. Je souveräner, entwickelter, unabhängiger und überraschender Bücher sind, die wir lesen, desto souveräner, entwickelter, unabhängiger und überraschender ist unser Bewusstsein. Ich bin mir sicher, dass eine Maschine, die Gedanken lesen kann (können wird, die Wissenschaft sagt: *coming soon*, oder ist sie schon da? Dann braucht man unsere *net accounts* nicht zu knacken), viel mehr Schwierigkeiten mit der Entzifferung der Gedanken eines Menschen haben wird, der liest, insbesondere eines, der Gedichte liest, als eines Menschen, der nicht liest oder nur Trivialromane liest. Und wäre ein Mensch gar ein individualitätsloser Teil des gesamten Menschheitskollektivs, wäre das Denken seine einzige Chance, sich zu individualisieren, zu entwickeln und etwas zum kollektiven Unbewussten beizusteuern. Ich erlaube mir eine Paraphrase von Blaise Pascals berühmter Schilfrohrparabel: »Der Mensch ist nur ein Bündel von Elektronen, das fragilste der Geräte, aber er ist ein denkendes Gerät. [...] Unsere ganze Würde besteht also im Denken. Daran müssen wir uns wieder aufrichten und nicht an Raum und Zeit, die wir nicht ausfüllen können. Bemühen wir uns also, gut zu denken: Das ist die Grundlage des Willens.«

Wie sich Denken und Sprache zueinander verhalten, ist eine Frage, die ähnlich unbeantwortbar ist wie die Frage nach der Herkunft der Sprache. So stehen wir jetzt auf dünnem Eis. Es ist jedoch durchaus möglich, die Sprache als das erste, primäre Erkenntnismittel zu definieren. Ein Neugeborener begreift sich und die Welt durch die Sprache. Er erobert die Welt, die von seinen Vorfahren entdeckt und erobert wurde. Er hat kein eigenes Bewusstsein, bis er (wenn überhaupt) lernt, SEINE Gedanken, SEIN Wissen zu formulieren. Wissen und Denken sind nicht den Wörtern gleich, in die sie gefasst werden. Die Sprache ist das Instrument, das dazu dient, die vorsprachlich entstehenden Gedanken zu gestalten, zu befreien, zu (be)greifen. Dieselbe Entwicklung wie ein Neugeborenes erlebt die Menschheit auch insgesamt. Dazu braucht sowohl der Einzelne als auch die Menschheit eine intakte Sprache, ein gut geschliffenes Instrument, wie es vorzugsweise die Literatur funktionsfähig erhält, verfeinert und schleift. Wenn diese Arbeit, die in der Höhle der Urmenschen begann, aufhört, geht das Denken und mit ihm die Menschheit nach und nach ein.

Die Nicht-Unterscheidung von Hoch- und Unterhaltungskultur erledigt die Abschaffung der künstlerischen Freiheit vielleicht schneller und erfolgreicher als politische Unterdrückung. Der inoffizielle Leningrader Lyriker (die inoffizielle Dichtung Leningrads ist meine literarische Heimat) und spätere Nobelpreisträger Joseph Brodsky beschrieb einmal die Lage eines Autors in der Diktatur und die eines Autors in einem demokratischen Land (das ist mein Lieblingszitat, das mir immer wieder in den Sinn kommt, also noch einmal): »In beiden Fällen versucht ein Dichter eine ziemlich feste Wand mit seinem Kopf zu durchbrechen. Im ersten Fall reagiert die Wand so, dass der physische Zustand des Dichters gefährdet ist. Im zweiten Fall schweigt die Wand, und das gefährdet seinen psychischen Zustand. Ehrlich gesagt, weiß ich nicht, was unheimlicher ist.«

Das ist eine mutige Aussage. Die Welt, in der über den Wert eines Kunstwerkes der Markt entscheidet, kann einen Künstler genauso gut vernichten wie eine Diktatur. Es braucht in diesem Fall wahrscheinlich noch mehr Mut, seiner Sache sicher zu sein und die eigene Wertschätzung nicht aufzugeben.

Die Wand kann wohlwollend sein, wenn sie sich gut unterhalten fühlt. Die Literatur wird zur Serviceleistung degradiert. Und sie fühlt sich schuldig, wenn man sie nicht begreift. Sie ist bereit zu (be)dienen und der allgemeinen Verblödung zu folgen.

Im Übrigen ist das Kürzel »U« natürlich irreführend. Was den einen unterhält, langweilt den anderen und vice versa. Was dem einen sin Uhl, ist dem andern sin Nachtigall. Oder wie ein witziger Russe einmal schrieb:

Dir ist selbst der bittere Kren wie Himbeere,
Mir ist selbst Himbeercreme wie Wermut.

* * *

Ich weiß, dass man immer wieder über die Krise der Literatur, speziell des Romans spricht. Ich meine dagegen, es gibt eher eine Krise der Rezeption, des Buchmarkts, des Verhältnisses zwischen Gesellschaft und Kunst. Vielleicht eine Krise des Bildungssystems.

Zwei Wege laufen parallel (oder auseinander): Verfeinerung und Vereinfachung. Wir folgen wahlweise dem einen oder dem anderen Prozess. Es wird irgendwann (wahrscheinlich bald) so aussehen:

Die einen werden Bilder anschauen, die anderen werden lesen (allerdings nicht zum ersten Mal in der Geschichte: Man denke an die comicartigen Darstellungen von Szenen aus der Bibel oder von historischen Ereignissen, auf mittelalterlichen Wandmalereien, an den Rändern von Altären oder auf Gobelins, für diejenigen gemacht, die nicht lesen können). Trotz allem:

Literatur wird überleben. Vielleicht wird sie alle Menschen überleben. Über der verwüsteten Erde werden Gedicht- und Prosazeilen schweben:

Sous le pont Mirabeau coule la Seine / Et nos amours – Устриц боялся и на гвардейцев смотрел исподлобья – We are such stuff / As dreams are made on; and our little life / Is rounded with a sleep – Die Welt ist alles, was der Fall ist – Nel mezzo del cammin di nostra vita / mi ritrovai per una selva oscura – Animula vagula blandula – Sie werden wie der Geist Gottes über dem Wasser schweben. Oder vielleicht: als Geist Gottes über dem Wasser. Im letzten Fall starten sie eine neue Schöpfung.

FLASCHENPOST VERSUS FLASCHENPOST

Gagaku

Vor vielen Jahren schenkte mir ein älterer und von mir hochgeachteter Freund, der Leningrader Musikwissenschaftler Abram Jusfin, eine Schallplatte mit der traditionellen japanischen Musik – Gagaku. Er sagte (und das war auch ein Geschenk, das ich im Unterschied zur Schallplatte heute noch habe), dass diese Musik so anders ist, dass sich bei ihr die Melodie und das Akkompagnement im umgekehrten Verhältnis zueinander befinden. Das, was wir als Melodie wahrnehmen, ist die musikalische Begleitung. Und vice versa.

Ich bin keine Musikwissenschaftlerin und konnte und kann das nicht beurteilen. Aber das ist ein starkes Bild, an das ich mich vor kurzem erinnerte in einem ganz anderen Zusammenhang. Wenn wir sagen: »konventionelle« Prosa/Lyrik oder »nichtkonventionelle«, gehen wir das Risiko ein, dass wir und unser Gesprächspartner diesbezüglich völlig verschiedene Vorstellungen haben. Ich kann das mit diesem oben beschriebenen Bild von Gagaku-Musik illustrieren: In den literarischen Texten, die für mich wirklich ernst und wirklich wichtig sind, ist die Melodie das, was die Mehrzahl der Leser, der Kritiker und der Kollegen für die Begleitung hält, für die Ausschmückung des Hauptsächlichen. Und vice versa.

Diesen kurzen Text habe ich für die Jubiläumsausgabe der Grazer Literaturzeitschrift »manuskripte« geschrieben. Einige

Freunde sagten, dass sich jeder selbst vorstellen dürfe, was genau unter dem Hauptsächlichen verstanden wird. Das ist wahr. Wahr ist auch, dass jede Vorstellung, die aus meinem Gagaku-Gleichnis resultieren würde, richtig sein würde, denn ich glaube nicht, dass es falsche Interpretationen eines Textes geben kann, jeder Leser schafft mit jedem Lese-Akt seinen eigenen Text. Es gibt also so viele Variationen eines Textes, wie es Leser gibt. Auch ich werde nun versuchen, meine eigene Deutung zu geben.

Flaschenpost

Irgendwann merkt man: Es gibt zwei Arten von literarischer Substanz. Oder, anders gesagt, zwei Literaturen. Oder, nochmal anders: Es gibt eine Grenze zwischen zwei schwer zu bestimmenden literarischen Welten. Ist der Unterschied zwischen den beiden logisch überhaupt fassbar? Ihre terminologische Bestimmung ist jedenfalls von der Zeit und dem Ort abhängig. Man sagt zum Beispiel: »Mainstream« oder »Underground«. Man sagt: »Konservativ« oder »Progressiv«. Man sagt auch: »Kommerziell« oder »Nicht kommerziell«. Man sagt, wie in meinem Gagaku-Text: »Konventionell« oder »Nicht konventionell«. In meiner Jugend in der Sowjetunion sagte man: »Sowjetisch« oder »Nicht-sowjetisch«. Fast zur gleichen Zeit in den USA sagte man »U-Kultur« und »E-Kultur« (»popular art« und »high art«) und forderte, die Kluft zwischen den beiden zu überwinden: »Cross the Border – Close the Gap«, wie es 1968 Leslie Fiedler formulierte, der auch die deutschen Kollegen damit ansteckte.

All das sind nur Wörter. Ich bezweifle, dass eine Grenze zwischen dem einen und dem anderen zu ziehen eine machbare logische Aufgabe wäre. Ich glaube, ein Autor oder ein Leser weiß einfach, auf welcher Seite der Grenze er ist und welche Texte auf welcher Seite sind. Von der Seite abhängig würden andere Menschen die Beispielpaare wahrscheinlich anders benennen, etwa: »Engagierte Literatur« versus »L'art pour l'art«. Oder: »Mitteilung« versus »Sinnlosigkeit«. Oder: »Nützlich« versus »Nutzlos«.

Man wählt zwischen den beiden Seiten. Oder man wird gewählt.

Eine der magischen Aufgaben der Literatur ist: das, was wir intuitiv wissen, wörtlich zu fassen. Deshalb werden auch die Seiten dieser Grenze immer wieder neu bestimmt. Es existiert in dieser Benennungsarbeit ein Paar, das aus zwei gleichen Hälften besteht: Auf einer Seite steht: »Flaschenpost«, und auf der anderen Seite steht: »Flaschenpost«.

»Flaschenpost« versus »Flaschenpost«

Diese Doppelung vermittelt das Gefühl, dass diese Grenze auf einmal sichtbar wird. Du zuckst zusammen, als würdest du in der Menschenmenge plötzlich beim Namen gerufen (ich verrate es nicht gleich, bald wird klar werden, warum ich es so ausdrücke).

In seiner berühmten Bremer Preisrede von 1958 spricht Paul Celan von Flaschenpost:

> »Das Gedicht kann, da es ja eine Erscheinungsform der Sprache und damit seinem Wesen nach dialogisch ist, eine Flaschenpost sein, aufgegeben in dem – gewiß nicht immer hoffnungsstarken – Glauben, sie könnte irgendwo und irgendwann an Land gespült werden, an Herzland vielleicht.

Gedichte sind auch in dieser Weise unterwegs: sie halten auf etwas zu. Worauf? Auf etwas Offenstehendes, Besetzbares, auf ein ansprechbares Du vielleicht, auf eine ansprechbare Wirklichkeit. Um solche Wirklichkeiten geht es, so denke ich, dem Gedicht.«

Celan, der gut Russisch konnte und Ossip Mandelstam übersetzte, mit dessen Witwe Nadeshda er sogar ein paar Postkarten gewechselt hatte, folgt hier seinem Bild.

1913 verfasst Mandelstam einen kleinen Essay, »Über den Gesprächspartner«. Darin zitiert er ein Gedicht von Jewgenij Baratynskij (einem wunderbaren Dichter aus der Zeit Puschkins, d.h. aus dem ersten Drittel des 19. Jahrhunderts). Für uns sind die beiden letzten Zeilen besonders wichtig: »So, wie ich in meiner Generation einen Freund fand, / Werde ich in der Nachkommenschaft einen Leser finden.«

»Wenn ich dieses Gedicht von Baratynskij lese [schreibt Mandelstam], fühle ich mich so, als hätte ich eine Flaschenpost gefunden. Der Ozean kam mit seinem ganzen gewaltigen Element dieser Post zu Hilfe – und hat ihr geholfen, ihre Bestimmung zu erfüllen. Der, der sie findet, glaubt, Prädestination zu spüren. Wenn ein Seemann die Flasche in die Wellen wirft, und wenn Baratynskij das Gedicht in die Zukunft sendet, entstehen hier deutlich zwei gleiche Punkte. Der Brief und das Gedicht haben keinen konkreten Adressaten. Dennoch haben sie beide einen Empfänger: Für den Brief ist das derjenige, der die Flasche auf dem Sand findet; für das Gedicht ist das ›Der Leser in der Nachkommenschaft‹. Ich würde gerne einen sehen, der, wenn er diese Zeile von Baratynskij liest, nicht freudig und erschrocken zusammenzuckt, wie es einem passiert, wenn man in der Menschenmenge plötzlich beim Namen gerufen wird.«

Dieses unvergessliche Bild, ein zukünftiger Leser, der beim Lesen eines Gedichtes aus der Vergangenheit zusammenzuckt, weil er sich angesprochen fühlt, lässt einen jeden Dichter wiederum zusammenzucken, weil er in diesem Bild den Empfänger seiner Flaschenpost ohne Adressaten ahnt.

Aber – und da beginnt das Interessanteste, jemand in der Menschenmenge hält schon Ausschau nach uns! – auf Deutsch tauchte die Flaschenpost vor Celan schon einmal auf. Und ganz bestimmt von beiden – von Celan und von Mandelstam – unabhängig:

1942 schreibt Brecht in seinem Arbeitsjournal, er ist gerade in Kalifornien, über die Unmöglichkeit, Gedichte zu schreiben, während woanders um die Zukunft der Welt gekämpft wird, wenn die Schlacht von Smolensk gerade läuft:

»hier lyrik zu schreiben, selbst aktuelle, bedeutet: sich in den elfenbeinturm zurückzuziehen. es ist, als schreibe man goldschmiedekunst. das hat etwas schrulliges, kauziges, borniertes. solche lyrik ist flaschenpost. die schlacht von smolensk geht auch um die lyrik.«

Das ist sie. Diese Grenze zwischen zwei Substanzen. Diese vielleicht undurchdringliche Grenze. Politik kann man ausklammern, niemand würde wagen zu behaupten, dass der Ausgang der »Schlacht von Smolensk« für Celan weniger schicksalsträchtig war als für Brecht.

Von dieser Grenze gehen zwei Falterflügel symmetrisch auseinander, zwei Arten des schreibenden Menschen. Für den einen ist Flaschenpost – Wunder und Glück. Für den anderen – Quatsch in einem von glitschigem Schlick bedeckten Glas.

Hier haben wir das, womit sich die deutschsprachige Nachkriegsliteratur beschäftigte: engagierte Literatur versus Elfenbeinturm. Oder andersherum. Wie leidenschaftlich auch immer dieser Streit damals verlief (für *damals* können wir als Orientierung die aktive Zeit der Gruppe 47 nehmen) – er löste sich mit den Jahren in neuen literaturbetrieblichen Spielen auf. Aber, wie gesagt, nur die Terminologie ändert sich. Das Paar »Engagiert« und »Elfenbeinturm« wich zuerst dem Paar »U« und »E« und dann wahrscheinlich dem Paar »Gut verkauft« und »In kleinen Auflagen«. Aber die Gleichung »Flaschenpost« ungleich »Flaschenpost« kann in jedem dieser Fälle funktionieren.

Kassiber

Was unterscheidet die Flaschenpost eines Schiffbrüchigen von dem gleichnamigen Kinderspiel? Die Dringlichkeit der Botschaft.

Wenn wir schon bei Dringlichkeit sind, dann müssen wir über einen Verwandten der Flaschenpost sprechen, über den Kassiber. Auch hier sind die Inhalte von der Zeit und dem Ort abhängig. Man kann sich Räuber und Mörder vorstellen, die sich mit Hilfe verbotener Post verständigen. Oder Millionen Unschuldiger, die das 20. Jahrhundert und nicht nur dieses gerne in Gefängnisse und Lager steckte. Oder – und vielleicht ist das das Ausdrucksstärkste – bloß eine Situation an sich: ein Mensch, dem erstens das Mittel fehlt, eine Botschaft zu schreiben, zweitens das, sie zu verschicken.

Du hast kein Papier, keinen Stift, also: Entweder findest du die Möglichkeit, deine Botschaft aufzuschreiben, oder es gibt keine Botschaft. Dir ist nicht erlaubt, eine Nachricht nach draußen oder in eine andere Zelle zu übergeben, also: Entweder findest du die Möglichkeit, deine Nachricht hinauszuschmuggeln, oder es gibt keine Nachricht von dir.

Die konkreten Mittel sind verschieden.

Ezra Pound schreibt »Pisano Cantos« in einem Stacheldrahtkäfig in Pisa unter immer eingeschaltetem Scheinwerfer auf Toilettenpapier.

Interessant, dass auch Albert Speer, dem ein holländischer Krankenwärter half, Kassiber aus Spandau hinauszuschmuggeln, überwiegend Toilettenpapier für seine Zettel benutzt hatte.

Es fällt mir schwer, die Verbrecher und die Unschuldigen in dieselbe Auflistung zu stecken (ganz zu schweigen davon, dass der schon genannte Ezra Pound ein Paradebeispiel dafür ist, dass ein Verbrecher und ein großartiger Dichter in einer Person vereint sein können). Aber ich schlage vor, dass wir nur die Situation als solche betrachten.

Ein Schullehrer, der in einem Straflager in Sibirien 1937 im Holzeinschlag tätig ist, ritzt seinen Namen, den Ort und das Datum in die Stämme, die den Fluss hinuntergetrieben werden, in der Hoffnung, dass jemand, der seine Frau kennt, das sieht und ihr die Nachricht übermittelt.

Einer Mutter gelingt es, jemanden zu überzeugen, ihr Kind aus dem Ghetto hinauszuschmuggeln, mit Hilfe des im Futterstoff ihres Mantels eingenähten Rests des Familienschmucks aus dem früheren, glücklichen Leben. Ein Kind als Kassiber. Falls es überlebt.

Ein aus Brotkrumen geformtes Täfelchen dient als Tontafel für eine Liebesbotschaft und wird aus dem vergitterten Fenster im Männerflügel in das vergitterte Fenster im Frauenflügel eines Knastes transportiert, auf einer Schiene aus Fäden, die wer weiß wie von einem Flügel in den anderen gezogen wurden (so ein Täfelchen habe ich einmal gesehen, ein Mädchen mit langem goldenen Haar, das aus der Provinz nach Leningrad gekommen war, Gedichte schrieb, als Hausmeisterin arbeitete und sich mit den falschen Männern anfreundete, zeigte es mir, nachdem sie aus der U-Haft (heute weiß ich nicht mehr, weswegen sie dort gelandet war) mangels Beweisen entlassen worden war und zu einer inoffiziellen Lyriklesung in einer großen verfallenen Wohnung gekommen war, wo auch ich meine Gedichte vorlas).

Botschaften, an die Wand der Kammer gekritzelt.

Oder in Klopfsprache an die Nachbarn gesendet.

Oder aus dem Fenster eines Transports geworfen.

Ein gescheiterter Kassiber: Ein zur »Euthanasie« bestimmter Kranker beschreibt seiner Mutter, wie Patienten behandelt werden, aber der Brief wird abgefangen und zu seiner Krankenakte hinzugefügt. »Die Menschen werden zu Tieren und essen alles […] so auch rohe Kartoffel und Runkel, ja wir wären auch andere Dinge fähig zu essen, wie die Gefangenen aus Russland.«

Ein Gefangener aus Russland …

Ich höre auf mit den Beispielen.

Die Formen solcher verbotenen Botschaften sind wahrscheinlich so verschieden wie die Formen der Kunst.

Im Grunde befindet sich jeder Autor, der seine Aufgabe ernst nimmt, in dieser Situation der elementaren Unmöglichkeit, seine Botschaft auszudrücken, sie festzuhalten. Ist diese erste Unmöglichkeit überwunden, dann ist die zweite an der Reihe: die fertige Botschaft in die Welt hineinzuschmuggeln.

Mich erreicht ein Kassiber

Während ich diesen Text schrieb, fand ich eine Flaschenpost (man zuckt zusammen, als würde man in der Menschenmenge plötzlich beim Namen gerufen).

Wolfdietrich Schnurre, einer der ersten Autoren der

Gruppe 47 und einer der überzeugtesten Verfechter der »engagierten Literatur«, schrieb (nebst Prosa) seltsame, verschlüsselte, geschlossene Gedichte, die er gerne mit dem Wort »Kassiber« betitelte, die also geschmuggelt wurden. Ich bin sowohl von seinen Gedichten angetan wie auch davon, dass sie in einem gewissen Widerspruch zu seiner künstlerischen Position stehen.

Nicht nur mir fiel dieser Widerspruch auf. Ich lasse Wilhelm Genazino sprechen, der seine Würdigung anlässlich des zwanzigsten Todestags von Wolfdietrich Schnurre gleich mit der Feststellung beginnt, dass dieser ein anderer Schriftsteller hätte sein können, ja für etwas anderes prädestiniert gewesen war als das, wozu er durch den Gang der Geschichte gezwungen wurde: »Wolfdietrich Schnurre hätte das werden können, was wir einen Naturdichter nennen«, schreibt Genazino. Ja, stimmt, genau das, was die Heimkehrergeneration der Gruppe 47 für unmöglich hielt und auslachte: Naturlyrik!

Genazino weiter: »Gegen die Nazijahre schrieb Wolfdietrich Schnurre so heftig an, als könne man diese Zeit durch moralische Schärfe nachträglich ungeschehen machen.« Und: »Durch die deutlich erkennbare Sozialbindung der Literatur erübrigten sich für Schnurre Fragen der ästhetischen Progression der Literatur.«

Natürlich ist das der Punkt, von dem aus sich die deutsche Nachkriegsliteratur entwickelte. Und natürlich wurden nicht alle von Schuldgefühlen geplagt, sondern viele ganz einfach von dem Wunsch, nichts mit der Vergangenheit zu tun zu haben, in der »Stunde null« wurde eine »Jugend ohne Väter« geboren, wie es Witold Gombrowicz im Westberlin von 1963 beobachtete und geglückt formulierte. Das ist aber schon ein anderes Thema. Das war nur ein Abstecher, ich wollte zeigen, wie gut die Flaschenpost funktionieren kann, und ich möchte zum Schluss dieses Abstechers einige Zeilen aus dem Flaschenpost-Kassiber des Lyrikers Schnurre zitieren. Sie hängen mit nichts in meinem Text zusammen, aber manchmal braucht ein Text ein unlogisches Einsprengsel:

»Die Schädelnaht des Alls
ist winddurchlässig;
in Gottes Träume schneits hinein,
durch die vereisten Lider
brechen schwarze Hagelschauer ein.«

Vorlieben des Ozeans

»Die Schlacht von Smolensk« im weiteren Sinne wird nie beendet. Die Welt bleibt ungerecht, grausam und immer bereit zu neuen Verbrechen.

Wenn man plötzlich wieder von engagierter Literatur spricht, und das passiert mehr oder weniger regelmäßig, heißt das nur, dass ästhetische Unzulänglichkeit zu diagnostizieren ist, und nicht, dass jemand auf einmal verantwortungsvoll geworden ist. Meistens ist von engagierter Literatur die Rede, wenn sich die Sprechenden ziemlich in Sicherheit befinden und ihre Tagungen und Konferenzen eher einem Kindergartenpicknick ähneln, wo alle mit bunten Fähnchen wedeln und kecke Lieder singen (übrigens vergleicht Ilse Aichinger in ihrem Buch »Film und Verhängnis« die Tagungen der Gruppe 47 mit einem Zeltlager der Pfandfinder und fügt hinzu: »nach Kriegsende erwachten besonders im trostlosen Österreich die alten Wünsche nach anderer Gemeinsamkeit«). In den Situationen des äußersten existentiellen Schreckens beginnt man oft so zu reden, dass die Zeitgenossen einen als befremdlich und unverständlich empfinden. Nehmen wir Celan oder Mandelstam, um den Text nicht mit weiteren Namen zu belasten.

Ist die Aufgabe der Literatur, dem Schrecken der Welt zu widerstehen? Ja. Auch mit Flaschenpost. Auch auf verlorenem Posten mit gefundener Flaschenpost. Aber auf welcher Seite der oben beschriebenen Grenze ist der Widerstand wirksamer? Dort, wo man Flaschenpost als lächerliches Kinderspiel sieht, oder dort, wo sie als Lebensrettung, wenigstens als eine Hoffnung darauf gesendet wird?

Und was bleibt eher von der Nachkriegsgeneration am Ende (ich meine, wenn das 20. Jahrhundert wirklich Geschichte wird)? Elfenbeinturmbewohner (um das mit Handke zu formulieren) oder engagierte Schriftsteller?

Paul Celan, der kein Heimkehrer und kein Schuldträger, sondern Überlebender war und somit ein von Schuldgefühl geplagter Paranoiakranker, schrieb keine engagierte Literatur. Er folgte einer dichterischen Notwendigkeit bis in die völlige Undeutlichkeit. Bekanntlich wurde er von der Gruppe 47, die eine deutliche, unpathetische und engagierte Literatur propagierte, 1952 ausgelacht, sowohl seine Art zu schreiben als auch seine Art vorzulesen: Er lese mit der »Stimme Joseph Goebbels'« und »in einem Singsang wie in einer Synagoge« zugleich. Celan fühlte sich angegriffen, wurde gekränkt, doch ohnehin war für ihn diese »Jugend ohne Väter« wohl kaum sein Adressat. Für ihn, der Flaschenpost schrieb, in der schwachen Hoffnung, »sie könnte irgendwo und irgendwann an Land gespült werden, an Herzland vielleicht«.

Das ist die Einsamkeit eines Schreibenden, der einerseits sein Leben damit zubringt, alles möglichst präzise zu formulieren, und sich andererseits überhaupt nicht sicher sein kann, dass seine Botschaften jemanden erreichen werden, irgendwo ankommen.

Spricht man in die Leere? In der Hoffnung, dass die Stimme das Herzland erreicht?

Mandelstam: »Es gibt keine Lyrik ohne Dialog.« Celan: Das Gedicht ist »seinem Wesen nach dialogisch«. Celan wurde ausgelacht. Mandelstam ... Es gibt eine Anekdote, dass er, als er in der Verbannung in einer Provinzstadt, in Wonoronesh, war, den für ihn zuständigen Milizionär in der Nacht anrief und verlangte, dass dieser seine Gedichte anhört: »Ich brauche einen Zuhörer!« Beide wissen also, dass sie an die Unmöglichkeit des Dialogs gelangt sind. Trotzdem beschwören sie den Dialog: Wir sind nicht verrückt, denken Sie nicht, dass wir niemanden brauchen, wir sind ganz normal – das ist das, was diese Beschwörungen des Dialogs bedeuten!

Mandelstam im selben Essay:

> »Sagen Sie bitte, was bei einem Wahnsinnigen beeindruckt Sie als bedrohlichstes Zeichen des Wahnsinns? Erweiterte Pupillen, weil sie nichts sehen, auf nichts Spezielles gerichtet sind, sie sind leer. Wahnsinniges Gerede, weil ein Wahnsinniger, wenn er sich an Sie wendet, [...] sich überhaupt nicht für Sie interessiert. Wir fürchten uns bei einem Wahnsinnigen hauptsächlich vor dieser ungeheuren absoluten Gleichgültigkeit, die er uns gegenüber zeigt. Es gibt nichts Furchtbareres für einen Menschen als ein anderer Mensch, dem er völlig egal ist. Einen tiefen Sinn gibt es im kultivierten Verstellen, in der Höflichkeit, womit wir jederzeit das Interesse aneinander betonen.«

So gesehen kann man Celans und Mandelstams Geste zu dem fernen und ungewissen Finder der Flaschenpost als »kultiviertes Verstellen«, als Höflichkeit bezeichnen, die ihr Interesse am Leser betont. Noch einmal Mandelstam: »Dichtung [...] ist immer an einen mehr oder weniger fernen, unbekannten

Adressaten gerichtet, an dessen Existenz ein Dichter nicht zweifeln kann, ohne an sich selbst zu zweifeln.«

Ist das ein Dialog? Ist das tatsächlich ein Dialog? Höchstens mit dem Spiegelbild deiner Flasche oder mit wem auch immer, der sich im Wasser spiegelt, weil er über dem Wasser schwebt. Du sprichst mit ihm, ohne seine ästhetischen Vorlieben zu kennen (wie einmal Jorge Luis Borges sagte).

Adressat und Empfänger

Eine andere Sicht auf die Flaschenpost, die herablassende, glaubt nicht an den unbestimmten Empfänger, nur an den konkreten Adressaten.

Wie gesagt, die »Schlacht von Smolensk« wird nie beendet, und dementsprechend ist jede Zeit »schlechte Zeit für Lyrik«, um es wieder mit Brecht zu sagen. Aber es geht uns jetzt nicht darum, wann Lyrik geschrieben werden darf und wann nicht, sondern darum, was Flaschenpost bedeutet. Nach Mandelstam und Celan: die einzige Hoffnung, nicht sinnlos vor sich hin zu reden, sondern Interesse am eventuellen Empfänger haben zu können, zu dürfen. Auf den Empfänger zu hoffen. Für Brecht: »etwas Schrulliges, Kauziges, Borniertes«, »als schreibe man Goldschmiedekunst«.

An diesem Punkt, egal wie wir die Flaschenpost bewerten, sehe ich ein ernstes Problem der ernsten Kunst: Alles, was nicht direkt und einfach gesprochen wird, was – ich habe damit angefangen, dass es verschiedene Bezeichnungen geben kann und gibt –, also sagen wir, was »hermetisch« oder »experimentell« oder »avantgardistisch« anmutet und nur als Flaschenpost in die Welt geschickt werden kann, wird ununterscheidbar als verschlüsselte, »hermetische«, »avantgardistische« usw. Kunst eingestuft und mehr oder weniger gleich behandelt, als wäre die Unterscheidung der Qualität für solche Kunst nicht vorgesehen. Die Liebhaber von allem Avantgardistischen und Experimentellen würden das automatisch mögen. Die Verfechter der realistischen, einfachen, am Leser oder am Käufer orientierten Kunst (ein Leser, der zu einem zu bedienenden Kunden degradiert wird, ist kein Leser mehr) werden das automatisch schulterzuckend aburteilen.

Ich kann nicht einmal sagen, wer schlechter für solche Kunst ist, die Liebhaber, die nicht unterscheiden können, oder die Gegner, die nicht unterscheiden können. Ich fürchte, die Ersteren sind noch schlimmer.

Mich interessiert der Empfänger, der kein Adressat ist. Der Leser. Gibt es ihn noch? Der Leser als Adressat ist derjenige, der bedient und unterhalten werden will. Der Leser als unverhoffter Entdecker der Flaschenpost ist derjenige, der am Text mitarbeitet. Derjenige, der langsam lesen kann. Der nicht erwartet, dass Literatur die brennenden Gegenwartsthemen bedient, weil er weiß, dass solche Literatur schnell gelesen und schnell vergessen wird. Die Beschleunigung, die das Zeitalter des Internets mit sich gebracht hat, birgt ohnehin die Gefahr, dass das Denken zum Leerlauf wird. Das literarische Lesen entschleunigt. Der Leser als Empfänger bekommt Zugang zu seinem eigenen Denken.

Meine Behauptung, dass wir nicht mit Wörtern, nicht mit der Sprache denken, dass wir die Sprache als Instrument brauchen, das unsere Gedanken sichtbar macht, ruft in der Regel Widerspruch hervor. Und wenn ich weiter sage, dass wir, falls wir mit den Wörtern und mit der Sprache denken, eigentlich nicht denken, sondern uns in den automatisierten Flussbetten der Sprachen bewegen, ruft das noch größere Empörung hervor. Aber ich bestehe darauf. Ich habe einen wunderbaren Verbündeten: Albert Einstein, der immer wieder behauptete, dass

Wörter nur das Mittel sind, das, was wir denken, zu vermitteln. Und wenn dem so ist – und dem ist so! –, ist das Denken von der Sprache abhängig. Dann braucht unser Flaschenpostempfänger die Flaschenpost, weil die Poesie das beste Mittel ist, den Prozess der Umwandlung eines Gedankens in eine vermittelbare, also sprachliche Form zu verfeinern.

Der Flaschenhals

Es gibt eine Szene in Tschechows »Die Möwe«. Ein junger Schriftsteller beneidet einen erfahrenen um seine Fertigkeiten:

> »Bei ihm blitzt auf einem Deich der Hals einer zerschlagenen Flasche auf und der Schatten eines Mühlrades daneben ist schwarz – und fertig ist die Mondnacht, während es bei mir das zuckende Licht ist, und das leise Schimmern der Sterne, und ferne Klavierklänge, die in der leisen duftenden Luft verhallen ... Das ist eine Qual!«

Hat der ältere eine Flaschenbotschaft erhalten und die Flasche zerschlagen? Hat er die Splitter verwendet und die Botschaft weggeworfen? Oder hat er die Botschaft in Empfang genommen und gibt sie nun weiter? Hätte der jüngere das verstehen und ebenso in Empfang nehmen können (im Konjunktiv, weil der jüngere am Ende des Stückes stirbt)? Es gibt unzählige Interpretationen von »Die Möwe«. Doch alle sind sich einig, dass sich aus dem blitzenden Flaschenhals ein vollendetes Bild ergibt.

Würde ich diesen meinen Text auf Russisch schreiben, würde ich diese Szene womöglich nicht bemühen, weil sie in Russland mehr als berühmt ist. Aber wie gut passt dieser blitzende Flaschenhals zu den anderen Flaschen hier! Und dazu, was ich zum Schluss noch zu sagen habe.

Das innere ästhetische Ziel eines literarischen Textes ist nach wie vor (egal, welche äußeren Ziele er verfolgt), die Zeit zum Stillstand zu bringen. Die Aufmerksamkeit zu fassen. Eine tiefere Konzentration zu ermöglichen. Wie macht er das?

Wenn wir uns einmal fragen, was in unseren Köpfen von den Büchern geblieben ist, die wir im Laufe unseres Lebens gelesen haben: Im ersten Augenblick sind das einige dem Dunkel des Vergessens entrissene Bilder. Sie unterstützen die Arbeit des Gedächtnisses. Sie widerstehen den schnell zusammengekratzten Wissensfetzen, zu denen wir zuallererst wegen der Beschleunigung und zweitens wegen der Fülle der Wissenswelt gezwungen sind. Sie repräsentieren eine ganz andere Qualität, andere Art, andere Möglichkeit für das Bewusstsein, mit der Außenwelt zu kommunizieren. Das ist eine der Hauptaufgaben der Literatur. Wenn sie verlorengeht, sind auch wir als denkende Individuen verloren.

Diese Blitze sind natürlich bei jedem anders. Es gibt auch solche, die es in das kollektive Bewusstsein geschafft haben, wie Tschechows Flaschenhals. Das können auch Haarringel am Nacken von Anna Karenina sein. Oder die Schatten, die Odysseus in der Unterwelt umdrängen, weil es sie nach Opferschafblut dürstet. Oder eine Araukarie im Treppenhaus im »Steppenwolf«. Oder die Bienen, die Tapetenrosen für echte Blumen halten in »Der Weg allen Fleisches« von Samuel Butler …

Auch im Leben eines jeden Menschen gibt es solche Blitze. Auch sie unterstützen das Gedächtnis und helfen, etwas zu entwickeln, was hinter ihnen steckt. Manchmal warten sie jahrzehntelang, bis man versteht, was sie eigentlich bedeuten. Auch ich habe solche Bilder, die mich mein ganzes Leben lang begleiten. Manche haben ihren Platz in meinen Texten gefunden. Manche nicht. Oder noch nicht. Es gibt zum Beispiel ein Tulpenfeld, das ich als Kind aus nördlichen Gebieten, wo man einen kleinen Tulpenbund für viel Geld und nur während einer kurzen Zeit im Frühling kaufen konnte, gesehen habe. Das Sensationelle an diesem Feld wilder Tulpen in der kalmükischen Steppe war seine Unglaubwürdigkeit. Etwas, was du nur aus Büchern kennst und bei dem du keine große Hoffnung hast, es im wirklichen Leben zu treffen. Wie ein Drache aus einer Sage war dieses rot gewordene Feld, das nirgendwo endete, nur am Horizont vielleicht. Ähnlich ging es mir, als ich zum ersten Mal Efeu in der wilden Natur sah, von dem ich nur in Büchern über Dionysos und seine Mänaden gelesen hatte. Das sind Bilder aus der Kindheit, die ich bis jetzt als Autorin nicht verwenden konnte, das sind meine privaten Blitze. Sie waren die ersten der Aufregungen, die man spürt, wenn etwas Unwirkliches zu Wirklichkeit wird. Ich wechsle jetzt den Ort. Achtung: abrupt und unvermittelt. Vor kurzem war ich in einer Gaskammer. Ich stand da und hatte dasselbe Gefühl wie bei dem Tulpenfeld oder bei dem mit Efeu bewachsenen Bachufer: Dass ich etwas sehe, was unmöglich ist. Irreal. Mythologisch. Das ist ein Blick in die Hölle. Das ist, als stünde ich dort, wo Teresias Odysseus fragte: »Warum verließest du doch das Licht der Sonne, du Armer / Und kamst hier, die Toten zu schaun und den Ort des Entsetzens?« Wo Odysseus die Schatten mit dem Blut tränkte, damit sie ihn erkennen und zu ihm sprechen. Bewunderung am Tulpenfeld und – ich sage das lieber mit Odysseus (bzw. mit seinem Übersetzer Voß), weil ich noch keine Worte habe, darüber zu sprechen – »bleiches Entsetzen, das mich ergriff« sind gleicher Natur. Das sind Blitze, die Bilder erzeugen, die man nie loswerden kann. Ich weiß, dass ich an dieser Stelle einige Vorwürfe ernte. Erstens würde man sagen, dass der Vergleich des Tulpenfeldes und der Gaskammer zynisch sei. Der Zynismusvorwurf ist immer da, wenn etwas gezeigt wird, was es nicht geben darf, etwas, das »bleiches Entsetzen« hervorruft. Eines der Blitzbilder der Weltliteratur ist die Beschreibung der in einer Gaskammer getöteten Kinder in »Bei uns in Auschwitz« von Tadeusz Borowski: »in den Ecken, zwischen Kot und verlorenen Uhren, liegen erstickte, totgetretene Säuglinge, nackte Monstren mit riesigen Köpfen und aufgetriebenen Bäuchen. Wir tragen sie hinaus wie Hühner, zwei in jeder Hand.« Aus diesem Bild entwickelt mein Gedächtnis sein Buch, dieses Bild ist ein leuchtender Faden, der mich in diese Unterwelt führt. Für mich ist mit diesem Bild auch eines der prägnantesten Beispiele der menschlichen Heuchelei verbunden, weil dem Autor Zynismus vorgeworfen wurde. Dem Autor, der den Mut hatte, Dinge beim Namen zu nennen. Einer der Kritiker von Borowski, der polnische Literaturnobelpreisträger Czesław Miłosz, bemerkte in einem anderen Zusammenhang, dass es Aufgabe der Kunst sei, die unerträgliche Wahrheit über den Menschen und die Welt erträglicher zu zeigen. Ich weiß es nicht. Ich glaube nicht, dass er recht hatte. Ich glaube, dass die unerträgliche Wahrheit über den Menschen und die Welt nicht vermittelbar ist und in Sternstunden der Kunst nur annähernd gezeigt werden kann.

Der zweite Vorwurf mir gegenüber würde sein, dass über die Gaskammer schon alles gesagt worden sei, dass wir doch im 21. Jahrhundert leben, dass es in der Gegenwart dringlichere Probleme gebe, auf die die Literatur zu reagieren habe. Meine feste Überzeugung ist, dass sie das weder muss noch kann. Wir lösen keine Probleme der Gegenwart mit der Kunst. Wir sehen die Gegenwart gar nicht. Noch nicht. Die ganze europäische Literatur beschäftigte sich mit den antiken Geschichten nicht, weil sie keine eigenen hatte. Sie bearbeitete das bereits Bekannte mit ihren eigenen Mitteln. Shakespeare nahm alles, was ihn beeinflusste, alles, was selten oder ausdrucksvoll genug war, diese Blitze, von denen ich spreche, zu erzeugen, und verlieh ihnen die Spannung und die Tragik, die heute noch tragen. Das 20. Jahrhundert lebt noch immer. Sein Schrecken muss noch mit der Kunst erfasst werden. Je weniger Zeitzeugen da sind, desto größer wird die Verantwortung und desto erhabener die Aufgabe der Kunst. Wie wird das sein? Das ist eine gute Frage. Ich stand in der Gaskammer, einem kleinen Kellerraum, der nach frischem Putz roch, weil die Gedenkstätte ihre Räume gerade renovierte, und fragte mich: Wie?

Keine Poetik hilft, diese Frage zu beantworten. Es gibt keine Regel. Man hofft jedes Mal auf ein Wunder, man hofft, dass das gelingt. Man kann nie sicher sein. Und später kann man auch nie sicher sein, dass die Flaschenpost den Empfänger findet.

DAS LEBEN HAT ÜBER DEN TOD GESIEGT, AUF EINE MIR UNBEKANNTE WEISE
(Über die lebendigsten aller russischen Klassiker)

Die Liebe zur Literatur fördert nichts so sehr, wie es sie stärkt, wenn die Literatur öffentlich unterdrückt wird. Wer das nie erlebt hat, kann sich nicht vorstellen, wie kostbar in der spätsowjetischen Zeit die illegal kopierten Werke von Nabokov, Mandelstam, Brodsky oder Charms waren. Eine Künstlerin, die für uns, damals junge Lyriker, eine Quelle für Geschichten aus ihrer Jugend in der Leningrader Boheme der 60er Jahre war, erzählte einmal eine einfache Alltagsszene aus jener Zeit: Sie stand in einem Lebensmittelgeschäft Schlange (ein üblicher Zeitvertreib im Sozialismus) und hörte einen Mann hinter ihr sagen: »Ich bitte Sie nur um eine Nacht! Bitte! Nur eine Nacht!« Sie war eine Schönheit und Männerdreistigkeiten gewöhnt, aber so etwas! Als sie sich empört umgedreht hatte, deutete er flehend auf das Buch, das sie las (was in der Schlange ein üblicher Zeitvertreib war). Beide verstanden die Komik des Missverständnisses und lachten. Das Buch war »Menschen, Jahre, Leben«, die Erinnerungen von Ilja Ehrenburg, eine Tauwetter-Sensation, voller Namen von unterdrückten, halbverbotenen und halbvergessenen Künstlern. Es hätte aber auch ein anderes Buch oder eine andere Zeit sein können.

Heute stehen die Bücher der einst verbotenen und unterdrückten Autoren in den Klassikerregalen. Sie sind gelesen worden, richtig oder falsch verstanden worden und nun vielleicht nicht mehr aktuell. Ein ganz normaler Vorgang. Aber um eine Gruppe von Dichtern der ersten Hälfte des 20. Jahrhunderts hat sich die Spannung erhalten.

Als ich ein langes Gedicht mit dem Titel »Wwedenskij« veröffentlicht hatte, erhielt ich einen Brief aus Minsk. Ich erlaube mir, ihn zu zitieren, weil er vortrefflich die Bedeutung Alexander Wwedenskijs und der Seinen, der sogenannten *Oberiuten*, bezeugt: »Ich würde das Genre Ihres Gedichts als Ehrengabe bezeichnen. Eine lang erwartete Gabe, die wohl für die gesamte Generation spricht. Wir trinken aus dieser Lebensquelle und bedanken uns nicht.«

Die Oberiuten – wer waren sie? In den ersten Jahren des 20. Jahrhunderts geboren, erlebten sie die Zeit der Oktoberrevolution 1917 fast noch als Kinder. Dass sie, als die letzten Vertreter der russischen Moderne, das gesamte Spektrum ihrer Strömungen – von den mystisch gestimmten Symbolisten bis hin zu den avantgardistischen linken Futuristen – berücksichtigt, umgedacht und abgeschlossen haben, ist ein Wunder zu nennen. Wie Daniil Charms schrieb: »Das Leben hat über den Tod gesiegt, auf eine mir unbekannte Weise.«

Das Wunder war ein Leitmotiv für Charms und seine Freunde, ein Thema, das sie immer wieder behandelten.

Ein weiteres Wunder:

Es hätte so kommen können, dass auf ihrem Platz ein Nichts steht. Mit unübersehbaren Folgen für die Entwicklung der russischen Literatur. Wir hätten ihre Namen lediglich in einigen Erinnerungsbüchern lesen können, wie z. B. bei dem Dramatiker Jewgenij Schwarz: »Eben bei ihnen begriff ich, dass Genialität nicht ein Grad der Begabung ist, oder nicht nur das, sondern eine besondere Veranlagung des ganzen Wesens.«

Wir kennen ihre Texte nur, weil einer von ihnen, der Philosoph Jakow Druskin, im belagerten Leningrad beinahe verhungert, sich eines Tages zur Wohnung des verhafteten Daniil Charms begab und dessen Archiv auf einem Kinderschlitten zu sich nach Hause brachte. Er hätte auf dem Hin- und

Rückweg unter den deutschen Bomben sterben können, oder am Hunger, wie mehr als eine Million Einwohner in Leningrad; oder er hätte verhaftet werden und das Schicksal seiner Freunde teilen können.

Daniil Charms verhungerte 1942 im Gefängnisspital, Alexander Wwedenskij starb 1941 beim Häftlingstransport, Nikolaj Olejnikow wurde 1937 verhaftet und erschossen, Nikolaj Sabolozkij kam 1939 in Haft, Leonid Lipawskij ist 1941 im Krieg gefallen. Jakow Druskin lebte bis 1980 im ständigen Dialog mit den Gegangenen, er schrieb: »Es ist peinlich, über sich selbst zu sprechen. Deshalb werde ich kurz sein: Mich interessiert die letzte Teilung. Was ich darunter verstehe, ist: Ich blieb allein.«

Nach den Oberiuten kam eine lange sowjetische Nacht. Erst etwa ab Ende der 50er Jahre versuchten die Nachgeborenen, eine schmale Brücke zu bauen zu der gewaltsam abgebrochenen Tradition. Dank Anna Achmatowa entdeckten Joseph Brodsky und sein Kreis die Poesie der klassischen Moderne. Aber noch nicht die Oberiuten. Michail Mejlach, der sehr viel für die Erhaltung und Verbreitung der Texte der Oberiuten getan hat, erinnert sich, wie distanziert, ja ironisch Brodsky sich ihnen gegenüber verhielt. Ebenso wie Achmatowa, seine Mentorin. Und sie verhielt sich so, weil sie dachte, die Oberiuten seien ihr gegenüber zurückhaltend, ja ironisch gewesen (was stimmte). So ist das literarische Leben.

Für die nächste Generation waren Achmatowa und Mandelstam schon selbstverständlich. Aber das »Tauwetter«, das dieses Erwachen ermöglicht hatte, war schon vorbei. Die Lyriker der 70er Jahre hatten keine Hoffnung auf kulturelle Freiheit (Brodsky und seine Altersgenossen hatten noch gehofft, wenn auch letztlich vergebens). Vielleicht fügten sich die Oberiuten besser in das triste Post-»Tauwetter«. Ihre Texte wirkten auf die damals in Leningrad entstehende sogenannte »zweite Kultur«, deren Transportmittel Schreibmaschinenkopien und Hauslesungen waren. Diese heute schon legendäre »zweite Kultur« ist für die gegenwärtigen jungen Dichter in Russland von großer Bedeutung. Und auf diese Weise bleiben die Oberiuten Schutzpatrone vieler angehender Literaten.

Wie leben Dichter in einem totalitären Staat? Man denkt an Hausdurchsuchungen, Verhöre, Lager usw. Richtig. Aber da ist auch das quälende Alltägliche: nicht zugehörig zu sein, arm zu sein, schlecht gekleidet zu sein, in einem dürftigen Ambiente zu wohnen, den anderen, die über bessere Anpassungsfähigkeiten verfügen, als ein sonderbarer Kauz vorzukommen. Man muss sehr widerstandsfähig sein, um sich von der allgemeinen Ästhetik abzuwenden und in einem winzigen Kreis eine autonome Welt zu schaffen.

1933 bis 1934 protokollierte (oder wie er selbst sagte: *fotografierte*) Leonid Lipawskij die Gespräche, die die Oberiuten in ihren kargen Zimmern bei spärlichem Essen und manchmal reichlichem Trinken führten. Diese Aufzeichnungen sind ein in der Literaturgeschichte einmaliges Dokument.

»Meine Ex-Frau hatte eine erstaunliche Fähigkeit. Jederzeit konnte sie mit der Hand bei sich an der Brust suchen und einige Flöhe herausholen. Ich habe solche Leute nie mehr getroffen. Mich beißen die Flöhe nicht so oft. Dafür sind das dann aber große Flöhe. So einer macht die Tür auf, hebt die Bettdecke hoch und legt sich hin, und für mich ist kaum noch Platz« – erzählte Charms seinen Freunden. Man erkennt hier sofort den Charms'schen poetischen Duktus. Die Oberiuten sprachen oft zugespitzt und entdeckten für sich das große Potential des Absurden. Sie hatten dafür den Begriff »Bessmysliza« – Unsinn. Sie liebten jede Form des Gesprächs, schrieben Dialoge, auch Stücke. Leonid Lipawskij: »Wie schön ist ein uneigennütziges Gespräch. Zwei Göttinnen stehen hinter den Redenden: Die Göttin der Freiheit und die Göttin der Ernsthaftigkeit. Sie schauen die Menschen wohlwollend und respektvoll an, sie hören interessiert zu.«

Die Oberiuten vollführten einen Sprung von Tschechow, dessen Alltagsgeschichten an der Schwelle zum absurden Theater stehen, in das Unbekannte des 20. Jahrhunderts. Bei allen Unterschieden zwischen Ost und West gab es im Verlauf des 20. Jahrhunderts doch einen gemeinsamen Atemrhythmus. Wenn wir heute die sowjetischen und die westlichen Filme aus den 30er oder 60er Jahren anschauen oder in der Mode dieser Zeit auf bestimmte Schnittblumen und Haarschnitte treffen, sehen wir eine erstaunliche Ähnlichkeit. Auch die Ideen und die Arten, sie in Wörter zu setzen, gehören dazu. Das Denken der Oberiuten stand der existentiellen Philosophie verblüffend nah. Und sie entdeckten das Absurde nicht nur vor Beckett und Ionesco, in einem gewissen Sinn waren sie auch radikaler: »Und überhaupt: jede Beschreibung ist unbestimmt. Der Satz: ›Ein Mensch sitzt, über seinem Kopf ist ein Schiff‹ ist bestimmt richtiger als ›Ein Mensch sitzt und liest ein Buch‹« – schrieb Wwedenskij. Hinter dem Absurden eines Beckett oder Ionesco bleibt immer noch ein Sinn zu vermuten. Der Aufbruch der Oberiuten in den Unsinn war kompromisslos konsequent.

Diese Radikalität ging einem der Freunde sogar zu weit: Bereits 1926 schrieb Nikolaj Sabolozkij »Meine Einwände gegen A. Wwedenskij, die Autorität des Unsinns« und verlangte eine allgemeiner gültige Logik. Es war vielleicht kein Zufall, dass Sabolozkijs Name als einziger schon damals außerhalb der Leningrader Boheme bekannt geworden war. Er überlebte das Lager und fing nach seiner Entlassung 1944 ein neues Leben als ein ganz anderer (obwohl auch guter) Dichter an.

Es wäre falsch, die Oberiuten als politische Dichter und ihre Spiele mit dem Unsinnigen als maskierten Protest gegen das Regime zu sehen. Sie waren keine Helden und suchten keine Konfrontation mit der Macht. Sie übten ihre eskapistischen

Literatenberufe aus (Kinderliteratur, Übersetzung), und außerhalb dieser Brotarbeit schrieben sie so, wie sie es selbst für richtig hielten. Sie fühlten sich als die Letzten, die Aussterbenden einer anderen Kultur, wie z. B. dieses Fragment aus den »Gesprächen« zeigt:

> »*Jakow Druskin*: Manche haben diese Veränderungen des Menschen, denen wir jetzt beiwohnen, vorausgesehen – als käme in der Tat eine neue Rasse zum Vorschein. Aber alle haben sich das ungefähr und unrichtig vorgestellt. Wir jedoch sehen es mit eigenen Augen. Wir sollten darüber ein Buch schreiben, ein Zeugnis ablegen. Denn später wird es unmöglich sein, diesen für uns so deutlich spürbaren Unterschied zu begreifen.
> *Leonid Lipawskij*: Das ähnelt den Aufzeichnungen des Marc Aurel in einem Zelt an der Grenze des Imperiums, in das er nicht mehr zurück kann und in dem er eigentlich nichts mehr zu suchen hat.«

Ein weiteres Oberiuten-Wunder: Einer der Oberiutenforscher, Vladimir Glozer, hat die Frau von Daniil Charms, Marina Malitsch, ausfindig gemacht. An der Karibikküste, in Venezuela. Nach dem Tod von Charms wurde sie evakuiert, sie geriet dann in die okkupierte Zone und wurde nach Deutschland gebracht, wo man sie als Sklavin in einen Haushalt gab. Nach dem Krieg ist es ihr gelungen, weiter nach Westen zu ziehen. – An einem wunderschönen sonnigen Wintertag wanderte sie zum Gefängnisspital mit einem Päckchen, das wohl ihre gesamte karge Ration im belagerten Leningrad enthielt; auf dem Weg über die vereiste Newa traf sie zwei Jungen, die vor Schwäche umfielen, sie ging weiter und erfuhr, dass Charms gestorben war. Reue stach sie wegen der beiden Jungen. – Glozers Buch ist nach Tonaufnahmen von Marina Malitsch verfasst. Viele Oberiutenfachleute meinen, das Buch sei frei erfunden. Ich aber kann nicht glauben, jemand sei so begabt, so etwas zu erfinden.

»Ich nehme an, wenn sich die Mode der ›unerforschten Landschaften‹ der russischen Literatur wieder legt, wird es ein ziemlich kleiner Teil der Leser sein, der Alexander Wwedenskij wirklich als ›seinen‹ Autor bezeichnen kann«, schrieb vor etwa 25 Jahren die vorzügliche Oberiuten-Forscherin Anna Gerasimowa und gründete unter dem Bühnennamen »Umka« eine (auch nicht schlechte) Rockgruppe. Heute kann man sagen, dass ihre kulturpessimistische Vermutung falsch war. Das Interesse ist erhalten geblieben und wächst noch immer. Der wirkliche Einfluss der Oberiuten auf die russische Dichtung beginnt jetzt.

DAS DIGITALE BABEL

1.

Die 1941 erschienene Erzählung »Die Bibliothek von Babel« von Jorge Luis Borges, in der die Welt als ein unendliches System von Bibliothekslabyrinthen dargestellt wird, liest sich heute wie eine Prophezeiung. Nicht ohne Computerviren: »Man erzählt von einer fieberhaften Bibliothek, wo sich zufällige Bände in einer ewigen Patience in andere Bücher verwandeln, alles durcheinander bringen und alles verneinen, was eben behauptet wurde, wie eine wahnsinnige Gottheit.« Aber bei aller Verwirrung: »Als verkündet wurde, dass die Bibliothek alle Bücher besitzt, kam als erstes ungehemmte Freude. Es gebe weder ein persönliches noch ein allgemeines Problem, für das keine Lösung gefunden werden könnte.« Und zuletzt: »Die Hoffnungen wurden naturgemäß von bodenloser Verzweiflung abgelöst.«

Die ruhmreichen Bibliotheken der Vergangenheit, die Borges' Visionen inspirierten, waren aus heutiger Sicht ein *Intranet*, dessen Vernichtung ein traumatischer Verlust war. Alexandria ist das berühmteste Beispiel dafür.

2.

Für die ersten Menschen war »Wissen« noch kostbarer als »Können«. Die bloße Information war lebenswichtig: Was ist hinter dem nächsten Hügel? Ein Fluss? Eine Wiese? Ein anderer Stamm? Eine Bärenhöhle? Heute sind Verlage und Bibliotheken dabei, die Nachschlagewerk-Abteilungen abzuschaffen: Alles ist *abrufbar*. Jeder ist potentiell im Besitz allen Wissens der Welt. Die kanadische Autorin Margaret Atwood beschrieb das in interessanter Parallelität zu der amerikanischen Interpretation der Schusswaffe als Ausgleich der Chancen (*If God didn't make men equal, Samuel Colt did*): »Hilft den Schwachen in ihrem Kampf gegen die Starken.« Anfänglich schon. Aber bald macht die Waffe die Starken noch stärker. Oder verwandelt die Schwächeren in die Stärkeren, und alles ist wieder beim Alten. Man kann nicht behaupten, dass der Fortschritt nichts im menschlichen Zusammenleben ändert, aber die Gesetze, nach welchen die einen (Menschen oder Länder) die anderen (Menschen oder Länder) beherrschen und ausbeuten, ändert das am Ende kaum.

Die ›westliche‹ Zivilisation ist relativ jung (wenn wir sie mit der chinesischen oder indischen vergleichen bzw. mit ihren unmittelbareren Vorfahren, der griechisch-römischen und der biblischen). Sie kann sich fragen: »Wie ging es den älteren, als sie so alt waren wie ich jetzt, ich bin auch nicht mehr die Jüngste.« Und die Antwort wäre: »Meine Liebe, du bist jetzt im Alter der Anthologien! Keine Bange, schließlich ist die Bibel auch eine!«

Eine entwickelte Kultur kommt zu Überfluss und verliert die Illusion, das gesamte Kulturerbe verwalten zu können. Anthologien und Centones prägen ihre weitere Entwicklung. China anthologisierte enorme Mengen enorm guter Gedichte, Alexandria und die spätrömische Antike pflegten die Cento-Literatur: Texte, die aus Fragmenten anderer, klassischer Texte bestanden. War das nicht etwas, das mit der Postmoderne vergleichbar wäre? Warum nicht? Was ist ein »klassisches« postmodernes Werk, wenn nicht eine persönliche Anthologie der Motive, Sujets, Personen der gesamten vorigen Literatur?

3.

Die Postmoderne wurde aus der Verzweiflung, die eine Folge der Übersättigung war, geboren. Von Poststrukturalisten wurde sie als Erschöpfungserscheinung beschrieben, in der Annahme, dass jeder Text immer nur ein Cento und ein Palimpsest sei, also nur die Kombination aus bereits Gesagtem, die auf das bereits beschriebene Blatt eingetragen wird. Nicht nur Literatur, das Bewusstsein eines jeden Menschen sei eine gigantische Legokonstruktion, und ein schöpferischer Akt sei daher unmöglich. Die Autoren hätten antworten können, der Sinn der Literatur liege darin, das zu widerlegen: Jedes gelungene Werk ist eine Neuerschaffung der Sprache, und lieber solle sich ein Autor in eine lächerliche Situation manövrieren, als in der sicheren Banalität zu bleiben. Sichere Banalität war jedoch das, womit die Postmoderne gerne gespielt hatte, weshalb sie auch so erfolgreich war. Will sagen, die Autoren waren beflügelt von dem erlaubten Kombinieren der Zutaten aus dem kollektiven Topf. Und der Leser? Wenn (nach Barthes) der »Tod des Autors« die »Geburt des Lesers« bedeutete, dann ist der Autor für nichts gestorben: Der Leser wollte die ihm gegebene Freiheit nicht ergreifen, auf der Höhe eines Textes der gleichberechtigte Partner dieses Textes zu sein. Der Autor wurde zurückgeholt. Aber bleich und schwach wie der biblische Lazarus. Während er im Jenseits unterwegs war, wurde seine Freiheit, von sich selbst nicht zu wissen, in Frage gestellt. Er kam zurück als vormoderner Erzähler, aber im Unterschied zu diesem tatsächlich naiv.

Das Ende der Postmoderne war eine Ermüdung von der Ermüdung, von der Ironisierung und von der geschützten Distanzierung des Erzählens, wie es zum Beispiel David Foster Wallace 1993 in seinem Essay »E Unibus Pluram: Television and U.S. Fiction« registrierte:

»Die alten postmodernen Rebellen setzten sich der Empörung aus, der Zensur, den Beschuldigungen, sozialistisch, anarchistisch, nihilistisch zu sein. Die neuen Rebellen könnten die sein, die bereit sind zu riskieren, dass man gähnt, mit den Augen rollt, kalt lächelt, sich über sie mokiert, die talentierte Ironie parodiert (›Wie banal!‹). Die Rebellen beschuldigt, sentimental zu sein.«

Für ihn transportierte die Postmoderne Ironie, Gleichgültigkeit und Kälte, das Gefühl, dass nichts tatsächlich wichtig ist. Seine Sehnsucht nach Ernsthaftigkeit geht von der Weltwahrnehmung einer Generation aus, die vom TV, das die Mittel der Postmoderne trivialisiert habe, geprägt wurde. Die Epoche des allumfassenden Internets begann kurz danach. Und brachte wahrscheinlich die Rückkehr des postmodernen Zeitgefühls mit sich. Vielleicht sogar etwas verstärkt.

4.

Es gibt noch eine beeindruckende Internet-Metapher, die zur Zeit der Schreibmaschine (1988) entstand, als man noch nicht ahnen konnte, welche Siebenmeilenstiefel aus den Internet-Kinderschuhen würden: den Roman »Wittgensteins Mätresse« des US-amerikanischen Autors David Markson. Es geht um eine Frau, die der letzte Mensch auf der Erde ist und auf der Schreibmaschine einen unendlich wirkenden Text aus den Fetzen allen Wissens tippt: Zitate aus gelesenen und nie gelesenen Büchern; Namen und Geburtsdaten von Berühmtheiten, »unzusammenhängende Verworrenheiten«: »Anna Kareninas Katze wurde von einem Zug überfahren«; »Rainer Maria Raskolnikow« usw. In diesem Riesentext ist das ganze

Wissen gleichzeitig da, aber nur »annähernd«, ein gutes Wort, das diese hypothetische, aber scheinbare Nähe des Wissens bezeichnet. Aus dem Buch heraus schreit ein verzweifelter Mensch, der in seiner Wissensgier gescheitert und zur Sinnlosigkeit verdammt ist.

Vielleicht sind die heutigen postmodern anmutenden Texte eine Gegenreaktion auf die Kehrseite, auf die Illusion, dass »Kultur« überflüssig sei? Darauf, dass auf dem Hintergrund des unbegrenzten und allen zugänglichen Wissens im Zusammenspiel mit der sich reduzierenden Bildung immer weniger Menschen in der Lage sind, einen längeren zusammenhängenden Text zu lesen und zu verstehen (was wahrscheinlich das Problem des Kultur-Überflusses auf eine einfachere, nicht postmoderne Art löst).

Irgendwann macht jede gesellschaftliche Bewegung kehrt. In der »Bibliothek von Babel« ist auch die postkulturelle Sehnsucht nach Bildung zu finden: »Ich kenne Orte, wo die jungen Menschen die Bücher mit dem Elan von Heiden anbeten und die Seiten küssen, ohne auch nur einen Buchstaben lesen zu können.«

DIE ZEIT ALS HAUSTIER
(Betrachtung einer Uhr)

Eine jede Uhr ist ein Versuch, die Zeit in einen Käfig zu stecken. Aber die Zeit ist so ein Vogel, der jedem Käfig entflieht. Oder ihn sprengt. Sie ist noch größer als der chinesische Vogel Peng aus der alten daoistischen Fabel von Zhuangzi, dessen Spannweite niemand kennt und der zusammen mit dem Wind vom nördlichen Meer zum südlichen Meer fliegt und den Himmel wie eine Riesenwolke verdeckt. Die Zeit ist ein so großer Vogel, dass das Verhältnis andersherum ist: Nicht sie ist im Käfig, sondern ihr Käfig, die Uhr, ist in der Zeit eingeschlossen, und es ist nur unsere Illusion, dass wir diesen Vogel einsperren können.

Er ist bekanntlich ein Raubvogel, dem nichts und niemand entgeht. Trotzdem sind alle Uhren hauptsächlich dazu da, die Illusion zu pflegen, dass wir das Ungeheuer domestizieren und zähmen können. Die Sonnenuhr war noch eine Freilandhaltung der Zeit. Man fand sie jedoch immer noch zu wild und zu mächtig und sperrte sie in die Sanduhr, deren anderer Name, Stundenglas, die Vorstellung enthält, dass sich in einer Uhr Stunden befänden. Allerdings ist die Sanduhr mit der eingesperrten Zeit noch unheimlicher als die sie frei haltende Sonnenuhr: Die versiegelte Zeit verspottet ihren Betrachter: *Schau, so verrinnt die Zeit deines Lebens. Mich kannst du umdrehen und von vorne beginnen, ich bin ja ewig und du ja nicht*, wie es auch der wunderbare barocke Dichter Paul Fleming schrieb (Hervorhebungen von mir):

»Der Mensch ist in der Zeit; sie ist in ihm ingleichen.
Doch aber *muss* der Mensch, wenn *sie noch bleibet, weichen.*«

Die paradoxe Natur der Zeit als einer zerstörerischen und einer schöpferischen Kraft zugleich fasziniert und beängstigt die Menschen, seit sie sich als strebende und sterbende Wesen begriffen haben. Aber kaum eine Epoche hatte eine so leidenschaftliche Beziehung zu der Zeit wie das Barock mit seinen zwei prägenden Gefühlen: Lebenslust und Todesangst. Vanitas ist noch kein Grund zur Askese, im Gegenteil, lassen wir es uns gutgehen, Memento mori, sagen Sie? Na ja, umso üppiger gestalten wir unsere Feste. Auf einer Ballettbühne tanzt der Tod in feinem Spitzenpantalon mit und schwingt elegant seine Sense. In Rosengärten fiedeln Skelette zwischen marmornen Amors und Psychen. Die erloschene Kerze steht neben den im Mondlicht glänzenden Perlen. Die Verschwendung und die Verwesung drehen ihre Pirouetten Hand in Hand und gehen ineinander über. Das Barock hat auch die Entwicklung verschiedener Mechanismen, die das Leben schöner machen, in Schwung gebracht und eine Bewegung ausgelöst, die bis heute nicht aufhört und immer schneller wird. Das Barock hat auch die mechanische Uhr vervollständigt. Im Vergleich zu dieser wird das frühere Symbol der Vanitas, das Stundenglas, nach einer Weile sogar gemütlich erscheinen. Ernst Jünger wird im 20. Jahrhundert in dem sichtbaren Häufchen in der unteren Hälfte der Sanduhr Trost finden: »Man konnte diesen Berg, der aus verlorenen Augenblicken sich häufte, als tröstliches Zeichen dafür nehmen, dass die Zeit wohl ent-, nicht aber verschwindet.« Und der mechanischen Uhr, der »mechanischen Zeit«, wird er etwas Seelenlos-Dämonisches zuschreiben.

In einer mechanischen Uhr hört man den Herzschlag der Zeit. Alle wissen, wie quälend das harmlose Ticken der Uhr in einer schlaflosen Nacht sein kann. Wahrscheinlich ahnte das Barock, dass dieser von ihm ausgelöste Gang zu einer Verselbständigung der Technik führen würde, und versuchte mit Üppigkeit und Glanz das unaufhaltsame und eigentlich unsichtbare Rinnsal der Zeit, das erst die Uhr sichtbar macht, wieder zu verbergen, aber nach dem Motto: Wenn du etwas verstecken willst, solltest du das an einer gut sichtbaren Stelle platzieren. Die Uhr führt ihre Funktion nicht in bescheidener sachlicher Verborgenheit aus, sie prahlt und protzt.

Das die Epoche des Barock abschließende Rokoko will davon nichts mehr wissen. Es will nicht an die Zeitlichkeit gemahnen, sondern es beschwichtigt uns mit kleinen Engeln und blauen Vergissmeinnicht und roten Wildröschen und putzigen Schneckchen und Mäuschen. Das Türchen, das die Räder und Federn des Uhrwerks, dieses unheimlichen Herzens der mechanischen Zeit, absperrt, ist mit einem chinesischen Garten bemalt, in dem aber nicht der Riesenvogel Peng lebt. Auf den blühenden Ästen sitzen Pfauen. Die Rokoko-Chinesen in diesem Garten scheinen keine Ahnung zu haben, was Zeit ist. Freilich teilen wir diese Ahnungslosigkeit mit ihnen. Je mehr sich die Physik mit der Zeit beschäftigt, desto weniger ist sie davon überzeugt, dass sie die Zeit versteht. Viel weiter als Paul Fleming sind wir auch heute nicht, und er sagte uns, dass wir keine Ahnung haben, was die Zeit ist:

Ihr lebet in der Zeit und kennt doch keine Zeit;
So wißt ihr Menschen nicht von und in was ihr seid.

Wie verschieden die Uhren der Vergangenheit auch waren, sie waren ausnahmslos Exklusivität, Kostbarkeit. Eine Uhr zu besitzen war das Zeichen einer sehr hohen Stellung in der Gesellschaft und eines sehr großen Reichtums. Die öffentliche Uhr an der Kirche oder am Rathaus diente allen, war aber auch ein Statussymbol dieser Institution. Und im Inneren der Kirche hatte sie eine zusätzliche Funktion, dem Prediger zu zeigen, wie lange er predigt (Martin Luther wird ein schöner Spruch zugeschrieben: »Ihr könnt predigen, über was ihr wollt, aber predigt niemals über vierzig Minuten.«). Die Uhr im persönlichen Besitz, Tisch-, Taschen- und Armbanduhr, war ein Ding fürs Leben und über das Leben hinaus, weil man sie vererben konnte und gerne erbte. Als die Uhr mehr und mehr zur Massenware wurde, haben Uhrmacher mehr und mehr Mittel entdeckt, die sie weiterhin als Luxus gelten ließen. Und heute hat man uns digitale Wunderuhren aufgezwungen, die genauso teuer wie Luxusmarken sein können, aber in einigen Jahren überhaupt keinen Wert mehr haben (ein wenig ist es wie mit den Zähnen: Implantate kosten nicht weniger als früher die Goldzähne, aber sie haben keinen Wert, der über den unmittelbaren Nutzen hinausreichen würde. Man kann es sich nicht mehr anders überlegen und aus einem Zahn einen Ehering machen. Dafür wird natürlich niemand wegen seiner künstlichen Zähne ermordet).

Einmal habe ich in einem Café mitbekommen, wie am Nachbartisch ein junger Mann seinen Freunden eine mechanische Uhr zeigte, die er von seinem Onkel geerbt hatte. Im Besitz von ihr zu sein, fand er zwar cool, war sich aber nicht sicher, wie man sie pflegt. Wie oft muss man sie aufziehen? Die Meinungen lagen weit auseinander: von ein paar Malen am Tag bis höchstens einem Mal pro Woche. Muss man sie ganz bis zum Anschlag aufziehen? Da waren auch verschriene Ideen, denn so eine Uhr kann man doch schnell kaputt machen. Soll man sie reinigen? Wie und wie oft?

Das klang so, als hätte der junge Mann ein Haustier geschenkt bekommen, was natürlich die Idee bekräftigt, dass die Uhr ein Käfig für die Zeit ist. Die gezähmte Zeit verlacht die große Zeit draußen, ähnlich wie eine kleine Wachtel aus demselben chinesischen Buch von Zhuangzi über den Riesenvogel

Peng lachte: »Wohin nur will er? Ich zum Beispiel springe ein bisschen in die Luft und komme gleich zurück zum Boden. Ich hüpfe in den Büschen von Zweig zu Zweig, und das genügt mir völlig.« So sei der Unterschied zwischen dem Großen und dem Kleinen, resümiert Zhuangzi.

PORNOGRAPHIE DER VÖGEL

Die faszinierendsten aller Vögel sind die Papageien. Weil sie sprechen. Sie sind unheimlich. So wie ein Mensch unheimlich ist, der zwitschert. Oder tschilpt.

Das ist Pornographie. Sowohl der tschilpende Mensch als auch der sprechende Papagei. Ich sollte mich an dieser Stelle erklären. Es gibt einen Roman von Witold Gombrowicz, der »Pornographie« heißt, aber keine einzige Stelle enthält, die normal pornographisch wäre, sondern voll von kleinen Verschiebungen und angedeuteten Peinlichkeiten ist. Dieser Roman ist eine feine Definition des Pornographischen: Das ist etwas, das auf eine nicht ganz klare Weise nicht ganz in Ordnung ist, uns beunruhigt und unseren Sinn für das Anständige verletzt.

So sind die sprechenden Papageien. Oder die miauenden Ziegen. Oder die fliegenden Schildkröten. So sind Kinder, die von Erwachsenen aufgefordert werden, Dinge zu wiederholen, die sie nicht verstehen können. Die Erwachsenen lachen. Die Kinder verstehen nicht, warum, lachen mit.

Zurück zu den Papageien. In Queneaus »Zazi in der Metro« finden wir ein prächtiges Exemplar, das allen unterstellt, dass sie nur zum Quasseln fähig seien, und dem man abkauft, dass es der Klügste sei. Freilich sieht man da gleich, was der einfachste Weg ist, sich als weise hervorzuheben.

Einen anderen liebe ich seit meiner Kindheit: den Papagei Flaubert aus einem russischen Chanson der 1920er Jahre, der immer wieder »Jamais« sagt und »auf Französisch« weint.

Mein Liebling ist ein schiffbrüchiger Papagei aus einem Gedicht von Jelena Schwarz, »das rot-goldne, grüne und bläuliche Häufchen« auf einem Brettchen im Meer; er hat keine Aussicht auf Rettung und quasselt, was er kann: »God damn! Gewissermaßen und streng genommen.«

Natürlich gibt es viele andere, verrauchte Papageien aus einer Piratenkombüse; Papageien auf Leierkästen, die ihren Kopf zur Seite neigen, als seien sie der Musik gegenüber skeptisch; ein grüner Papagei in einem französischen Gedicht aus dem 15. Jahrhundert, das ich nachgedichtet habe. Das war wahrscheinlich eine Variation auf Catulls Spatz, wahrscheinlich ist der grüne Vogel ebenso gestorben, ich weiß es nicht mehr; oder die Dame liebte ihn mehr als den armen Dichter. Anders als bei Catull war das ein langer Text. In alexandrinischem Versmaß. Ich erinnere mich nicht mehr an den Namen des Dichters, sondern nur daran, wie mir eine Freundin half, die Rohübersetzung, die mir als Vorlage diente, zum Klingen zu bringen, sie las mir den Text auf Französisch vor; und daran, wie ich viele Jahre später mit ebendieser Freundin vor dem Schloss von Blois stand, wo der Herzog Charles d'Orléans Poetenturniere statt Ritterturniere veranstaltet hatte, wo auch François Villon zu Gast war und seine Variation zum *Verdursten über dem Bach* beisteuerte. Von einem dieser Dichtertreffen stammte das Grüner-Vogel-Gedicht. Die Anthologie, für die ich das übersetzte, erschien leider nicht, weil gerade ein Umbruch der Zeit begann, die Sowjetunion ging unter, ich reiste nach Deutschland aus, der Verlag, der das Buch plante, verlor wahrscheinlich das Manuskript, und ich habe keine Kopie und weiß nicht einmal, wie der Dichter heißt.

Ich lasse hier nur die bunten Papageienfedern schweben, die mein Gedächtnis aufbewahrt hat. Ich werde nicht nachschlagen. Das wird eine Belebungskur für mein Gedächtnis sein: nur das zu wissen, was ich wirklich noch weiß, ohne das externe Google-Gedächtnis einzuschalten.

Wir alle wissen plötzlich alles und bewundern uns gegenseitig aus der digitalen Vogelperspektive. Die künstliche Intelligenz und das externe Gedächtnis sind mit sich selbst kurzgeschlossen, es entsteht unendliche Wikipedia-Literatur, die alles und nichts weiß. Sie weiß genau, in welchem Jahr welcher Dichter wegen welcher Dame auf welchen Vogel eifersüchtig geworden ist – aber dieses Wissen verflüchtigt sich, hinterlässt nicht einmal vage Spuren von einer Dame und einem Vogel. Das sind Schätze, die Piraten und ihr Papagei nach einer langen Reise und vielen Abenteuern endlich erreicht haben, aber: Sie öffnen die Schatztruhe und finden dort nur die Fotografien der Schätze. Der Papagei lacht und wird erschossen.

Ich habe plötzlich mit erschreckender Klarheit gesehen, wie wir alle zu Cyborgs werden: Eine natürliche Intelligenz ist mit einem künstlichen Gedächtnis ausgestattet. Ein zwitschernder Mensch. Ein sprechender Papagei. Ein pornographischer Papageienmensch, der nur so tut, als würde er sinnvoll sprechen. Eine fliegende Schildkröte. Ein nackter Igel. Diogenes hatte recht, wenn er einen Hahn rupfte und ihn »Platons Mensch« nannte. Das sind wir, bin ich, denn ich habe eben auch gegoogelt, wer von beiden (Platon, Diogenes) genau was gesagt hat, obwohl das Buch mit grünem Umschlag, in dem ich das gelesen hatte und nun hätte nachschlagen können, in meiner Sichtweite steht. Nur ist es kein Hahn, sondern ein Papagei, was ohne das Federkleid, ohne die Federpracht sowieso ununterscheidbar ist.

Es gibt auch eine Papageieneiche. Jeweils eine in der genauen geometrischen Mitte jedes Kontinents. Anders, als man hätte denken können, trägt sie keine Papageien, sondern es wachsen auf ihr beschriebene Blätter. Das sind Sicherheitskopien aller Literatur des jeweiligen Kontinents, der alten, der neuen und der zukünftigen (besonders neugierig darf man natürlich auf den Baum in der Antarktis sein). Ohne ein Wort zu verstehen, lässt der Baum die Blätter sich im Frühling entfalten, im Sommer rauschen, im Herbst fallen und im Winter aufs Neue in Papageienschnäbeln knospen.

GEBRATENE NACHTIGALLEN
(Russische Dichter im Ersten Weltkrieg)

Als sich die Sowjetunion Ende der 80er Jahre aufzulösen begann und die Zensur in Russland aufgehoben wurde, versuchten wir (d. h. eine Gruppe junger Dichter und Übersetzer) eine Anthologie der Lyrik des Ersten Weltkrieges zusammenzustellen, in der Dichter aller beteiligten Länder vertreten sein würden. Neben der Absicht, alle unter einem Buchdeckel unterzubringen, war die Hinwendung zu diesem Krieg als solche eine Neuheit, denn er wurde in der Sowjetunion als Vorstufe zur Revolution behandelt und an den Rand des aktiven Wissens verdrängt. Diese Anthologie blieb, wie viele damalige Projekte, ein nicht realisiertes Vorhaben. Wie ich heute sehe, kam die Idee aus einem naiven Gefühl vom »Ende der Geschichte«, wenn auch nicht vom Ende der Geschichte insgesamt, wie es der damals in aller Munde gewesene Francis Fukuyama gehofft hatte, so doch zumindest innerhalb Europas (nicht der EU, sondern des Kontinents, wie man ihn im Erdkundeunterricht definiert).

* * *

»Im März 1914 kam mein zweites Buch heraus – ›Der Rosenkranz‹. Ihm waren etwa sechs Wochen Leben vergönnt. Anfang Mai begann die Petersburger Kultursaison abzuklingen, alle verreisten nach und nach. Diesmal war es ein Abschied von Petersburg für immer. Wir kehrten zurück nicht nach Petersburg, sondern nach Petrograd, aus dem 19. Jahrhundert abrupt in das 20.«, so erinnert sich Anna Achmatowa an den

Anfang des Ersten Weltkrieges (der Name der Stadt wurde kriegszeitgemäß russifiziert). In Russland war es nicht nur das endgültige Ende der *Belle Époque*, eines einzigartigen Aufblühens der Kultur und der Wirtschaft, sondern auch das einer rapiden Modernisierung der Gesellschaft. Mit einem Schlag war nun alles in einen Albtraum verwandelt.

Achmatowa überlebte die schlimmsten Albtraumerscheinungen und schrieb in ihren späten Jahren lakonische, ausdrucksstarke Erinnerungsnotizen. Wir sehen sie, ihren damaligen Mann Nikolaj Gumiljow und Alexander Blok: »Da sind wir zu dritt (Blok, Gumiljow und ich) und essen im Bahnhofsrestaurant in Zarskoje Selo (am 5. August 1914), es sind die ersten Tage des Krieges (Gumiljow ist bereits in Uniform). Blok besuchte zu dieser Zeit die Familien der Eingezogenen, um ihnen zu helfen. Als wir wieder zu zweit waren, sagte Gumiljow: ›Ist es wirklich möglich, dass man auch ihn an die Front schickt? Das wäre ja wohl, als wolle man Nachtigallen braten.‹«

Um diese Worte Gumiljows richtig zu verstehen, muss man wissen, welchen Status der damals 34-jährige Blok in Russland hatte. Gerade das ist allerdings schwierig zu beschreiben, es gibt keine vergleichbare Position für einen Dichter in der Gegenwart. Er wurde einfach von allen verehrt.

Blok wurde 1916 eingezogen, aber nicht an die Front geschickt, sondern als Baubeamter für die Verteidigungsanlagen eingesetzt, wenn auch in Hörweite der Gefechtslinie. Als ein symbolistischer Dichter, sah er alles, was ihm begegnete, im Lichte der Ewigkeit: »Jahrhunderte vergehen, der Krieg tobt, / der Aufruhr erhebt sich, die Dörfer stehen in Flammen, / Und du, mein Land, bist immer dasselbe / In verweinter antiker Schönheit.« Er nahm seine neue Aufgabe sehr ernst, aus einem Dichter, dessen Poesie mit den Stichwörtern »Wahnsinn« und »Abgrund« gespickt war, wurde ein gewissenhafter Beamter.

Nikolaj Gumiljow meldete sich als Freiwilliger beim Militär, was seinem romantischen Bild von Mannhaftigkeit entsprach. So gesehen war in seinen Worten über Blok möglicherweise außer der Pietät auch ein bisschen Herablassung. Er war ein großer Reisender, hatte Ambitionen als Afrika-Forscher, war mit dem legendären letzten Kaiser von Abessinien Haile Selassie I. bekannt, der heute von den Rastafari als Messias erwartet wird (in Petersburg werden Gumiljows Fotos von Haile Selassie I. und seiner Frau aufbewahrt). Aus abenteuerlich-romantischen Gründen bewunderte er den Abenteurer Gabriele D'Annunzio, und als dieser 1915 in einer öffentlichen Rede Italien zum Kampf an der Seite der Triple Entente gegen die Mittelmächte aufrief, schrieb Gumiljow sogar eine Ode an ihn: »Italiens Schicksal ist das Schicksal / Seiner feierlichen Dichter.« Außer Gumiljow war nur noch ein Dichter freiwillig im Felde: Benedikt Liwschitz, der keine Vorliebe für Abenteuer hatte, aber vielleicht einen Sinn für das Paradoxe: Als Lyriker mit der Veranlagung zu klassischer Prosodie fing er mit den gerade diese Prosodie ablehnenden Futuristen an, auch sein freiwilliges Soldatentum war paradox, nichts in seinem Werk und Leben erklärt diese Geste. Beide Freiwilligen bekamen Tapferkeitskreuze, beide kehrten unversehrt zurück.

Und die anderen? Es wäre eine lange Liste, wer aus welchem Grund *nicht* in die Schützengräben ging. Um die Bekanntesten zu nennen:

Wladimir Majakowski meldete sich zwar freiwillig, aber aufgrund seiner früheren politischen Aktivitäten galt er als unzuverlässig und wurde abgelehnt. Er begnügte sich damit, patriotische Verse zu verfassen, und wechselte, nicht anders als die meisten seiner Zunft, in Kürze zur Antikriegsdichtung über.

Der 1914 erst 19-jährige Sergej Jessenin stand gerade am Anfang seiner Karriere: Nachdem er sich bei den Großen der Literaturszene vorgestellt hatte, auch bei Alexander Blok, wurde er als Rohdiamant aus dem Volke in die elitären Salons eingeladen, wo er nicht nur seine Gedichte vortragen durfte, sondern auch Volksliedchen zu singen hatte. Eigentlich war er ein ganz normaler junger Literat, der diese Maskerade in Kauf nahm, weil sie der beste Start zum Erfolg war. Er versuchte sich auch an Literaturkritik: In einem kleinen Übersichtsartikel über die Frauendichtung der Kriegszeit unterteilt er alle Lyrikerinnen in weinende Jaroslawnas (die Gemahlin des Fürsten Igor aus einem altrussischen Poem) und ermutigende Jeanne d'Arcs. Das klingt heute als giftiger Witz, war aber ernst und lobend gemeint. Als er 1916 einberufen wurde, besorgten ihm seine Gönner eine Stelle in einem Sanitätszug im Petersburger Vorort Zarskoje Selo unter der Schirmherrschaft der Zarin. Dort setzte er seine folkloristischen Auftritte fort, nun auch vor der Zarin und ihren Töchtern, und begeisterte sie wohl mit seinen goldenen Locken, die einige Jahre später der Tänzerin Isadora Duncan das Herz raubten.

Boris Pasternak wurde wegen einer früheren Beinverletzung nicht eingezogen, wollte aber der Front und dem Vaterland nützlich sein – er heuerte in einer Munitionsfabrik im Ural als Kontorist an und verwendete diese Erfahrung später für seinen Roman »Doktor Schiwago«.

Der herzkranke Ossip Mandelstam blieb zu Hause. Er schrieb einige großartige Zeilen über sein geliebtes Europa, das nicht mehr das alte sein wird: »Vor meinen Augen ändert sich deine rätselhafte Landkarte!«

Auch Wladislaw Chodassewitsch wurde aus gesundheitlichen Gründen vom Dienst befreit. Ein enger Freund von ihm, Samuil Kissin, war an der Front und jagte sich infolge einer Depression 1916 eine Kugel in den Kopf, ist aber, im Unterschied zu Georg Trakl, der den Kriegs- und Lebensschrecken mit Kokainüberdosis entfloh, in der Literaturgeschichte nur dank Chodassewitschs Erinnerungen präsent.

* * *

Zwei Freiwillige, die wohlauf zurückkehrten, und viele, die gar nicht da waren? War's das? Welch ein Unterschied zu den anderen Ländern, wo Nachtigallen zuhauf in die Bratpfanne flogen. Gab es keine expressiven Figuren wie Apollinaire, der monatelang heroisch seinen blutgetränkten Stirnverband trug und am Ende des Krieges an der spanischen Grippe starb? Oder wie Wilfred Owen, dessen Todesnachricht bei seinen Eltern gleichzeitig mit dem Glockenläuten eintraf, das das Kriegsende meldete? Solche Figuren, die stellvertretend für Täuschungen und Enttäuschungen und für das Leiden von Millionen stehen, Figuren, deren Schicksale eine Fortsetzung der Mission eines Dichters sind, das exemplarisch zu formulieren, was für viele zutrifft. Fortsetzung der Poesie mit anderen Mitteln, mit dem eigenen Blut. Gab es sie unter den Russen nicht? Ja und nein. Die Nachtigallen wurden später gebraten. Das Schicksal scheint sie im Ersten Weltkrieg zu verschonen, um sie später einem nicht weniger qualvollen Leid auszuliefern.

Alexander Blok starb 1921, tief depressiv und von der Revolution enttäuscht.

Nikolaj Gumiljow wurde 1921 hingerichtet, weil seine romantische Natur ihn zu einer monarchistischen Verschwörung hinführte oder zumindest zur Inszenierung einer solchen. Bekannt ist sein Spruch: »Ich glaube nicht, dass die Bolschewisten gefährlicher sind als die Löwen!« Er dachte wieder an sein Afrika.

Sergej Jessenin erhängte sich 1925.

Wladimir Majakowski erschoss sich 1930. Aus seinem

Traum, der erste Dichter des kommunistischen Staats zu sein, wurde nichts. Totalitäre Regime sind nicht mit dichterischen Persönlichkeiten vereinbar. Und hatten deutschsprachige Dichter, denken wir an Gottfried Benn oder Heimito von Doderer, damit gerechnet, an die Spitze der nazistischen Hierarchie zu gelangen, so wurde auch daraus nichts.

Mandelstam starb 1938 im Lager.

Benedikt Liwschitz wurde 1938 erschossen. Der Untersuchungsrichter, der seiner Frau, der schönen Ballerina, den Richterspruch mitteilte: 10 Jahre ohne Erlaubnis zum Briefwechsel (das war ein heuchlerischer und zynischer Euphemismus für das Todesurteil), hatte Mitleid und sagte, sie könne sich scheiden lassen. Sie antwortete, die Wahrheit ahnend: »Ich lasse mich nicht von Toten scheiden.«

Chodassewitsch starb 1939 im Pariser Exil, krank und arm. Seine letzte Frau starb 1942 in Auschwitz.

* * *

Selten gibt es eine Kunstepoche, deren Ästhetik den kriegerischen Tugenden so fernsteht. An die Front gingen junge Männer mit verfeinerter Psyche, die kaum jemand in Verbindung mit einer Kriegerkarriere sehen würde, die aber eine ekstatische patriotische Seite in sich entdeckten. Etwa der wie Jessenin goldgelockte Rupert Brooke: 1912 erlitt der hübscheste Mann Englands, wie ihn W. B. Yeats nannte, einen Nervenzusammenbruch und reiste nach Europa, um sich zu erholen. Im Berliner »Café des Westens« schreibt er sein berühmtes Gedicht »The Old Vicarage, Grantchester«, in dem er sich nach den englischen Wiesen sehnt, »Where das Betreten's not verboten«, nach dem namensgebenden Grantchester, wo er nackt im Fluss badete (einmal sogar mit Virginia Woolf) und der Liebling aller war; in Grantchester tranken Künstler und Philosophen Tee unter den Bäumen, während in Berlin »Temperamentvoll German Jews / Drink beer around« (interessant, wer war das in diesem von der Boheme frequentierten Café? Else Lasker-Schüler? Erich Mühsam?). Es heißt, das sei ein Anfall von Heimweh gewesen, doch nüchtern gesehen ist es die überzeugte Aussage eines Patrioten, durchaus im Einklang mit seinen vielgerühmten späteren Kriegssonetten: »If I should die, think only this of me: / That there's some corner of a foreign field / That is for ever England« (»Denkt einzig dies von mir, wenn sterben ich gesollt: / Dass hier ein Eckchen ist in einem fremden Feld / Das ein Stück England ewig sei«). Er ging zwar in die Marine, starb aber im April 1915 an einer Blutvergiftung, die die Folge eines Mückenstichs war, bevor er die wirklichen Schrecken des Krieges sehen konnte. Die, die etwas länger überlebten, begannen gegen den Krieg zu dichten.

* * *

Aber ganz am Anfang wurden alle von patriotischen Gefühlen getragen. Fragt man heute, worum es ging, wird ein durchschnittlicher gebildeter Mensch die Stichwörter natürlich nennen können: Mord am österreichischen Thronfolger, gegenseitige Verpflichtungen der Monarchen, Serbien usw. Aber das Herz dieses Menschen wird ruhig bleiben. Auch damals, als die Gefühle aufbrausten, waren die Vorwände niemandem wirklich wichtig. Archaische Kräfte wurden freigelassen und setzten sich patriotisch-romantische Masken auf. In solchen Fällen handelt es sich bestimmt um einen ansteckenden Massenwahn, für den die Wissenschaft eines Tages vielleicht einen verantwortlichen Virus findet. Eine gewaltige Eskalation der Emotionen befiel alle, auch die Dichter, die dafür gelungene oder weniger gelungene Worte fanden.

Wäre uns die Herausgabe jener Anthologie damals gelungen, wäre das eine deprimierende und für alle Seiten beschämende Lektüre gewesen, besonders im chronologisch ersten Teil, vor der Ernüchterung. Die besten russischen Gedichte über den Ersten Weltkrieg wurden überhaupt Jahre danach geschrieben. Eines der großartigsten Gedichte des 20. Jahrhunderts sind die »Verse vom unbekannten Soldaten«, Mandelstam schrieb das Gedicht 1937, ein episch allumfassendes Bild der Gräueltaten, ausgehend von diesem Krieg, wie die Geburtsdaten der Eingezogenen im Gedicht klagen: »Ich bin '94, / Ich bin '92 geboren.« Die Dichter, die im Krieg und unmittelbar danach umgekommen sind, hätten ihre besten Kriegsgedichte möglicherweise ebenso erst später verfasst.

* * *

Nach dem Zweiten Weltkrieg schrieb der serbische Dichter Miloš Crnjanski, der in der Hölle des Ersten Weltkrieges gewesen war, dass die Veteranen eines vorigen Krieges den Beteiligten eines vorvorigen nicht zuhören wollen. Das ist wahr. Aber inzwischen wissen wir, es war ja im Grunde derselbe Krieg. Und wir können immer wieder die Geschichten von diesem Krieg erzählen. Bis es tatsächlich ein voriger Krieg bleibt und nicht ein vorvoriger wird. Wahrscheinlich ist der nächste umso entfernter, je mehr uns dieser Krieg noch beschäftigt.

Als ich zum ersten Mal an diesen Essay dachte, wusste ich nicht, wie beunruhigend aktuell all das plötzlich werden würde. Ich schreibe langsam und nehme mir Zeit, nachzudenken. Manchmal ändert sich der Gegenstand des Nachdenkens während des Denkens, sogar wenn es scheinbar ein geschichtlicher Gegenstand ist. Es ist das traurige Aperçu von Anna Achmatowa überliefert, dass in den Jubiläumsjahren des großen Dichters Michail Lermontov eine Katastrophe erfolgt. Seine Lebensdaten: 1814 bis 1841. Ahnte sie, die manchmal behauptete, die Zukunft vorhersehen zu können, dass man 2014 die Augen des Massenwahns so nah vor sich sehen würde?

IV

DER GOLDENE APFEL DER ZWIETRACHT

KRIM-TAGEBUCH 2017

August / September
Jede Geschichte kann man auf viele bis zur Verwechslung verschiedene Weisen erzählen. Ich werde versuchen, nicht zu interpretieren, so wenige Hintergründe wie nur möglich zu geben, nur darüber zu erzählen, was ich selbst sehen und hören werde.

Aber ich bereite mich auf diese Reise vor. Ich lese, ich telefoniere und wechsle E-Mails mit Menschen, die eine Beziehung zur Krim haben.

Die Krim ist so schwer mit Geschichte und Geschichten beladen, dass es kaum möglich ist, alles auch nur kurz zu erwähnen.

Nur einige Völker: Taurer (Namensgeber der antiken Bezeichnung Tauris, keiner weiß so genau, wer sie eigentlich waren); Kimmerier (und wer sind sie? mögliche Namensgeber für die Krim, nur nach einer der Hypothesen); Griechen; Skythen; Kiptschaken; Römer; Alanen; Goten; Hunnen; Chasaren; Mongolen; Karäer; Krimtschaken; Italiener; Armenier; Bulgaren; Tscherkessen; Krimtataren; Juden; Russen; Ukrainer; Deutsche; Moldauer und noch viele, von denen man heute weiß, und bestimmt viele, deren Spuren verschwunden sind.

Nur einige Namen: Iphigenie; Ovid (stimmt nicht ganz, Ovid war westlicher in der Verbannung (eigentlich in Tomi, heute Constanța in Rumänien, aber in der Kulturmythologie der Russen war das die Krim, weil sie immerhin an der Schwarzmeerküste lag)); Batu Khan; die Giray-Khansdynastie; Katharina die Große; Roosevelt / Churchill / Stalin auf der

Konferenz von Jalta; Alexander Puschkin; Adam Mickiewicz; Lew Tolstoi; Anton Tschechow; Joseph Beuys; Fjodor Schaljapin; Sergei Rachmaninow; Ivan Bunin; Ossip Mandelstam; Wladimir Majakowski; Marina Zwetajewa, mit einem Willensakt setze ich hier einen Punkt.

Nur einige Staaten: Königreich Pontos; Republik Genua; Skythen-Staat; Chasaren-Kaganat; Sowjetunion; Ukraine; das Römische Reich; Russland; Fürstentum Theodoro; das Byzantinische Reich; Goldene Horde; Khanat der Krim; Bosporanisches Reich.

Jeder Flecken auf der Erde ist ein Palimpsest, aber auf diesen sind besonders viele Schichten aufgetragen. Ein Apfel der Zwietracht in Blätterteig. Es gibt eine Eigenschaft eines Ortes, die schwer zu beschreiben ist: eine Ladung.

»Im Oktober sah ich zum ersten Mal das Schwarze Meer.« So beginnt Esther Kinsky das Buch über ihre und Martin Chalmers' Krim-Reise 2013 (»Karadag, Oktober 13«). Eine durchdringende Kälte und schwerelose Leere der Gegend, streunende Hunde, Katzen und sogar Pferde, die oft ausdrucksvoller als die Menschen sind. Die Krim erscheint in diesem Buch als eine verwahrloste herbstlich-winterliche Landschaft, sehr poetisch in ihrer Trostlosigkeit. Ein Reich der verlorenen Seelen, die nicht zu wissen scheinen, was, wer und wo sie sind. Eine bleibende Rolle des Krimkriegs für England. Martin Chalmers hat einen Reisebericht von Laurence Oliphant dabei, der Mitte des 19. Jahrhunderts hier war, kurz vor dem Krimkrieg. Dieser dreifache Blick auf die Krim als auf etwas Exotisches irritiert fast, weil die Krim für mich immer etwas Vertrautes war. »Das Schwarze Meer« ist in diesem Buch ein legendäres Objekt, wie es für mich als Kind das Mittelmeer war. Am Ende des Buches: »Die Krim gehört seit zwei Monaten wieder zu Russland. [...] Eine zweite Reise auf die Krim (über Odessa und Cherson) wird in der politischen Situation nicht möglich sein.« Und ich fahre eher wegen dieser »politischen Situation« dorthin, ich bekomme Heißneugier, weil die Krim zu einem »verbotenen Land« geworden ist.

Zum anderen lese ich die in Sewastopol geborene Tatjana Gofman (»Sewastopologia«): Für sie ist die Krim ihre Heimat und bedeutet die früheste Lebenserfahrung, Familie, etwas sehr Privates, das von keiner »politischen Situation« abhängt, und sie sagt allem voran: »Ich bin weder Russland- noch Ukraineversteherin. Ich verstehe beide Länder überhaupt nicht mehr, auch wenn ich über sie manchmal zaghaft etwas zu sagen versuche. Ich stehe für mein sagenhaftes Krimmysterium ein, meine freie Krim, meine Krimfreiheiten.«

Irgendwo zwischen diesen beiden Perspektiven liegt meine. Wenn ich meinen deutschen Freunden erkläre, was die Krim für mich bedeutet hat, sage ich, sie war damals für mich, was heute die Pfalz für mich ist. Über meiner Lieblingsstadt Edenkoben steht auf einem Berg ein heute so genanntes »Friedensdenkmal«, das früher »Siegesdenkmal« hieß und nach dem Preußisch-Französischen Krieg errichtet worden ist. Ein Mahnmal, das, anders als damals gemeint, daran denken lässt, dass Erzfeinde ihre Feindschaft auch ablegen können.

Es gibt die Krim der Krimtataren, ich lese viel in diesen Tagen, die krimtatarische Autorin Sejare Koktsche sagt: »Die Krim kann man nicht aus uns entfernen, wie man auch uns von ihr nicht entfernen kann. Wir sind ineinandergewachsen, eins geworden.« Es gibt die Krim der Armenier oder der Griechen. Es gibt die Krim der Krimdeutschen, von denen heute auf der Krim etwa 2500 leben. Die vielen Krims, die jemandem viel näher sind, als jede von ihnen mir ist. Vielleicht am nächsten ist mir die jüdische Krim, weil der Großvater von Oleg Jurjew als Kind in einer jüdischen Kolchose auf der Krim lebte, das war ein zum Teil von der amerikanischen Wohlfahrtsorganisation *Joint* finanziertes frühsowjetisches Projekt – den ärmsten

Juden aus Ansiedlungsrayon (den sie im Zarenreich mit einigen Ausnahmen nicht hatten verlassen dürfen) die Möglichkeit zu geben, landwirtschaftlich tätig zu sein (was ihnen im Zarenreich untersagt gewesen war). Alle, die nicht rechtzeitig evakuiert wurden, wurden im Zweiten Weltkrieg umgebracht, von den NS-Deutschen und ihren freiwilligen Helfern aus der übrigen Bevölkerung der Krim. Zur jüdischen Krim gehören auch die Karäer und Krimtschaken, zwei Völker, die verschiedene Auslegungen des Judaismus praktizieren. Im Laufe der Geschichte haben sie Varianten der krimtatarischen Sprache übernommen. Die Karäer konnten sich teilweise retten, indem sie sich als Nicht-Juden ausgaben. Die Krimtschaken wurden fast vollständig ausgerottet. Ich würde mich zwar für diese jüdische Krim sehr interessieren, aber die Spuren von jenen jüdischen Kolchosen sind kaum erhalten, ebenso die von den Krimtschaken.

Ganz zufällig hat sich herausgestellt, dass die Moskauer Lyrikerin und Literaturwissenschaftlerin Natalja Azarova seit 2010 in Alupka bei Jalta eine Wohnung hat. In Jalta, schreibt sie in einer E-Mail, steht auf der Uferpromenade ein Haus mit Atlanten, wo einst die Apotheke war, die ihrem Großvater gehörte. »Einst« heißt vor mehr als hundert Jahren. Früher hätte ich ohne Weiteres »vor der Revolution« gesagt, aber es gab inzwischen so viele historische Ereignisse, dass mir das irritierend erscheint. Wie schade, dass sie jetzt nicht auf der Krim ist. Dafür gibt sie uns einen Hinweis auf den Film »Der rote Zion« von Jewgenij Zymbal, der die Geschichte der frühsowjetischen Versuche, den Juden Land zu geben, erzählt. Der Film ist auf YouTube schnell zu finden und beinhaltet auch Fragmente aus einem Film der 20er Jahre über diese jüdische Kolchose, für den Wiktor Schklowsky und Wladimir Majakowski das Skript geschrieben haben.

In Simferopol lebt der Lyriker Andrej Poljakow. Wir kennen

und schätzen seine Gedichte seit vielen Jahren. Bereits 2007 haben Elke Erb und ich einige ins Deutsche übersetzt.

Poljakow, der 1968 geboren wurde, gehört zur letzten Dichtergeneration, die noch in der Sowjetunion mit dem Schreiben begonnen hat. Er schloss sich der freien inoffiziellen Tradition an und verachtete wie selbstverständlich die sowjetische Literatur. In seinen Gedichten spielen antike und sowjetische Mythen miteinander, und die Krim ist immer präsent als besonderer Topos.

Wir sind einander nur einmal kurz begegnet: 2005 in Moskau bei einem Lyrikfestival. Er hat keine E-Mail-Adresse, keinen Facebook-Account. Aber eine Telefonnummer, die wir zum Glück gefunden haben. Wir wechseln endlich einige Worte, die wir eigentlich vor Jahren hätten wechseln sollen, verabreden ein Treffen, fragen uns gegenseitig, welche Bücher voneinander wir jeweils noch nicht haben. Wir bekommen fürsorgliche Empfehlungen, was man auf der Krim beachten soll, zum Beispiel, welches Mobiltelefonnetz dort am sichersten ist. Der Tag in Simferopol ist als letzter eingeplant.

Igor Sid, der aus Kertsch stammt, hat 1995 in Moskau einen sogenannten »Krim-Club« gegründet, der Autoren aus Russland und der Ukraine vereint. Wir werden ihn auf der Krim leider nicht sehen, er ist in Moskau, aber wir wechseln ein paar E-Mails, und er gibt uns ein paar Tipps für die Reise.

Die Reise

»Wir«, das sind neben Oleg Jurjew und mir unser Sohn Daniel Jurjew und unser Jugendfreund Dmitry Sachs. Oleg, Dmitry und ich haben jeweils »unsere Krims« im Kopf, Daniel hat keine besonderen Vorstellungen oder Erwartungen. Wenn ich »wir« schreibe, dann sind das gemeinsame Beobachtungen und ein Resümee des Austausches (nicht unbedingt gleich zu viert, sondern in der einen oder anderen Kombination).

26. September
St. Petersburg. Flughafen. WiFi. Wie alle hier checke ich meine E-Mails: Unsere Freundin, die Übersetzerin Alla Smirnova, die Unglaubliches geschafft und Jean Genets »Notre-Dame-des-Fleurs« und »Miracle de la Rose« ins Russische übersetzt und diese einmalige Mischung aus Hass, Bewunderung, Poesie, Pornographie, erotischer und religiöser Ekstase hinbekommen hat. Ihre Großmutter lebte in Sewastopol, und Alla verbrachte dort als Kind ihre Sommer, erinnere ich mich in dem Moment, in dem ich lese, dass sie erkältet ist und wir uns also heute Abend nicht treffen. Sie hofft aber, am 6. Oktober zu Olegs Lesung im Achmatowa-Museum zu kommen. Stark erkältet ist auch Jan Schapiro aus Sewastopol, ebenfalls Übersetzer, diesmal aus dem Englischen, er ist für seinen Kipling bekannt. Wir waren für übermorgen verabredet, nun wird unsere Reise von Jalta nach Sewastopol auf einen Tag nach dem 30. September verschoben, nach dem jüdischen Versöhnungsfest Jom Kippur, weil Jan religiöser Jude ist und die Feiertage einhält. Aber nicht nur Enttäuschungen. Natalja Azarova hat ihre Termine umgestellt und wird für drei Tage nach Alupka kommen!

Die neue Straße vom Flughafen in die Stadt ist eine futuristische Vision aus der Mitte des 20. Jahrhunderts, die nun in Erfüllung gegangen ist. Die langbeinigen gebogenen Laternen leuchten wie skizzenartige Arkaden über die Autos.

Am Abend. Trotz der Müdigkeit wollen wir einen Anruf machen. Kirill Kozyrew gehören die Rechte am Werk der großen Dichterin Jelena Schwarz, die 2010 gestorben ist. Es geht um die Übersetzung ihrer Gedichte. Seit Anfang des Sommers können wir Kirill nicht erreichen und hoffen, dass ein Inlandsanruf etwas klären kann. Tatsächlich antwortet er am Mobiltelefon. Er ist im Norden, am Weißen Meer. Zuerst bin ich nicht überrascht, er verbringt dort jedes Jahr einen Monat. Aber diesmal habe er sich dort endgültig niedergelassen. Es gebe fast keine Menschen da, nur japanisch anmutende Kiefern und Bären, die auf die Himbeeren in seinem Garten erpicht seien. Seit Mai habe er kein Internet, vermisse es auch nicht, das Leben in einer Großstadt sowieso nicht. Zu Sowjetzeiten hat Kirill als freier Mensch und im Einklang mit seinen Überzeugungen gelebt, keine sowjetische Karriere gemacht, einen der klassischen Berufe eines Verweigerers der Kollaboration mit der Macht ausgeübt – ich glaube, Heizer. Er war mit vielen bedeutenden Dichtern der inoffiziellen Kultur befreundet. Vor einem Jahr waren wir zusammen an Jelena Schwarz' Grab auf dem Wolkow-Friedhof. In der Nähe sind Gräber von anderen großen Persönlichkeiten der spätsowjetischen inoffiziellen Kultur: von Boris Ponisowsky, Regisseur und Philosoph, einem der charismatischsten Menschen Leningrads; von Oleg Ochapkin, einem Dichter, dem Joseph Brodsky, als sie beide jung waren, den Nobelpreis prophezeit hat. Später, nachdem er vieles ausprobiert hatte und u. a. Sänger und Mitarbeiter im Dostojewskij-Museum gewesen war, teilte Ochapkin seine Zeit zwischen Heizerbude und Irrenhaus auf. Wir haben die mitgebrachten Blumensträuße an ihre Gräber gelegt. Kirill lädt uns ein, ihn am Weißen Meer zu besuchen. Das wäre natürlich sehr verlockend: Nach dem Schwarzen Meer, wo wir einen Einsiedler treffen würden, den man auf elektronischem Wege nicht erreichen kann, zum Weißen Meer zu fahren, wo wir einen Einsiedler treffen würden, den man auf elektronischem Wege nicht erreichen kann! Nächstes Jahr vielleicht.

27. September

Jetzt aber sehe ich aus dem Flugzeugfenster das Schwarze Meer, das hellgrün ist und wie zugefroren aussieht, mit angewehten Schneehaufen an den Rändern, was unmöglich ist, der Flugkapitän sagt, auf der Krim seien es +17 °C. Dann sehe ich Krimer Berge und Steppen, dort bin ich einst gewandert.

Simferopol habe ich nie gesehen. Ich fuhr immer vom Bahnhof weiter. Meistens mit den Eltern. Nicht immer:

Ich bin 16. Ich fahre mit dem Zug (eine Nacht, ein Tag und noch eine Nacht): von Leningrad nach Simferopol. Am letzten Abend vor der Ankunft bittet mich ein Mitreisender, ein Mann von etwa 20 Jahren, mit ihm Wodka zu trinken (heute glaube ich, dass man als Mädchen über eine Intuition verfügt, die einer sagt, ob die Situation einen erotischen Hintergrund hat oder nicht. Ich hatte keinen Zweifel, dass es diesem Mann ausschließlich um Gesellschaft ging und um eine Möglichkeit, zu reden, was dann auch stimmte). Wir standen stundenlang im Einstiegsraum, tranken und rauchten, und er erzählte mir irgendeine herzzerreißende Geschichte über seine Liebe zu einem untreuen Mädchen, das, während er seinen zweijährigen Militärdienst abgeleistet hatte, einen anderen geheiratet hatte. Das war das erste Mal, dass ich Alkohol trank (ein halbes Glas vielleicht, die restliche Flasche trank er), also konnte ich mich an die Geschichte bereits am nächsten Morgen nicht mehr erinnern, als ich auf dem Bahnsteig stand. Schade, vielleicht ist das die neue »Kreutzersonate« gewesen. Oder eine andere Geschichte, wie sie in der russischen Literatur gerne von Mitreisenden erzählt wird. Durch den Wodkanebel fand ich tapfer den Weg zu einem Trolleybus nach Jalta, und nach drei oder vier Stunden Fahrt war ich wieder in Ordnung.

Wenn Eltern nur wüssten, was ihren halbwüchsigen Kindern alles auf den ersten selbständigen Wegen begegnet!

Auf dem Rückweg (von Simferopol nach Leningrad) fragte mich ein schüchterner Herr, ob ich etwas zum Lesen brauchte. Bei der ganzen Unschuld der Frage spürte ich, dass hier etwas nicht stimmte. Er gab mir einen Stapel Typoskriptblätter, gleich auf der ersten Seite schminkte sich eine Pornotänzerin die Brustwarze mit dunklem Rouge und unterhielt sich mit ihrem Freund. Ich gab ihm die Blätter zurück, empört über die miserable literarische Qualität und mit einem entsprechenden Kommentar (der arme Satyr konnte nicht wissen, dass ich ein belesenes und dazu noch dichtendes Kind war).

Auch jetzt fahren wir gleich nach Jalta. Der Fahrer, von dem wir zuerst dachten, er sei Krimtatare, ist Aserbaidschaner. Ich höre ihm aufmerksam zu und versuche, die komplizierte Konstellation mit den Staatsangehörigkeiten, Rechten, Pflichten, und wie man die Idiotie, die das ohnehin schwere Leben noch schwerer macht, umgeht, zu verstehen. Einige Krimbewohner hätten eine doppelte Staatsbürgerschaft. Als Russen würden sie auf der Krim leben, als Ukrainer würden sie in die Ukraine und ins Ausland reisen. Wer nur einen russischen Pass besitzt (zum Beispiel dürften Beamte keine doppelte Staatsbürgerschaft haben), dürfe von der Krimseite nicht in die Ukraine einreisen, aber von einer anderen (im Reisepass steht die Wohnadresse nämlich nicht). Autos und Busse dürften die ukrainisch-russische Grenze nicht passieren (egal in welche Richtung). Deshalb führen Menschen bis zu dieser Grenze, dann liefen sie mit ihren Koffern zu Fuß am Kontrollposten vorbei (soweit ich verstehe, ist das eine anstrengende Strecke) und nähmen an der anderen Seite einen Bus oder stiegen in ein Auto. Unser Fahrer bringe ab und zu Menschen zur Grenze oder hole sie von der Grenze ab. Aber, sagt der Fahrer, es gebe jetzt weniger Touristen aus der Ukraine, in erster Linie, weil die Preise auf der Krim viel höher als in der Ukraine seien. Auf der Krim sei alles so teuer wie in Moskau, manche Dinge sogar teurer, vermutlich, weil alles über die Kertsch-Fähre gebracht werden müsse (bis die Kertsch-Brücke gebaut werde). In diesem Jahr gebe es allerdings mehr Touristen als im vorigen.

Zutaten des Paradieses: Weinberge, Zypressen, Pinien, das Meer, nicht zu hohe Berge, Himmel. Diese Landschaft bricht mir das Herz, nicht nur, weil ich sie liebe, sondern auch, weil ich sie nicht beschreiben kann (irgendwann, wenn ich mehr Zeit habe, vielleicht). Was es damals, als ich hier vor einem ganzen Leben gewesen bin, nicht gab: die großen bunten Werbeschilder auf beiden Seiten der Straße; und in derselben Größe die Schilder mit Putins Porträts und Zitaten über die Krim, wie schön, wichtig etc. sie sei. Ich frage den Fahrer, der überall unterwegs ist, ob es diese Letzteren auch sonst irgendwo in Russland gebe. Nein, nur hier, meint er.

Endlich das Meer! Natürlich nicht eingefroren. Durch die Zypressen und Kiefern und Schilder und Reflexionen der Sonne kann man es erkennen.

Der Fahrer erzählt, wie es war, als im Winter 2015/16 die Stromversorgung, die damals aus der Ukraine gekommen sei, von den ukrainischen und krimtatarischen nationalistischen Organisationen gekappt worden sei. Kein Licht, keine Heizung, keine Verbindung zur Außenwelt, nicht einmal telefonieren sei möglich gewesen. Er habe seine Kinder zu den Großeltern bringen können, die auf dem Land in einem Haus wohnten und einen Heizofen hatten.

Mit Entsetzen sehe ich, dass unser Hotel in Jalta eines der Gebäude ist, die dreist anstelle eines großen öffentlichen »Parks am Meer« gebaut worden sind und diesen herrlichen öffentlichen Raum zerstört haben. Hätte ich das gewusst, hätte ich es nie gebucht. Jetzt ist es zu spät, etwas zu ändern. Das ist eine der unzähligen Schandtaten der postsowjetischen Zeit, egal in welcher ehemaligen Sowjetrepublik. Im ganzen postsowjetischen Raum hat die wilde Mischung aus Frühkapitalismus, Korruption und Unfähigkeit solche Spuren hinterlassen. Ich erkenne weiße Treppen, die zwischen den Palmen, Zypressen und Eiben zum Meer führen. Der Zugang zum Strand ist zugebaut. Natürlich passiert das überall auf der Welt, aber das tröstet nicht.

Unser Hotel feiert sein fünfzehnjähriges Jubiläum und lädt uns gleich nach dem Check-in zu einer »Barbecue-Party« auf der Terrasse am Meer ein. Also ist dieser Frevel 15 Jahre alt. Was ich aus der Höhe für eine Verbrämung aus Schnee hielt, ist die Brandung. Die Wogen sind drei Mann hoch. Wir fragen in Panik, ob die Musik und das Unterhaltungsprogramm immer da seien, nein-nein, nur heute. Das Essen ist gut, mehrere örtliche Käsesorten, Miesmuscheln aus dem Schwarzen Meer, viel Obst, die Unterhaltung ist nicht anders als überall auf der Welt, wo Hotels »Animation« für die Gäste bieten. Manche Lieder sind dieselben wie vor vierzig Jahren. Eigentlich war das, was wir damals »sowjetischen Kitsch« genannt haben, einfach Kitsch, dem man überall begegnen kann. Insofern ist die Definition der Musik in einem Restaurant in Feodossija als »Putin-Pop« in Kinskys und Chalmers' Buch etwas unpräzise. So oder so fliehen wir vor dieser Unterhaltung in die Stadt. Es ist bereits dunkel, deshalb erkennt man Jaltas weiße Uferpromenade, die ich heute als »Kolonialstil« bezeichnen würde, neben dem künstlichen Licht der Aushängeschilder, der Werbung, der Kiosks nicht. Straßenmusik in allen möglichen Stilrichtungen. Frierende Passanten. Ein paar Straßenhunde. Wir haben einige Häuser mit Atlanten entdeckt. In einem ist auch heute eine Apotheke. In einem anderen das Restaurant »Persona Grata«. Wegen der Brandung sind einige Meter der Uferpromenade über dem Meer wie unter Regen. So hohe Wogen habe ich noch nie gesehen. Die Kertsch-Fähre, die einzige Nicht-Luftverbindung der Krim mit dem Festland (wie man hier zum übrigen Russland sagt), fährt wegen des Sturms nicht. Die Halbinsel ist damit abgeschnitten. Wir müssen hiesige Sim-Karten kaufen, weil wir sonst weder mit der Welt noch miteinander (falls wir uns verlaufen) Verbindung haben. Unsere deutschen Mobiltelefone sind von ihren Netzen getrennt. Auch unsere Geldkarten funktionieren hier nicht. Man hat uns extra vorgewarnt, dass wir genug Bargeld dabeihaben und auf keinen Fall versuchen sollten, eine westliche Karte in den Geldautomaten zu stecken, weil sie von ihm einfach geschluckt würde (die russischen Geldkarten funktionieren). Das sind Folgen der Sanktionen und der Nicht-Anerkennung der Wiedervereinigung von Krim und Russland. Nach dem Kauf der Karten beginnt, weil wir unsere Telekommunikation in Ruhe wiederherstellen wollen, das immer wiederkehrende Problem, ein Café ohne Musik zu finden.

Im Hotelrestaurant ist es still. Draußen tobt das Meer in der Dunkelheit. Dieses intensive Geräusch verstärkt das Gefühl der Abgeschiedenheit, als wären wir auf einem Schiff. Das »Festland« ist, bis der Sturm vorbei ist, nur auf dem Luftweg zu erreichen. Der Krimwein ist eine angenehme Überraschung, kein Vergleich zu den süßlichen, klebrigen Substanzen, die ich in Erinnerung habe.

28. September
Die ganze Nacht das Getose der Brandung. Das Meer ist nicht ruhiger geworden. Am Strand stehen Schilder, die das Baden verbieten. Das Baden war sowieso nicht das Ziel unserer Reise, aber auch die anderen Hotelgäste scheinen nicht sonderlich betrübt darüber zu sein. Ein Mann macht auf der Terrasse Yoga, Sonnengruß-Asana. Es heißt, der Sturm dauere immer sieben Tage, heute soll der dritte sein. Die Fähre fährt immer noch nicht. Das Meer ist hellblau und glänzt in der Sonne.

Dmitry war auf dem Markt und hat Birnen, Pfirsiche und rote Zwiebeln mitgebracht. Ich habe immer darüber gestaunt, dass die rote Zwiebel in einem Gurken-Tomaten-Salat nirgends so gut wie auf der Krim schmeckt. Dmitry klärt mich auf, dass das eine besondere, berühmte Jaltazwiebel sei. Die Verkäuferin, erzählt er, sagte ihm, er sei heute der erste und vielleicht der einzige Käufer.
– War es früher besser?
– Na, die Ukrainer kamen und kauften.
– Und heute?
– Heute sind wir am Arsch!
Sie machte einen Kreis mit den Händen, um zu zeigen, wie dick dieser Arsch sein soll.
– Und die Ukraine ist auch am Arsch!
Sie zeichnete einen noch größeren Kreis in die Luft.
– Wir alle sind am Arsch!
Ein dritter Kreis – der größte.

Wir fahren von der Süd- zur Westküste. Zuerst zurück nach Simferopol und dann über die Steppe nach Jewpatorija. Am Straßenrand stehen Vater und Tochter. Das Mädchen trägt eine weiße Haarschleife, so groß wie ihr Kopf. Ich erinnere mich, wie Angela Krauß in einem Buch über die DDR-Kindheit schreibt, wie schön ihr die Töchter der sowjetischen Offiziere schienen, wegen dieser überdimensionalen Schleifen. Auch Esther Kinsky trifft auf der Krim Mädchen mit solchen Schleifen. Ich habe nie so eine gehabt, weil ich in einer kitschfeindlichen Familie aufgewachsen bin, habe aber die anderen Mädchen, die sie hatten, bewundert.

Steppe und Berge am Horizont. Links und rechts Dörfer der Krimtataren. Gut aussehende große Häuser. Manchmal stehen winzige Hütten, wie Winzerhütten, die knapp Platz für Werkzeug und Regenschutz bieten. Unser Fahrer erzählt, dass die gegen Ende der Sowjetunion aus Usbekistan, ihrem Verbannungsort, zurückgekehrten Krimtataren die ganzen Jahre Häuser gebaut hätten, die von den ukrainischen Behörden sofort als illegale Bauten abgerissen worden seien. Deshalb hätten sie solche Hütten gebaut, um den Platz zu markieren. Ich erinnere mich, wie Ende der 80er Jahre die Krimtataren neben anderen während der Sowjetzeit verschwiegenen Problemen zu einem Medienthema wurden. Fernsehsendungen gaben ihren Anführrern Sendezeit, und die Kommentatoren breiteten geschichtliche Exkurse aus. Ich glaube, einige dieser krimtatarischen Aktivisten wurden zu den Gründern des »Medschlis des Krimtatarischen Volkes«, einer Organisation, die während der Krimkrise auf der Seite der Ukraine war und dann die Energieblockade mitorganisierte. Der Fahrer erzählt weiter, dass die russische Obrigkeit alle illegalen Bauten der Tataren sofort anerkannt habe. Also könnten nun anstelle dieser Hütten richtige Häuser gebaut werden. Die Krimtataren, erzählt unser Fahrer, bauen immer großzügig, manchmal seien Häuser viel geräumiger, als die Familie es brauche, deshalb bauten sie über lange Zeit, manchmal sei so ein Haus ein generationenübergreifendes Projekt. Obwohl die Krimtataren vieles bekommen hätten, was sie in der Ukraine nicht gehabt hätten, Häuser, Anerkennung der Sprache, seien viele von ihnen trotzdem eher auf der Seite der Ukraine, zu tief sei die Wunde der Deportation. Morgen fahren wir nach Bachtschyssaraj, der Hauptstadt der Krimtataren. Wir hoffen, den krimtatarischen Künstler Ismet Scheich-Zade zu treffen, dem wir am frühen Morgen eine Nachricht geschrieben haben.

Jetzt aber Jewpatorija. Der Fahrer hat uns zum historischen Tor gebracht. Die Stadt, die ich einst gut kannte, erkenne ich nicht wieder. Hohe Mauern, schmale Straßen, alles wie von Staub bedeckt, aber das ist wahrscheinlich die graugelbe Farbe des hiesigen Muschelkalks. Das Stadttor aus der Zeit des

Krim-Khanats (15. Jahrhundert), an das ich keine Erinnerung habe, war »damals« tatsächlich nicht da. Es wurde 1959 abgerissen, weil es den Autoverkehr störte, und Anfang der 2000er Jahre wiederaufgebaut. Wir retten uns in dieses Tor vor der durchdringenden Kälte. Drinnen ist ein Museum und krimtatarisches Kulturzentrum. Oben befindet sich ein Café mit Süßigkeiten wie aus »1001 Nacht« und ebenso märchenhaftem Ambiente mit Teppichen und altem metallenen Geschirr und märchenhaft schönen jungen Männern und Frauen, die hier arbeiten und wahrscheinlich schon auf der Krim geboren sind. Auf ihren Rat hin entscheiden wir uns für eine Busführung, die ab dem Hotel »Ukraine« startet, wozu wir durch die ganze Stadt zu diesem Hotel fahren und dann im Sightseeingbus wieder zurück zum alten Stadttor. Das Meer. Ich erkenne die Stelle wieder, wo ich vor vierzig Jahren einen Hitzschlag hatte. Andere Kindheitserinnerungen:

Ein Lautsprecher am Strand ist der Einzige weit und breit, der ukrainisch spricht. Es läuft eine Sendung über die Meeresforschung. Egal, was der Lautsprecher erzählt, es klingt poetisch, weil es im Ukrainischen viele kirchenslawische Wörter gibt, die es im Russischen auch gibt, aber als zweiten lexikalischen Strang, der zum gehobenen Stil gehört. Ich verstehe, was er sagt: Das Meeresungeheuer machte seine schönen Augen geradezu feierlich zu (der Krake schloss die Augen).

In den Buchläden einige Titel, die zu Hause in Leningrad nicht zu beschaffen sind. Die Erwachsenen freuen sich. Bei näherer Betrachtung stellt sich heraus, dass sie auf Ukrainisch sind, also zwar lesbar, aber nicht ohne Mühe. Anscheinend nicht nur für uns, sondern für alle potentiellen Käufer, sonst wären sie nicht da.

Die Tochter unserer Vermieterin erzählt mir: In der Schule kann man wählen, in welcher Sprache unterrichtet wird, oder man kann die Schule mit der einen oder anderen Sprache wählen. Falls Russisch gewählt wird, was meistens der Fall ist, wird Ukrainisch als Fremdsprache unterrichtet, zusätzlich zu einer westlichen (in der Regel Englisch). Ich bin neidisch auf die Möglichkeit, noch eine Sprache zu lernen.

Die Führerin im Bus ist eine junge Frau mit einem auswendig gelernten Text. Wieder zurück und aus dem Bus. Wir erfahren, dass hier auf engem Raum eine Stadt stehe, die »Klein-Jerusalem« heiße, weil hier Kirchen, Moscheen, muslimische Derwischklöster, Synagogen und Kenesen der Karäer (das Wort stammt vom hebräischen »Knesset«) seien. Ich erinnere mich zwar, dass wir »damals« durch ähnliche Gassen zum Strand liefen, aber diese Pracht gab es nicht. Wie eine verwunschene Stadt, die für Jahrzehnte verschwunden war und nun wieder entstanden ist. Alles war natürlich schon da, aber wie alle religiösen Objekte vernachlässigt und umfunktioniert. Nun ist all das wie aus dem Nichts erschienen.

Die Dschuma-Dschami-Moschee, ein Meisterwerk aus dem 16. Jahrhundert, gebaut von dem berühmten osmanischen Architekten Mimar Sinan, im einzigartigen osmanisch-byzantinischen Stil mit einer luftigen Menge von Kuppeln und Arkaden. Ich denke an das Sinan-Kapitel in den »Türkischen Tagebüchern« von Klaus Reichert, der ein großer Liebhaber von Moscheenarchitektur im Allgemeinen (und mit seiner Frau deshalb gerade in Usbekistan ist) und von Sinan im Besonderen ist. Ich fotografiere die Moschee, um das Bild auf der Uferpromenade Jaltas drucken zu lassen und Reicherts als Postkarte zu schicken. Die Moschee war auch »damals« da, war eine »Sehenswürdigkeit«, ist auch auf dem alten Jewpatorija-Stadtplan, den meine Mutter in der Bibliothek meines Vaters gefunden hat, verzeichnet. Heute ist das kein Museum mehr, sondern tatsächlich eine Moschee, die wir auch von innen besichtigen dürfen (es reicht, dass ich meinen Schal über den Kopf werfe).

Eine Kirche, ein historistischer Bau vom Ende des 19. Jahrhunderts, vielleicht das am wenigsten interessante Gebäude hier.

Prächtige Jugendstilhäuser – Spuren der Karäer, die in Jewpatorija ab dem 19. Jahrhundert und bis zur Revolution wichtige Bürger waren, lückenlos den Posten des Bürgermeisters besetzten und philanthropisch tätig waren.

Eine Synagoge. Als Nikolai II. und seine Familie hier 1916 gewesen seien, hätten sie alle Konfessionen besucht, erzählt uns unsere muntere Führerin, und hier vor der Synagoge sei für ihn ein roter Teppich ausgerollt worden und ein jüdischer Knabenchor habe für ihn gesungen.

Und was uns besonders interessiert, ist die Karäerstraße, die zu den Kenesen, den karäischen Gebetshäusern, führt. Wir entfliehen unserer Führerin und laufen diese Straße entlang; rechts und links an den Wänden hängen vergrößerte Kopien der Zeitungen von 1916, die vom Besuch des Zaren Nikolai II. erzählen. Wir begegnen einer Touristengruppe mit einer Führerin, die erfrischenderweise nicht vom Zaren, sondern von Puschkin erzählt, wie er auf der Krim war, rezitiert sogar Gedichte auswendig. Sie ist eine resolute, etwas ironische Dame, ein Relikt aus der Zeit, als hier noch der Puschkin-Kult und nicht der der Zarenfamilie Romanow herrschte. Wir schließen uns an, aber die Führung ist fast zu Ende, die Dame verabschiedet sich vor den Kenesen, in die wir reinkommen und auf eine dritte Führerin treffen, die neugierig fragt, woher wir gekommen seien.

– Aus St. Petersburg (die einfachste Antwort, weil sogar unsere Bekannten uns fragen, wie es uns gelungen sei, auf die Krim zu kommen, als stünden an der Grenze die neunköpfigen »Sanktionen« mit Feuerpeitschen, die zu einem fast mythologischen Begriff geworden sind, keiner weiß genau, was sie sind, aber alle reden davon). Die Führerin freut sich:

– Ach, und wir fühlen uns nun endlich zu Hause, danke, dass Sie uns geholt haben!

– Bitte, antworte ich automatisch, die etwas absurde Szene ist mir etwas peinlich.

Die Karäer sind ein wie vieles auf der Krim von Legenden umwehtes Volk. Seit dem 19. Jahrhundert beweisen sie fleißig, dass sie keine Juden sind (das war das Lebensthema des karäischen Gelehrten Abraham Firkowitsch, der dafür auch verschiedene Quellenfälschungen nutzte), nicht ohne Erfolg. Das brachte ihnen im Zarenreich die Erlaubnis ein, überall in Russland zu wohnen, was die übrigen Juden nicht durften. Während des Zweiten Weltkrieges und der Besatzung haben sie auch erfolgreich als Nicht-Juden gegolten und wurden deshalb nicht ausgerottet (allerdings werden sie vom Staat Israel als Juden anerkannt und nutzen das damit verbundene Einreise- und Bleiberecht). Die »Kenesen« sind drei ineinander mündende Innenhöfe, verziert mit Tafeln aus Carrara-Marmor mit hebräischen Beschriftungen; überdacht von Weintrauben, hell und luftig. Am Ende dieser Flucht aus Höfen befinden sich die eigentlichen Kenesen, Gebetshäuser. Man kann nur von außen hineinschauen, betreten darf man sie nicht. Sie sind nicht anders als jede andere Synagoge gestaltet. Noch einige Kenesen erwarten uns morgen, in der verlassenen Stadt Tschufut-Kale über Bachtschyssaraj. Die Führung war unwissenschaftlich, aber sorgfältig vorbereitet. Es ist auch schwierig, über die Karäer etwas mit Sicherheit zu behaupten.

Neben der Kenesenanlage, die ein Museum und zugleich für die sehr wenigen hier verbliebenen Karäer ein Gebetshaus ist, steht ein Karäer-Restaurant. Nach der Kälte draußen bestellen wir gleich eine große Kanne Krimkräutertee. Als ich zum ersten Mal in der Provence war, war ich verblüfft von ihrer Ähnlichkeit mit der Krim. Alle berühmten Provence-Kräuter findet man hier, von Lavendel bis Thymian. Die Speisen ähneln denen, die wir aus dem Kaukasus kennen. All das ist etwas seltsam: Die wirklichen Karäer sind da, gleichzeitig werden sie museal von anderen vertreten.

Draußen ist es noch kälter geworden. Ich erzähle, dass Esther Kinsky und Martin Chalmers ein noch schlimmeres Oktoberwetter erwischt haben, mit Schnee sogar; dass sie warme Sachen kaufen mussten. Wir kommen bis jetzt mit dem aus, was wir eingepackt haben (dank dieses Buches auch Schals und Handschuhe). Das Meer hat sich aber ein bisschen beruhigt.

Irgendwo hier, in diesen schmalen staubigen Straßen aus hellem Muschelkalk, war das Tor zu einem Hof, in dem sich außer einem Haus mehrere schuppenartige Bauten befanden. In einem hatte meine Tante für uns ein Zimmer gemietet. Am frühen Morgen haben wir gefrühstückt (Salat aus Gurken, Tomaten und roter »Jaltazwiebel« mit Sonnenblumenöl) und sind zum Strand gegangen. Abends haben sich alle Hofbewohner versammelt, Tee getrunken und sich mit verschiedenen Erzählungen unterhalten. Mit einem dieser Abende ist eine der peinlichsten Episoden meiner Kindheit verbunden (ich war etwa zehn). Das war der letzte Abend, meine Tante war schon »zu Hause«, in unserem Verschlag, ich blieb noch für ein Stündchen bei einer sehr netten tatarischen (nicht krimtatarischen, das waren Tataren aus Kasan) Familie, der Sohn der Familie, ein gleichaltriger Junge, war mir sympathisch. Unverhofft begann die Mutter dieser Familie, den anderen Bewohnern unseres Hofes antisemitische Geschichten zu erzählen, die Krönung war die Geschichte, wie in einem Dorf Kinder verschwunden seien und wie dann jemand bei Juden mit Blut gefüllte Schüsseln gesehen habe. Ich saß schweigend da, obwohl mir bewusst war, dass man das nicht so stehenlassen darf. Meine beste Freundin war Jüdin, und ich verstand, dass mein Schweigen Verrat war. Ich glaube heute, dass diese

Episode mich verändert hat, dass ich mich im Nachhinein meines Schweigens sehr geschämt habe, dass ich danach oft zu schnell und zu frech reagierte, um nicht noch einmal opportunistisch zu schweigen, was zum Beispiel dazu führte, dass ich meine Schule nach der achten Klasse verlassen musste, weil ich »falsche« Gedichte liebte, und so ging es weiter, wahrscheinlich einschließlich dieser trotzigen Krim-Reise. Aber an diesem Abend schwieg ich, und ich erinnere mich heute noch ungern daran. Ich schwieg nicht, weil ich Angst gehabt hätte; ich schwieg, weil das eine nette Gesellschaft war und ich keine Spielverderberin sein wollte. Bis heute habe ich niemandem davon erzählt.

29. September
Das Meer ist weiterhin sonnig und tost. Die ganze Nacht das Geräusch, das ich später bestimmt vermissen werde.

Wir fahren nach Bachtschyssaraj, der ehemaligen Hauptstadt des Krim-Khanats. Mit einem Umweg für eine Aussichtsplattform bei der Kirche der Auferstehung Christi in Foros. Ein Taxifahrer hat uns erzählt, wie zu Zeiten der Ukraine, als noch Kreuzfahrtschiffe die Krim ansteuerten, diese Kirche eine von drei Programmpunkten gewesen sei (neben ihr noch das neugotische Schloss Schwalbennest auf der Spitze eines Felsens und der Liwadija-Palast, wo die Jalta-Konferenz stattfand). Weil aber Foros ganze 40 Kilometer von Jalta entfernt ist, seien die Touristen zu einer ähnlichen, näher liegenden Kirche gebracht worden.

Die Kirche ist, wie fast alle aus dieser Zeit (Historismus, Ende des 19. Jahrhunderts), architektonisch nicht interessant, aber wie alle Kirchen auf der frommen Krim ist sie heute eine Art Pilgerstätte. Zu Sowjetzeiten war darin eine Weile ein Restaurant. Es gibt eine Anekdote: Chruschtschow wollte in diesem »Kirchenrestaurant« den iranischen Schah bewirten, der das aber empört als blasphemische Handlung ablehnte.

»Fast Subtropen«, hieß es über die Krimküste. Als Kind vom 60. Breitengrad (Leningrad) fand ich das großartig. Auch: »Mediterranes Klima«. Das Schwarze Meer liebte ich verräterisch mehr als meine Ostsee. Hier konnte man richtig schwimmen. Aber meine wirklich große Liebe war und ist nicht die Küste, sondern sind die Berge und Steppen.

Wir haben eine Nachricht von Ismet Scheich-Zade bekommen: Er ist gerade in Moskau und bereitet seine Ausstellung vor. Schade. Ismet Scheich-Zade ist eine Quelle von phantastischsten Ideen; als Künstler arbeitet er mit krimtatarischen Motiven, die er in einen modernen Kontext stellt. Auch verarbeitet er künstlerisch die Geschichte seines Volkes und mischt wagemutig alle möglichen Mythen und Traditionen. Stichwortartig: Aus dem Flugzeugabsturz von Joseph Beuys auf der Krim im März 1944 und der von Beuys gepflegten Legende, dass er bei nomadischen Krimtataren geheilt worden sei, entwickelt Ismet Scheich-Zade weitere wunderbare Legenden, wie auch aus vielen Begebenheiten auf der Krim: Dschingis Khan, Puschkin, Mickiewicz, Chlebnikow, italienische Künstler, die im 16. Jahrhundert im Khan-Palast in Bachtschyssaraj gebaut haben; in einem Interview sagt er beispielsweise: »Für mich bedeutet ›Moskau‹ ›Mask-Au‹ (schwangere Bärin), eine ursprünglich tatarische Stadt, die Hauptstadt eines Ulus' des großen Reiches von Dschingis Khan, die nach einem genauen Plan des alten Karakorums erbaut wurde.« Die Krim als einen realen Ort und nicht als bloße Familienüberlieferung hat er erst als Erwachsener für sich entdeckt. Er ist in Usbekistan geboren, ging nach der Schule nach Leningrad und Moskau, wo er bei prominenten Künstlern studiert hat; in Moskau hat er als junger Künstler die 90er Jahre verbracht; als das möglich wurde, übersiedelte die Familie seiner Eltern auf die Krim.

Da wir uns nicht treffen, werde ich mir später ein Gespräch mit ihm auf YouTube anschauen, das mir Igor Sid empfohlen hat.

Die Straße vor dem Khan-Palast ist völlig krimtatarisch, was »damals« natürlich nicht der Fall war. Auf der Straße herrscht Kundenfangbetrieb, nicht so rege, weil Nachsaison ist. Besteht eigentlich aus einem hyperaktiven Mann, der uns erklärt, dass er uns nun einem anderen und dessen Auto übergebe, dieser würde uns nach Tschufut-Kale bringen und unterwegs alles erzählen. Der Weg würde durch den größten Wacholderhain Europas führen.

Es gibt zwei Möglichkeiten, zum hoch auf einem Berg gelegenen Tschufut-Kale zu gelangen: von der anderen Seite über das Kloster zu Fuß oder von Bachtschyssaraj mit dem Geländewagen. Wir wählen die zweite aus, weil uns sonst keine Zeit für den Khan-Palast bleiben würde. Der Geländewagen ist 30 Jahre alt, hat keine Fenstergläser und ist teilweise mit Klebeband fixiert. Die Straße durch den niedrigen Wacholderhain besteht aus Gruben und Höckern, und ich muss mich festhalten, um nicht herauszufallen. Der junge Fahrer fährt zum äußersten Rand eines Felsens und ist mit der erzielten Wirkung zufrieden. Er lächelt verschmitzt und erzählt, was in diesem buchstäblich atemberaubenden Panorama wo zu sehen ist, welche Festungen, Sternwarten, Seen und Städte.

Tschufut-Kale (Çufut Qale). Hier lebten seit Jahrtausenden verschiedene Völker, einander ablösend. Unser Fahrer nennt uns die Namensvariante »Dzhufut-Kale«, was »Doppelte Festung« bedeutet, und tut so, als würde er die andere Variante gar nicht kennen. »Tschufut-Kale« heißt »jüdische Festung« und war ironisch und abschätzig gemeint. Kann sein, dass das sogar ein Wortspiel war. Aber es gibt auch viele andere Namen für diesen Ort, und die Wissenschaftler sind sich wie immer uneinig, wann, was und warum und welche Namen die richtigen sind. Die letzten Wendungen der Geschichte: Hier war die Residenz des Khans (Dzhufut-Kale); dann hat er eine bequemere Lage unten bevorzugt, und hier blieben die Karäer (Tschufut-Kale).

Die verlassene Felsenstadt besteht ebenso aus Gruben und Höckern und aus Steinen und Resten irgendwelcher Gebäude; es gibt das Haus von Abraham Firkowitsch; es gibt Kenesen, also karäische Synagogen. Und ziemlich viele Menschen, vereinzelt und in geführten Gruppen, die im Unterschied zu uns vom Kloster hierhergekommen sind, was viel bequemer zu sein scheint.

Als ich als Kind hier war, war das ebenfalls Station einer organisierten Führung: Der Reiseführer zeigte uns alles, erzählte, dass hier ein eigenartiges Volk gewohnt habe: die Karäer. Führte uns auch in eine kleine, verlassene Synagoge; erzählte, wo die Männer beteten und wo die Frauen. Aber er sagte weder das Wort »Synagoge« noch das Wort »Jude«, noch das Wort »Judaismus«.

Wieder unten. Der Khan-Palast. Als ich als Kind hier war, wirkte er verwahrlost, klein und öde. Die wissenschaftlichen Mitarbeiter des Museums haben nach Kräften versucht, eine Vorstellung von der einstigen Pracht zu vermitteln. In einem großen Raum, der zu des Khans Harem gehörte, standen an den Wänden schmale Bänke, die von fadenscheinigen persischen Teppichen bedeckt waren (einen ähnlichen hatte meine Großmutter, neben ein paar Broschen ein Überbleibsel aus der Zeit vor der Revolution). Eine der Hauptsehenswürdigkeiten war der Tränenbrunnen, allgemein bekannt dank Puschkins Verserzählung »Die Fontäne von Bachtschyssaraj«. In der oberen Schale des Tränenbrunnens lagen eine rote und eine weiße Rose, um Puschkin zu ehren, der ein Gedicht darüber geschrieben hat, wie er zu diesem Brunnen zwei Rosen brachte. Ich bin die Einzige in unserer kleinen Gruppe, die schon früher einmal hier gewesen ist. Dafür haben einige von uns vor einem Jahr das Ballett »Die Fontäne von Bachtschyssaraj« im Mariinskij-Theater gesehen.

Die Rosen in der oberen Schale gibt es. Die Museumsführerin scheint dieselbe zu sein wie »damals«, obwohl es diese Frau, die jünger ist als ich, natürlich nicht sein kann. Ich frage sie, wann all diese prächtigen Räume, die sie uns zeigt, so geworden sind wie heute. Sie erzählt, dass die Restaurierung eine mühselige Sache sei, die immer langsam abgelaufen ist, dass Ende der 80er Jahre ein Plan und eine Finanzierung genehmigt worden seien, dann aber zerfiel der Staat, dem das oblag, und erst jetzt würden die Restaurierungsarbeiten fortgesetzt. Ich frage, ob es wahr sei, dass nach dem Zweiten Weltkrieg der Palast abgerissen werden sollte und nur dank Puschkin und seiner Verserzählung verschont wurde. Sie bestätigt das. Ich frage, ob das dokumentiert sei. Sie sagt, ja, bestimmt, sie habe die Dokumentation zwar nicht gesehen, aber es gebe sie.

Und wieder diese Seltsamkeit wie in Jewpatorija: Der Museumsbetrieb und das Volk, dem das Museum gewidmet ist, leben ihre Leben parallel. Wir trinken Krimkräutertee in einem krimtatarischen Café. Zwei russische Alkoholiker bringen Säcke mit Walnüssen.

Die Wirtin: Was habt ihr heute? Walnüsse? Und wie geht es Ljuba?

Die Frau: Ljuba ist doch gestorben.

Die Wirtin: Wie gestorben? Sie war doch letzte Woche hier!?

Die Frau: Nein, das war Nadja, meine Mutter.

Die Wirtin: Wir nehmen alles. Bringt uns so viele Walnüsse, wie ihr könnt, ich kaufe alles.

Der Mann schweigt, nach noch einer Weile gehen beide.

Die Wirtin zu uns: Sie haben hier für uns gearbeitet, aber ...

Sie knipst mit dem Finger an den Hals, eine Geste, die Alkoholkonsum bezeichnet.

Wir sind wieder auf der Straße vor dem Palast. Der hyperaktive Mann, der für alle zugleich Marktschreier zu sein scheint, führt uns von einem Lokal zum anderen, bis wir dort bleiben, wo es keine Musik gibt. Wir sind in einem großen leeren Raum mit Aussicht auf die Berge. Eine lächelnde Krimtatarin erklärt uns die Gerichte. Zuerst aber eine große Kanne Krimkräutertee. Es gibt natürlich keinen Wein. Ist hier auch nicht nötig. Zu viele zu verarbeitende Eindrücke. Das Essen der Krimtataren ist gut und ähnelt dem Essen der Karäer gestern.

Wieder Jalta als Dunkel und Lichter und Musik; wieder kein Ort, wo man ohne Musik ein Glas Wein trinken könnte. Das Hotelrestaurant ist schon geschlossen.

30. September

Endlich Jalta bei Tageslicht. »Jalta war eine hässliche Stadt«, schreibt Esther Kinsky und staunt, wie Tschechow hier habe schreiben können. Ich habe das verblüfft gelesen, weil die Stadt in meiner Erinnerung ein einziges Ein- und Ausatmen von Glück war. Ist Jalta schön? Bei Tageslicht schon. Weiße Fassaden der Uferpromenade, immer noch eine hohe Brandung, die einige Meter der Promenade wieder gleichsam unter Regen hält. Große streunende Hunde, kleine Hündchen an der Leine. Eine Skulptur: Tschechows »Dame mit Hündchen« und ihr Kurort-Liebhaber. Sie stehen ein paar Meter voneinander entfernt, damit neben dem Kurort-Liebhaber Platz zum Fotografieren bleibt, was die Frauen gerne nutzen, indem sie sich mit dem steinernen Kurort-Liebhaber von ihren Männern fotografieren lassen. Erstaunlicherweise erfüllen die Männer ihren Frauen bereitwillig diesen Wunsch.

Hinter der Uferpromenade läuft Jalta im Durcheinander einer mittelalterlichen Stadt nach oben, krumme Straßen, alte

Häuser mit breiten südlichen Balkonen, Höfe mit Fruchtbäumen.

Ganz oben ist das Tschechow-Haus. Ich erinnere mich, wie ein Freund meines Vaters empört erzählte, wie er hier einmal war und auf dem Balkon Tschechows Witwe Olga Knipper-Tschechowa saß und ihre Fußnägel pflegte, und fotografiere den Balkon. Eigentlich war sie diejenige, die sich hätte empören dürfen, weil sie von den Besuchern bei ihrer Pediküre gestört wurde. Aber das Tschechow-Haus war ein Heiligtum, das niemandem und allen gehören durfte. So sah das der Freund meines Vaters, so ist es heute noch. Zusammen mit einer Gruppe von etwa zwanzig Menschen folgen wir der Führerin in dunklem Kostüm und weißer Bluse, sie trägt auch Stöckelschuhe und ist sorgfältig frisiert. Hier ist noch der Tschechow-Kult intakt, der Romanows-Kult hat hier keinen Zugang. Nach der Führung gibt es viele Fragen. Ein Mann scheint extra gekommen zu sein, um zu fragen, ob das wahr sei, dass Tschechow vor seinem Tod ein Glas Champagner getrunken habe. Die einfache Antwort »ja« wird von der Führerin sehr ausführlich gestaltet, damit man nicht denkt, dass Tschechow statt des Sterbesakraments Champagner wollte, das sei also wahr, aber das habe der deutsche Arzt in Badenweiler verordnet, als Tschechow sein berühmtes »ich sterbe« sagte, das sei eine Geste unter Kollegen gewesen (dabei hat sie einen Gesichtsausdruck, der sagt: Wir sind auf der frommen Krim, man muss den Aberglauben des Volkes nachsichtig berücksichtigen).

Natalja Azarowa ruft an und lädt uns für heute Abend zu sich zum Abendessen ein. Wir gehen zum Markt, Obst kaufen. Die Arsch-Frau ist heute fröhlicher gestimmt, Dmitry hat vorgestern morgen einen guten Anfang gemacht, sie hat viel verkauft. Sie freut sich, dass er wieder da ist. Wir kaufen eine Melone, ich sage, dass wir unbedingt eine gute Melone brauchen, sie schwört, eine gute für uns zu haben.

Wir fahren nach Liwadija. Unser Taxifahrer ist auch entsetzt, dass der »Park am Meer« in Jalta so wegbebaut wurde: »Sowohl in der Ukraine als auch bei uns ist das kein Staat, sondern ein Irrenhaus.«

Einmal haben meine Eltern in Liwadija zur Miete gewohnt: Es gibt in den Läden sehr wenig Lebensmittel. In den Bergen über Jalta kann man Pilze sammeln. In einem Dorf in diesen Bergen mieten wir zwei Zimmer bei einer alten Frau. Da meine Eltern ohnehin große Pilzliebhaber sind, essen wir jeden Tag gebratene Pilze. Einmal, als wir nach unten zum Strand unterwegs sind, habe ich plötzlich Heißhunger. Da ich meistens von selbst keine Wünsche äußere, nehmen es meine Eltern ernst, und wir machen in einem Restaurant halt. Da gibt es nur ein einziges Gericht: Buchweizengrütze. Geben Sie uns etwas Milch dazu, bitten meine Eltern. Es gibt keine. Butter auch nicht.

Der Liwadija-Palast ist, wie er war. Oder? Im Erdgeschoss erzählt die Führerin von der Jalta-Konferenz. Die obere Etage ist ein Interieur-Museum, hier wohnte die Zarenfamilie. Wieder merken wir, dass mancherorts auf der Krim der Puschkin- und Tschechow-Kult dem Romanows-Kult gewichen sind. Als entstünde hier eine neue heidnische Religion: Nikolai II. ist die Hauptgottheit, und seine Freunde und Bekannten sind das Pantheon. Nicht alle sind gleich gut. Es gibt natürlich auch böse kleinere Gottheiten, wie die Ballerina Mathilde Kschessinska. Ich erinnere mich an eine E-Mail von Natalja Azarowa, die schreibt: »… überhaupt ist die Bevölkerung der Krim erstaunlich fromm. Der Poklonskaja-Fall ist eher die Regel als eine Kuriosität.« Gemeint ist der schon mehrere Monate andauernde Skandal um den Film »Mathilde«, der von der Liebesaffäre zwischen Mathilde Kschessinska und dem Kronprinzen Nikolai erzählt. Der Skandal wurde von Natalja Poklonskaja, der ehemaligen Generalstaatsanwältin der Republik

Krim und aktuellen Abgeordneten im russischen Parlament, inspiriert. Poklonskaja, die eine sehr schöne junge Frau ist und äußerlich an keine Bigotterie denken lässt, ist eine glühende Verehrerin von Nikolai II., der von der russisch-orthodoxen Kirche als Märtyrer kanonisiert wurde. Vor kurzem hat sie behauptet, dass seine Büste in Simferopol Myrrhe weine. Und nun ist mit ihrem Namen die Hetzkampagne gegen den Film »Mathilde« verbunden. Der Film ist, wenn man nach dem Trailer urteilen darf, unerträglich kitschig, was natürlich kein Grund ist, Autos und Kinos in Brand zu setzen. Ich frage mich oft, wie es für die Menschen ist, die ihren Glauben während der Sowjetzeit nicht preisgegeben haben, wenn sie beobachten, wie Religion aus einer Unterdrückten zur Unterdrückenden wird. Zu solchen Menschen gehört zum Beispiel Kirill Kozyrew, der jetzt vorzieht, am Weißen Meer unter Bären und Beeren zu leben. Wahrscheinlich auch Andrej Poljakow, der mir das Buch »Jalta: eine Stadt der Fröhlichkeit und des Todes« empfohlen hat, das von dem russisch-orthodoxen Pfarrer im Jalta-Vorort Untere Orianda geschrieben wurde und von den Repressalien gegen Kirche und Gläubige nach der Revolution erzählt. Es soll in der Buchhandlung neben einer kleinen Kapelle auf der Uferpromenade in Jalta zu kaufen sein. Nicht vergessen!, sage ich mir.

Dafür aber bietet Liwadija den unbebauten Park, der genauso ist wie in meiner Erinnerung, mit durch die Zypressen blitzendem Meer. Wir fragen, wo das »Denkmal« ist. Ohne zu präzisieren. Und alle verstehen, was wir meinen. Zum Glück steht es nicht direkt vor dem Palast, wie ich irrtümlich dachte, sondern etwas abseits, »hinter dem Speisesaal des Sanatoriums«. Ein hässliches Denkmal. Wie drei Pappmonster vor einer Geisterbahn. Aber es interessiert keinen außer uns. Schließlich herrscht auf der Krim ein Kult der Romanows und keiner von Stalin / Roosevelt / Churchill.

Natalja Azarowa kommt oft auf die Krim, oft kommen ihre Freunde mit, diesmal die Moskauer Historikerin Anna Kotomina, die in ihrer Jugend in der Nähe von Jewpatorija an Ausgrabungen teilgenommen hat und sich auf der Krim, einem archäologischen Mekka, gut auskennt. Sie sind erst vor einigen Stunden angekommen, haben aber ein üppiges Krim-Abendessen zubereitet: mit Soße aus Feigen und mit Meeresschnecken, alles, was wir hier gerne probieren würden, aber keine Zeit dafür fänden. Wie sie das in dieser Zeit geschafft haben, bleibt ihr Geheimnis. Natalja hat eine unglaubliche Energie, die sich in allem zeigt, was sie tut. In einem Zimmer ihrer Wohnung haben ihr Mann und sie innerhalb von ein paar Stunden ein Rosenrelief gemacht, das fast eine genaue Kopie eines Reliefs im Woronzow-Palast in Alupka ist, von dem es heißt, die Arbeit habe einige Jahre gedauert. Vor kurzem hat sie ein »Lehrbuch für Poesie« initiiert und herausgegeben, ein fast 900 Seiten starkes Buch, das für den Literaturunterricht gedacht und eine kommentierte Lyrik-Anthologie ist. Gerade in diesem Zimmer, erzählt sie, hätten sie und die anderen Herausgeber sich versammelt und wichtige Entscheidungen getroffen. Sie übersetzt moderne chinesische Poesie und ist momentan mit der Lyrik-Biennale in Moskau beschäftigt, die in diesem Jahr chinesische Lyrik als Schwerpunkt hat. Manche Dichter, die kommen sollen, kennt Daniel, zum Beispiel aus der 2016 in Berlin erschienenen Anthologie »Chinabox«, die Lea Schneider herausgegeben hat. Von Lea Schneider hat Natalja allerdings gehört, weil L. S. einmal in Moskau bei einer deutsch-russischen Übersetzerwerkstatt »VERSchmuggel« teilgenommen hat. Zu dem Festival in Moskau möchte Natalja Oleg einladen, für einen gemeinsamen Abend mit einem chinesischen Dichter, was Olegs Termine leider nicht zulassen.

1. Oktober
Das Meer tost und ist intensiv grün. Nach der stürmischen Moskauer Gastfreundschaft gestern brauche ich nach dem Frühstück noch 20 Minuten Schlaf vor der weiteren Jalta-Erkundung. Ein Traum: Wir gehen die Jalta-Promenade entlang und begegnen einer Gruppe von traurigen Menschen, einer von ihnen sagt: »Wissen Sie, unser Krokodil ist entflohen«, und schaut sehnsüchtig in den Himmel.

Ich schaue mir auf YouTube ein Gespräch mit Ismet Scheich-Zade von 2015 bei einem russischsprachigen US-amerikanischen Sender an. Der Interviewer zielt auf etwas Spektakuläres. Der Künstler aber bleibt ausgewogen und ruhig, Gott sei Dank gebe es bei uns keinen Krieg; die Menschen verstünden, dass alle hier in einem Boot säßen, im selben Raum; besser ein magerer Frieden als ein fetter Krieg. Der Fragende gibt nicht nach: Also nach der bekannten Formel: Egal was, nur dass der Krieg nicht käme? Das ist eine Persiflage der einstigen sowjetischen Friedensdemagogie. Aber wenn man daran denkt, was in der Nähe passiert, im Donbass, kann man darüber nicht lachen. Man kann nur sagen: Eigentlich ja. Der Künstler sagt: Na ja, das habe Vorrang, niemand beklage sich, man freue sich, dass nicht geschossen wird, Gott bewahre. Das ist ein sehr interessantes Gespräch, das verschiedene Meinungen berücksichtigt. Ismet Scheich-Zade erzählt von Menschen, die mit der Entwicklung zufrieden sind, von Menschen, die unzufrieden sind; er zeichnet tatsächlich ein komplexes Bild, wie es sich für einen Künstler auch gehört. Und bei aller Emotionalität versucht er einen ruhigen Tonfall zu bewahren, was, meiner Meinung nach, in der heutigen Welt Gold wert ist.

Der Versuch, in einer kleinen weißen Kapelle auf der Uferpromenade das Buch zu kaufen, das mir Andrej Poljakow empfohlen hat, scheitert: ausverkauft. Auch in der Verkaufsstelle einer anderen Kirche, der Alexander-Newski-Kathedrale; diesmal ein gelungener Historismus im altrussischen Stil (der meistens nicht gelingt), von dem Architekten Nikolai Krasnow, der sehr viel auf der Krim gebaut hat und verschiedene Stile und Epochen virtuos zitiert.

Vor dem Restaurant »Persona Grata«, jenem Haus mit Atlanten, wo womöglich die Apotheke von Nataljas Großvater war, verspricht ein Schild Austern aus dem Schwarzen Meer. Man kann ein ganzes Buch über Austern in der russischen Literatur schreiben: Manchmal werden sie mit Vergnügen gegessen, manchmal werden sie zu einem Symbol der Ungleichheit, in einem Gedicht von Achmatowa bilden sie die Kulisse für ein Liebesdrama. Aber in der Sowjetunion wäre es nicht einmal zum Spaß denkbar gewesen, irgendwo Austern zu bekommen. Wir kehren natürlich ein, die Austern sind gut, sagen diejenigen von uns, die sie kosten; ich bewundere lieber die ästhetische Seite des Gerichts mit seinem Zitronengelb, Silbergrau und Eisweiß und bestelle mir eine Kanne Krimkräutertee.

Dann ein mühsamer Weg nach oben zur armenischen Kirche, die uns ebenfalls Andrej Poljakow empfohlen hat. Nach einigem Kreisen durch das chaotische Jalta stehen wir vor dem hohen Hügel. Eine lange, von Zypressen umsäumte Treppe führt zu der am Anfang des 20. Jahrhunderts gebauten Sankt-Hripsime-Kirche, die eine frühchristliche armenische Kirche zu sein scheint, welche vom Kaukasus auf die Krim geflogen ist. Noch ein Beispiel für gelungenen Historismus. Ich lese einen Zedernzapfen vom Boden auf, der nach Nadelholzharz riecht.

Am Abend sind wir mit Natalja und Anna in einem Restaurant, das von einer westukrainischen Familie geführt wird, die eine Weile in Deutschland gelebt hat, was die Kuchenauslage auch hätte vermuten lassen, hätten wir es nicht ohnehin schon gewusst. Es gibt Fisch aus dem Schwarzen Meer. Natalja liest uns chinesische Gedichte in ihrer Übersetzung vor.

2. Oktober

Das Meer ist bis zur Mitte dunkelblau, dann metallen. Ich kann es aus dem Bett sehen und hören. Auch vom Schreibtisch aus. Ich stehe jeden Tag um sechs Uhr auf und schalte das Notebook ein. Ich schreibe auf, lösche, laufe über die Außenterrasse zum Wasserbehälter und hole mir warmes Wasser, draußen ist es kalt und heute ausnahmsweise finster. In vollem Bewusstsein, dass die Krim nicht meine Geschichte ist, dass ich nur das momentane Bild behalten kann, bin ich trotzdem ziemlich aufgeregt, was mit dem Genius loci dieses Ortes zu tun hat, nicht mit mir. Ich lösche Geschriebenes und liege im Bett und schaue auf das immer metallener glänzende Meer und höre dem Rauschen (nicht mehr Rumoren) zu.

Das Meer: nah zum Ufer wieder grün, weiter fast unnatürlich blau.

Heute zeigt uns Natalja Parks und Paläste, die wir von allein nicht finden würden, weil dort Sanatorien sind und wir nicht auf die Idee hätten kommen können, dass wir dorthin dürften. Die Wächter erzählen sogar von diesen Parks und Palästen; eigentlich kennt jeder Krimbewohner, der auf die eine oder andere Weise im Servicesektor tätig ist, viele Führungen auswendig. In jedem Park sind eigene Hunde, die dort leben dürfen und gefüttert werden.

In Gaspra heißt das Sanatorium unverhofft »Jasnaja Poljana« (nach Tolstois Landgut), weil hier 1901/02 Lew Tolstoi, der nach einer schweren Krankheit Erholung brauchte, auf Einladung der Gräfin Panina lebte. Ich erkenne den Balkon von einem Foto, das Tolstoi und Tschechow beim Teetrinken zeigt, und fotografiere den leeren Balkon. Nach einem Besuch sagte Tschechow, der ja Arzt war, dass er den nahen Tod Tolstois befürchte. Der junge Tschechow starb fünf Jahre früher als der alte Tolstoi. Beide wurden zu Hauptklassikern des sowjetischen Literaturpantheons, beide haben die Revolution nicht mehr erlebt und konnten von der sowjetischen Literaturwissenschaft ungestört als Vorläufer der Revolution missbraucht werden. Im Park haben die Katzen über die Hunde gesiegt.

Picknick auf den Felsen über Semeis. Auf dem Parkplatz mehrere Hunde, groß, sandfarben oder diabasfarben (wie der Woronzow-Palast in Alupka), ziemlich räudig, manche hinken. Sie eskortieren uns schweigend den steinigen Pfad zwischen den Föhren entlang. Irgendwann bleibt nur ein Hund, als hätten sie ein Abkommen. Er begleitet uns bis zu den Felsen, wo wir unser Lager aufschlagen, und liegt bescheiden in der Nähe, als hätte er keinen Hunger und wäre einfach unser Hund; als würde er spielen, dass er kein Straßenhund sei, sondern zu jemandem gehöre. Wenn er Essen bekommt, isst er ohne Gier und Eile. Es ist kalt, Natalja und Anna haben Decken und Jacken für alle. Das Meer unten ist pittoresk tobend. Der Hund begleitet uns zum Auto, obwohl wir kein Essen mehr für ihn haben. Er legt sich abseits hin und schaut taktvoll Richtung Meer.

Marina Zwetajewa schreibt in ihren Erinnerungen über Maximilian Woloschin, wie er einmal ein Rudel von wilden Krimhunden mit Überzeugungskraft dazu gebracht hat, ihn nicht zu zerfetzen. Die Hunde, die wir hier sehen, sind leise, fast stumm, irgendwie verloren, zu der Krim, wie sie manchmal wirkt – ein Raum zwischen Raum und Zeit – passend.

Als wir unsere Routen bestimmt haben, waren wir uns einig, dass wir nicht zur Pilgerstätte der Liebhaber der russischen Moderne, Woloschins Haus in Koktebel, fahren. Weder Dmitry noch Oleg, noch ich haben einen persönlichen Bezug dazu. Keiner von uns ist früher in Koktebel gewesen. Wahrscheinlich, weil es zu *en vogue* war, Koktebel und die ganze mit diesem Dorf und seinem krimtatarischen Namen, der an »Cocktail« denken lässt, verbundene Mythologie. Zu den berühmten Gästen in Woloschins Haus gehörten: Mandelstam, Gorkij, Andrej Bely, Michail Soschtschenko, Michail Bulgakow, Marina Zwetajewa. In der spätsowjetischen Zeit haben sich viele Künstler und Intellektuelle für die Erben der in Russland brutal abgebrochenen klassischen Moderne gehalten, und Koktebel war einer der Hauptwallfahrtsorte dieses Kultes. Mir waren die literarischen Quellen völlig ausreichend, und ich hatte keine Lust, mich den Pilgern anzuschließen, um dann sagen zu können, dass ich dort gewesen bin, und meine Begeisterung in Prosa und Gedicht festzuhalten.

Was aber vielleicht zu sagen ist, Woloschin hat in Zeiten des blutigen Bürgerkriegs keine Partei ergriffen und, wenn Menschen Hilfe brauchten, allen geholfen, sowohl den »Roten« als auch den »Weißen«, hat seine Neutralität bewahrt. Vielleicht sollte man heute öfter daran denken.

3. Oktober

Die Uferpromenade. Eine Eisverkäuferin mit vorsichtiger Hoffnung: Heute ist es warm, vielleicht wird man Eis kaufen. Ich denke an die Marktfrau, die Ärsche in die Luft zeichnet. Hoffentlich wird diese Wetterwende auch ihr etwas bringen.

Wir fahren nach Sewastopol. Ich habe vor der Reise Tolstois »Sewastopoler Erzählungen« wieder gelesen. Tolstoi, der am Krimkrieg (1853–1856) als Offizier teilgenommen hat, findet in diesen Erzählungen seine einzigartige Stimme. Von der ersten zur dritten Erzählung kommt die tragische Seite des Krieges immer dringlicher zum Vorschein. Der Tod eines jungen Fähnrichs ist in meinem Kopf geblieben: »Etwas in Feldmantel lag bäuchlings an der Stelle, wo eben Wolodja gestanden war.« Vielleicht wurde hier in Sewastopol Tolstois Pazifismus geboren.

Jan Schapiro zeigt uns die Stadt, er weiß alles genau, wo was war, auch wo die von Tolstoi beschriebenen Straßen, Spitäler und Bastionen sind. Sewastopol ist eine Stadt, die einem Marineoffizier in einem weißen feierlichen Dienstrock ähnelt. Diese strahlend weiße Figur verbirgt viele schreckliche Szenen, die sich hier abspielten. Esther Kinsky und Martin Chalmers hatten in ihrem Reisegepäck das Buch von Laurence Oliphant, der kurz vor dem Krimkrieg hier gewesen war und, schreibt Chalmers, »(vielleicht mit Auftrag, und schon eingeweiht in Kriegsplanungen?) auch bei den Lesern keinesfalls Sympathie für Russen aufkommen lassen« wollte. Für mich sind Chalmers' Beobachtungen diesbezüglich von besonderem Interesse, weil sie einen anderen Blick auf den Krimkrieg geben: »Der Krimkrieg sitzt den Briten in den Knochen, obwohl – oder weil – sie die Sieger waren, die segensreichen Verteidiger eines russenfreien Zugangs zu ihren Kolonien im Orient. [...] (Die Rolle der Franzosen stets eher eine Nebenerscheinung in der Erzählung.)« Auch Chalmers bemerkt die adrette mediterran anmutende Physiognomie Sewastopols, und: »Alle Zeichen russischer Schmach sind getilgt.« Sie waren freilich bereits im 19. Jahrhundert getilgt worden. Doch die Krim hat dann im 20. Jahrhundert viel erleiden müssen. Da war der blutige Bürgerkrieg. Und da war die deutsche Besatzung im Zweiten Weltkrieg, die alles tilgte, alle Zeichen einstiger Schmach und der Blutbäder des Bürgerkriegs, alle Zeichen des Wiederaufbaus, für die Zivilbevölkerung gab es Hunger, Zwangsarbeit, KZs; es gab die Ausrottung von fast der gesamten jüdischen Bevölkerung. Geplant war, die Krim zu einem deutschen Südparadies unter dem Namen »Gotenland« zu machen; Sewastopol spielte dabei immer eine wichtige Rolle und war dementsprechend besonders stark betroffen.

Ich erinnere mich an Ismet Scheich-Zade und das Gespräch auf YouTube. In der Tat, welches Glück es ist, dass 2014 auf der Krim kein Krieg ausbrach. Der nächste Gedanke ist unvermeidlich: der Krieg im Osten der Ukraine. Wie nah zu dieser so friedlich anmutenden Gegend. Das ist ein Schrecken, der keine Erklärung, keine Rechtfertigung hat. Und ein Satz aus Tolstois »Sewastopoler Erzählungen«, der mich sowieso alle Tage auf der Krim begleitet: »Eine Frage aber, die die Diplomaten nicht haben lösen können, kann mit Schießpulver und Blut noch viel weniger gelöst werden.« Von welchen Nichtigkeiten und Nebensächlichkeiten hängt manchmal der Frieden ab! Hätte Nikolai I. Napoleon III. nicht mit »Monsieur mon ami« (lieber Freund) beleidigt, sondern mit »Monsieur mon frère« (lieber Bruder) angeredet, wäre die diplomatische Konstellation auf der Weltbühne anders ausgefallen und es wäre vielleicht nicht zu diesem Krieg gekommen. Einige Historiker vermuten, dass sich Nikolai I., der bezüglich dieses Krieges viele Fehler gemacht hatte, gegen Ende des Krieges das Leben genommen hat.

Wie überall auf der Krim ist jede Feierlichkeit durch streunende Tiere »vermenschlicht«. In einem Blumenbeet wachsen Katzen, beinahe so viele wie die Blumen.

Nach der offenen Perspektive des Meers, nach den weißen und feierlichen Gebäuden des repräsentativen Sewastopols fahren wir zu den Ausgrabungen der antiken Stadt Chersones. Jan beginnt seine Führung mit den Taurern. Was hier klar wird – diesen Ort, die Krim, wollten alle besitzen. Völker, Reiche, Königtümer, Religionen, Sprachen lösten einander ab. Ich weiß nicht, ob es irgendwo so viele historische Schichten gibt wie auf der Krim. Vielleicht ist das kein Palimpsest, sondern eine Schultafel, auf der der Lehrmeister Geschichte für jede Generation etwas aufschreibt, in der Hoffnung, dass endlich ein Jahrgang kommt, der etwas versteht; dann seufzt er, wischt die Kreide ab und trägt seine dunklen Schriften aufs Neue auf. Wir laufen zwischen den Ausgrabungen, die zu dem Kundigen sprechen, aber wahrscheinlich nicht so deutlich, wie die Kundigen es gerne glauben machen. Jan relativiert alles, erzählt, was über was vermutet wird, sagt gleich, dass es aber eine andere Meinung gibt, was die Scherben hier oder die Hausfundamente da bedeuten. Die berühmten Postkartensäulen von Chersones, die hübsch ordentlich stehen, als wären sie die Ruinen eines Tempels, sind von allen Winkeln dieser Ausgrabungen zu einem Platz gebracht und malerisch aufgestellt worden.

Nichts kann einander weniger ähneln als Jan Schapiro und die Stadt, in der er lebt. Er ist das Gegenteil von diesem offiziellen Sewastopol. Er ist in der Ostukraine geboren, lebt aber seit seiner Jugendzeit hier. Seine Frau Simha kommt aus Odessa. Die Verbindungen zur Ukraine sind eng; sie erwägen, vielleicht nach Odessa zu ziehen. Jan vermeidet konsequent alles Politische; er hat Verständnis für alle; auf beiden Seiten gibt es vieles, was man nicht begrüßen kann; auf beiden Seiten gibt es eine eigene Wahrheit. Er bleibt bei seinen Interessen; ihn interessiert das Leben der jüdischen Gemeinden, hier und in der Ukraine. Seine Tochter besucht eine jüdische Schule, die aber nur neun Klassen hat. Einer der Gründe, warum die Familie den Umzug nach Odessa in Erwägung zieht. Als ich etwas frage, worüber ich in den Nachrichten gelesen habe, fragt er »Sie lesen Nachrichten?« mit einer so natürlichen Verwunderung, dass ich mich schäme.

Jan lebt mit seiner Familie in einem Haus in einem weniger auf äußere Pracht ausgerichteten Teil der Stadt, der näher zu Chersones ist als zur feierlichen Uferstraße. Im kleinen Garten wachsen viele herrliche Pflanzen nah beieinander: drei Feigen, die eine gibt zwei Ernten im Jahr, die andere eine, die dritte ist noch zu klein; Johannisbeeren; Stachelbeeren; eine kleine Stechpalme; Bambus. Im Haus leben ein Terrier und zwei Katzen. Simha, Jans Frau, ist noch nicht da. Die zwölfjährige Tochter Sonja beginnt gleich, den Tisch für uns zu decken, erzählt von ihrer Schule, passt auf das Geschirr auf, damit das

Fleischgeschirr und das Milchgeschirr nicht durcheinandergebracht werden. Dann kommt auch Simha. Zum Tee gibt es von Jan gemachte Marmelade aus Beeren vom Garten. Die Gastfreundschaft und Ruhe sind genau das, was nach der Aufregung, die diese vielseitige Stadt auslöst, guttut. Schade, dass unsere Zeit, wie immer hier, so knapp ist.

4. Oktober
Heute ist der letzte Tag. Das Geräusch des Meeres war zwar genauso tobend wie jede Nacht, das Meer selbst ist aber ruhig, und die Luft ist warm. Die Badeverbotsschilder sind entfernt worden. Ich betrachte meinen Badeanzug im Koffer und gehe zur Post, um die Ansichtskarten abzuschicken.

Menschen essen Eis. Manche schwimmen. Vor der Post steht eine mittelgroße Menge und wartet.

– Wann öffnet die Post?, frage ich eine wartende Dame mit Panama.

– Um acht.

Ich schaue auf die Uhr: halb neun.

– Es gibt kein Licht. Sie warten dort auf den Strom.

Ich gehe zurück. Der letzte Spaziergang auf der Uferpromenade.

Unser Flug ist spät am Abend. Den Tag werden wir mit Andrej Poljakow verbringen. Ich kann es mir leisten, über die Krim mit einer emotionalen Distanziertheit nachzudenken und keine Partei zu ergreifen. Gewissermaßen muss ich das sogar, weil ich die ganze Situation von Frankfurt her betrachte. Andrej Poljakow lebt seit seiner Geburt in Simferopol. Er ist in russischsprachiger Umgebung aufgewachsen, weil die Krim, im Unterschied zur (insbesondere West-)Ukraine, russischsprachig war (und natürlich ist). Zugleich ist er in der Sowjetrepublik Ukraine aufgewachsen, die, als er Anfang zwanzig war, ein unabhängiger Staat geworden ist, samt der Krim, die 1954 von Chruschtschow der Sowjetrepublik ›geschenkt‹ wurde (die Kommunisten haben in dem riesigen Raum der Sowjetunion ihre teilweise willkürlichen Grenzen hinterlassen, ein bisschen ist es wie bei den Engländern und ihren Kolonialländern). Was für eine anachronistische feudale Geste ist es, ein Land samt der Bevölkerung zu verschenken! Das war der Nachhall von Stalins Methoden, die ganzen Völker pauschal und sippenhaftmäßig für die Kollaboration mit dem Feind zu deportieren.

Es gibt ein Interview mit Andrej von 2014, kurz nach dem Krim-Referendum. Ich würde mir selbst widersprechen, wenn ich Poljakows Meinung deshalb relevant fände, weil er ein bedeutender Lyriker ist (und er ist einer). Ich finde einfach, dass das, was er sagt, von großem Interesse für Menschen ist, die verstehen wollen, was auf der Krim los ist, warum die Mehrheit ihre Stimmen dafür abgegeben hat, dass die Krim wieder ein Teil von Russland wird. Und das war so. Keiner auf der Krim bestreitet diese Tatsache, egal, ob man selbst dafür oder dagegen war oder ist. Einige Zitate aus dem Interview:

»Die Krim ist jedoch kein Lwiw und nicht einmal ein Kiew. […] Ich möchte mich jetzt nicht durch diese ganze Geschichte wühlen, aber auf jeden Fall verstehen wir, dass Nikita Chruschtschow mit diesem Territorium einfach die Unterstützung der riesigen und einflussreichen ukrainischen Partei bezahlte.«

»… ich verstehe, dass ich mit den Gefühlen denke. Na ja, Dichter müssen nicht klug sein. Andererseits verspüre ich einen inneren Widerstand, denn ich möchte nicht das Land mit Steinen bewerfen, in dem ich 23 Jahre lang gelebt habe, wo ich gute Freunde und Bekannte habe. In der Ukraine zu leben war für mich als russischen Dichter, dazu noch aus der Krim, ziemlich ... ich will nicht ›traumatisierend‹ sagen, nicht einmal ›dramatisch‹, aber es gab in dieser individuellen Ontologie natürlich Elemente einer gewissen Nervosität. [...] Die ukrainische Identität, um die momentan die ukrainische Nation gebaut wird, hat ein Recht zu existieren, das ist überhaupt keine Frage. Leider wird diese Identität nicht als eigentlich ukrainische konstruiert, nicht als eine eigenständige, sondern sie wird auf einer Konfrontation aufgebaut. Das ist historisch bedingt. Die Hauptbotschaft dieser Identität ist nicht ›Wir sind Ukrainer‹, sondern ›Wir sind keine Russen‹. Daraus folgt ein ständiger Konflikt. Nehmen wir also zum Beispiel diesen antirussischen Druck – ich habe ihn immer gespürt.«

»Sie haben mich gefragt, ob ich eine Vorstellung davon habe, was in Russland politisch los ist. Ich habe davon keine so gute Vorstellung, weil ich das nicht verfolgt habe, und überhaupt ist Politik für mich irgendeine parallele Realität, Gott sei Dank.«

»Was ich in erster Linie sagen möchte: Das, was passiert, darf man sich auf keinen Fall als einen unendlichen Albtraum vorstellen. Weil die Informationen, die durch ukrainische Kanäle kommen, oder in einigen russischen Medien auch, nicht immer der Realität entsprechen.«

Einige Kollegen in Russland hat dieses Interview geärgert, weil die Ukraine zu unterstützen für viele Menschen bedeutet, der Macht ihre Unzufriedenheit zu zeigen (riskante Analogie, aber sie hat etwas: Manche Menschen, die für die AfD gestimmt haben, haben an sich nichts mit der rechten Ideologie zu tun, aber sie wollten damit ihre Unzufriedenheit äußern; wahrscheinlich sind solche stellvertretenden Elemente in der politischen Orientierung der privaten Menschen überhaupt sehr wichtig, womöglich werden sie unterschätzt, aber das ist ein anderes Thema). Oft geht es Menschen, die über die Krim reden, gar nicht um die Krim. Ich glaube, es ist üblich, dass etwas mit der Rolle der Ursache für eine Konfrontation beladen wird. In der Politik und auch privat. Später, nach allen Tragödien, verflüchtigt sich die Energie, mit der der jeweilige Apfel der Zwietracht aufgeladen wurde. Abgesehen von der Politik: Auf der Krim leben Menschen, die nicht deshalb so gestimmt haben, weil sie russische Nationalisten wären, sondern, weil sie sich als Teil Russlands empfinden, was wiederum nicht bedeutet, dass sie alles gut finden, was in Russland passiert. Sie wollen teilnehmen; auch an den Protesten gegen das, was ihnen in Russland nicht gefällt, wollen sie teilnehmen. Auch als Opposition tätig sein. Diese Menschen scheinen niemanden zu interessieren.

Ich treffe Dmitry, der auch zu seinem letzten Spaziergang aufbricht, vorm Hotel und gebe ihm meine Karten, für den Fall, dass die Post öffnet.

»Abgabe des Zimmers«: Jemand von den Hotelangestellten soll kommen und prüfen, ob alles in Ordnung ist, ein alter sowjetischer Brauch. Eigentlich sollen Badetücher gezählt und Minibar geprüft werden, die Angestellten lächeln nur und wünschen uns eine gute Reise. Für die Sünde, den »Park am Meer« bebaut zu haben, können die Angestellten nichts. Sie waren freundlich und zuvorkommend, mit Ausnahme einer Dame im Restaurant, die einen skeptischen Gesichtsausdruck hatte, der an einen berühmten sowjetischen Spruch, »Sie sind viele und ich bin allein hier«, erinnerte, besonders, wenn wir mit unseren 0,1 l Wein fünf Minuten nach elf noch nicht fertig waren. Aber so eine Kellnerin, weiß ich heute, kann man überall auf der Welt treffen.

Unser letzter Taxifahrer ist aus der Stadt Donezk, an die ich die ganzen Tage immer wieder denken muss, einem Kriegsgebiet, so nah, so unvorstellbar. Er erzählt, er arbeite während der Touristensaison auf der Krim, die Familie lebe das ganze Jahr davon. In Donezk gebe es keine Arbeit. Früher habe er beim Schrottrecycling gearbeitet. Die Renten der Alten betrügen zweitausend Rubel (umgerechnet 30 Euro). Er sei in Russland geboren und hätte die Möglichkeit, die russische Staatsbürgerschaft zu bekommen und nach Russland überzusiedeln, aber seine Frau wolle das nicht: wegen des Hauses, des Gartens, die Tochter studiere dort im dritten Semester Journalistik. »Aber was ist das für ein Leben!«, sagt er, eine Sperrstunde, und überhaupt, man wisse nicht, wo man lebe, was sei, was sein werde. In einem Donezker Vorort, wo Datschas sind, seien vor kurzem Fischer getötet worden, die im Boot im Fluss saßen, man wisse nicht, wer sie getötet habe, die Donezker Rebellen oder die Ukrainer. Er spricht viel, ich glaube, weil er immer wieder daran denkt, wie er lebt (das ist eine unvorstellbare Situation, mitten, geographisch gesehen, im scheinbar friedlichen Europa ein Bürgerkrieg). Unser Fahrer sagt, dass damals eine Chance verpasst worden sei, alle ostukrainischen Gebiete wären zum Aufstand bereit gewesen, Odessa, Mariupol, alle, aber es habe keine starke Führung gegeben, keine Figur, die all das hätte zusammenführen können. Er erzählt von seinen Bekannten in Donezk, alle seien auf die eine oder andere Weise in einer ausweglosen Lage. Arbeit gebe es nicht. Wenn man in die Ukraine käme, würde man dort gleich in die ukrainische Armee eingezogen und mit tödlicher Waffe in den Händen zurückgeschickt. Niemand will Bürgerkrieg. Auf keiner der Seiten. Menschen wollen ihr normales Leben haben. Aber wo willst du es finden, das normale Leben. Dann wechselt er das Thema: Das Meer habe sich beruhigt, die Fähre werde entsperrt. Aber jetzt stünden da Autos Schlange, vielleicht mehrere Tage. Doch bald werde die Kertsch-Brücke gebaut, »unsere Retterin«.

(Wenn ich es jetzt, bereits in Frankfurt, wieder lese, scheint es das Protokoll eines Albtraums zu sein. Der Fahrer sprach aber nicht so hastig, sondern mit einer resignierten, milden Stimme, ruhig und traurig.)

Nach der Fahrt trinken wir Krimkräutertee und rufen Andrej Poljakow an, um uns zu verabreden. Ich frage mich, wie diese Menschen später miteinander oder wenigstens nebeneinander werden leben können, in dieser Gemeinschaft, aus der jene getöteten Fischer stammen, die unklar von wem getötet wurden. Daniel staunt, dass die Frau des Fahrers unter diesen Umständen doch in Donezk bleiben will. Dmitry erinnert sich an seine Großmutter, die das kurz vor der Belagerung stehende Leningrad nicht verließ, weil sie ihre Wohnung und ihren Haushalt nicht verlassen wollte. Niemand konnte ahnen, was kommt, solch eine Hölle wie die Belagerung Leningrads kann sich im Voraus keiner vorstellen. Im Nachhinein auch kaum.

Simferopol, das nicht am Meer liegt, ist zwar die Hauptstadt der Krim, aber viel weniger spektakulär als Sewastopol, das die Hauptstadt seiner selbst ist. Es gibt Boulevards mit teilweise alten Häusern, die zwei bis vier Stockwerke haben und den Charme der südrussischen Provinz ausstrahlen. Andrej schimpft auf zu stark renovierte Häuser, die so aussehen, als wären sie gestern gebaut worden. Zum Glück nicht alle.

Die Wohnung, in der Andrej mit seinen Eltern wohnt, scheint nur aus Büchern zu bestehen: Nicht nur sind alle Wände mit Regalen bedeckt, Bücher stehen auch überall als hohe Stapel, ein gutes Gefühl, Buchrücken zu sehen, die auch bei uns stehen.

Wir sitzen am Tisch, mit Gerichten, die auch in unseren Familien zubereitet wurden, manche noch heute bei uns, wie der berühmte »russische Salat«, bei Andrejs Mutter allerdings eine spanische Variante mit Thunfisch. Wir trinken den letzten Krimwein (Andrej hat für uns den Cabernet »Inkerman«, bei dem wir uns in diesen Tagen einig waren, dass er der beste Rotwein auf der Krim ist) und gehen spazieren. Obwohl wir früher kein Wort gewechselt haben, sprechen wir, als wären wir »schon immer« befreundet. Andrej war in einem gewissen Sinne ein Prinz in literarischen Kreisen, einer der beliebtesten Lyriker seiner Generation. Nach seinem Interview, in dem er offen seine Zustimmung zur Wiedervereinigung von Krim und Russland geäußert hatte, wurde er von vielen als »Reaktionär« bezeichnet. Sogar ich habe, obwohl ich mich selten mit russischen Kollegen treffe, ein paarmal erlebt, wie sie reagieren, wenn ich Poljakow in einem Gespräch erwähne. Ihre Gesichter werden genauso skeptisch wie bei der Kellnerin in Jalta, der unser 0,1 l Wein und langes Sitzen nicht gefiel. Andrej, der ohne E-Mails und auf der Krim, die heute nur selten von jemandem aus seinen Kreisen besucht wird, ohnehin in einer auf das Denken und Schreiben konzentrierten Einsamkeit lebt, muss sich isoliert fühlen. Manche von seinen engen Freunden wollen nichts mehr mit ihm zu tun haben und fordern, wenn er – selten – mit einer Lesung nach Moskau kommt, die literarische Gemeinschaft auf, seine Lesungen zu boykottieren. Das spiegelt die gesamte Situation in Russland. Die Krim ist den meisten eigentlich egal, aber sie ist zu einem Symbol des Widerstands geworden, bezeichnenderweise sowohl für diejenigen, die gegen die Wiedervereinigung von Krim und Russland sind, als auch für diejenigen, die dafür sind – also zu einem Symbol des Widerstands der einen gegen die anderen und der anderen gegen die einen.

Poljakows Situation erinnert an einige Geschichten aus dem 19. Jahrhundert, wenn die »progressive« Intelligenzija die »konservativen« Autoren so weit wie möglich »gemobbt« hat, wie man heute sagt, das berühmteste Beispiel ist wahrscheinlich Nikolai Leskow (im Westen ist seine Novelle »Die Lady Macbeth von Mzensk«, in erster Linie dank der gleichnamigen Oper von Schostakowitsch, am bekanntesten).

Wir haben in Simferopol vieles nicht gesehen. Die Katharina II., die der »unseren« in St. Petersburg ähnelt, aber auch der Maria Theresia in Wien; die dank Poklonskaja berühmte Büste von Nikolai II., die »Myrrhe weint«; die neue große Moschee. Emma Georgiewna, Andrejs Mutter, schenkt uns ein Foto mit Katharina II., die wir nicht gesehen haben, Krimer Süßigkeiten und den berühmten Kräutertee.

Ein Gedicht von Andrej Poljakow:

Der Pan ist tot in Sewastopol

> *... unter der Flagge Lenins das Wasser der Lethe trinken und geheime Lieder von Gott mit den Hufen singen*

I
Die Hügel werden gelb, und von ihnen herab knistert trocken
    das Gras
(Steine die nackten Köpfe im unbeweglichen Sonnenfluss)

Wir schreiten Schatten in Schatten, wiederholend uns in den
    Schritten
Die Möwe der langsamen Flügel hält in der Luft den Glanz
    des Metalls

Das sogleich erleuchtete Meer der Farbe von tausend Fischen
Der Falter Zweigespann, in den Fäden des Flugs sich
    verfangend

Der Salzgeruch an der Haut, die wir braunbrennen lassen,
und der Hirtenwind, wie das JETZT sich verflüchtigend

II
Der Pan ist tot in Sewastopol, an einem von hier fernen Tag
in einer blau-hellen Wolke, staubig-schwebendem Himmel

in der Stille der Sowjet-, der Sowjet-, der Sowjet-Musen

hat er sich nicht mehr, nicht mehr erinnert

Der Flug. Hinter uns sitzt eine Familie: Vater, Mutter und ein kleines Mädchen. Eines von wenigen Malen in meiner Kindheit, dass ich geflogen bin, war einmal mit meinen Eltern von Simferopol nach Leningrad. Ich denke an Friederike Mayröcker, die sich und ihre Eltern auf einem Bild von August Macke (»Leute am blauen See«) erkannt und einen wunderbaren Text darüber geschrieben hat, ein rührender Satz steht da: »Herzflamme im Rücken, bin selbst dieses Mädchen Laura, klassische Rippe, gewesen, biszchen laufend am blauen See, Heckenrosen am Gartenzaun Beweinung der Büsche, Narzissen am Saum des blauen Sees ach Tautropfen in den Augen des Kindes.« Als wir gelandet sind, kann ich die Familie sehen, die Mutter hat hellrote Rasta-Zöpfe.

5. Oktober
St. Petersburg.
Die Krim scheint sich aus einer Zeitschleife herausgeschält zu haben. Als wären die ganzen Jahre von 1991 bis 2014 weder ukrainische noch russische Zeit gewesen, sondern eine andere Art, sich aus der sowjetischen Epoche zu befreien. Eine Zone zwischen allen Realitäten. Und sie bleibt es heute noch.

Ich vermisse den Krimkräutertee. Und den Krimwein. Und den unschönen taktvollen Hund auf den Felsen von Semeis.

Einiges glaube ich in diesen Tagen verstanden zu haben: Zuvor hatte ich nur daran gedacht, wie sehr die Fremden, die sie nur sporadisch besuchen, die Krim lieben. Die Halbinsel wird sofort und für immer zum Ort der Sehnsucht. Puschkin, Tolstoi, Mandelstam, Zwetajewa, unzählige andere, alle haben diese Wirkung gespürt. Jetzt sehe ich noch etwas anderes: Menschen, die auf der Krim geboren wurden oder aufgewachsen sind, sind von diesem Ort ausweglos in seinen Bann gezogen, ähnlich wie die Leningrader / St. Petersburger von ihrer Stadt. Die meisten Menschen haben zwar einen Bezug zu ihren Kindheitsstätten, aber es gibt einfach besondere Plätze auf der Welt.

6. Oktober

Oleg liest im Achmatowa-Museum am Fontanka-Ufer im »Fontanka-Haus«, wie der Palast der Grafen Scheremetew genannt wird. Nach der Revolution errichtete man in einem Flügel dieses Palastes Wohnungen, in einer lebte Anna Achmatowa. Heute ist in diesem Flügel das Museum. Wie jedes Mal in St. Petersburg können wir die Entfernungen nicht richtig einschätzen und fahren nicht mit der U-Bahn, sondern nehmen leichtsinnig einen Bus, um die Stadt bei sonnigem Herbstwetter zu sehen, ich habe unbedingt an der großen Petersburger Moschee vorbeifahren wollen, die im 19. Jahrhundert im türkis-blauen Samarkander Stil gebaut wurde. Nicht nur die Entfernungen, auch die Staus haben wir unterschätzt und kommen 30 Minuten zu spät, zum Glück wurde der Beginn der Lesung an einigen Stellen ebenfalls 30 Minuten später annonciert.

Im Saal viele bekannte und noch mehr unbekannte Gesichter.

Nach der Lesung sind einige davon in einem georgischen Lokal. Alle sprechen ein bisschen durcheinander, mein Ohr bemerkt alles, was mit der Krim zu tun hat.

Eine Freundin erzählt, wie sie ihren Studenten die Aufgabe gegeben hat, Beispielsätze für die *if-clauses* zu bilden. Das erste Beispiel war: »Morgen gehe ich ins Kino, falls Poklonskaja nicht alle Kinos verbrennt.«

Es stellte sich heraus, dass unser alter Freund Valery Dymschitz einer der Autoren des Filmes »Der rote Zion« war. Ich frage ihn gleich, ob es wahr sei, dass, wie der Film behauptet, die berühmte rote Zwiebel die Kreation jener jüdischen Agronomen sei. Nein, sagt er, es sei nur ein Mythos, den ein anderer Autor in den Film geschmuggelt habe.

Jemand erzählt uns, dass im »Fontanka-Haus« eine Ausstellung über Boris Ponisowskij (1930–1995) zu sehen ist. Das heißt, wir wissen, womit wir den nächsten Tag beginnen.

7. Oktober
Diesmal fahren wir U-Bahn. Im Waggon neben dem U-Bahn-Linienplan und der Werbung hängt eine Liste von Wörtern, die oft falsch betont werden, mit den richtigen Akzenten, unter der Überschrift: »Lassen wir uns wie Petersburger sprechen.« Im Hauptgebäude des »Fontanka-Hauses« ist eine der vielen neuen Interieur-Expositionen, die in den restaurierten Palästen eröffnet worden sind. Zur Ponisowskij-Ausstellung müssen wir durch alle Palastsäle gehen. Boris Ponisowskij war seit den 50er Jahren eine der wichtigsten Figuren der inoffiziellen Kultur Leningrads und eine absolute Ausnahme vom übrigen Leben. Bei ihm trafen sich Menschen aller Generationen. Er hatte nach einem Unfall in der frühen Jugend keine Beine und sagte, dass er, weil er nicht in die Welt könne, die Welt zu ihm kommen lasse. Wir waren damals ein Teil dieser ihn

bewundernden Welt. Er hat ein eigenes Theater erfunden und war Regisseur. Ein inoffizieller Regisseur zu sein ist ungleich schwieriger als ein inoffizieller Schriftsteller. Und doch hat er es geschafft, ein Theater um sich herum zu haben, manchmal als Kindertheater, manchmal als Liebhaberbühne. Aber es stimmt nicht ganz, dass er Regisseur war, er war in erster Linie ein unaufhörlich denkender Mensch, der so konsequent anders und unabhängig dachte, dass er zu einer kosmischen Erscheinung wurde, zu einem Planeten. Ich verlangsame meine Schritte, bleibe vor jedem Bild, vor jeder Vase, vor jedem Tischchen stehen, schaue aus den Fenstern, besichtige die Hauskirche. Ein gut gemachtes Museum, aber nicht deshalb verlangsame ich meine Schritte. Ich ertappe mich bei der Angst, die Ausstellung über den Menschen zu betreten, bei dem wir einst (in den 80er Jahren) mehrere Abende in der Woche verbracht haben, dessen Zimmer in einer Gemeinschaftswohnung uns beinahe so vertraut war wie unser eigenes, das Oleg und ich in einer benachbarten Straße gemietet hatten. Ich weiß, was dort gezeigt werden kann: zum Beispiel die Karteikarten, auf denen er seine Notizen geschrieben hat; zum Beispiel seine Brille; zum Beispiel Zitate aus seinen Schriften; zum Beispiel Theatermasken und kunstvolle Broschen, die er aus Pappmaché gemacht hat (ich habe drei von ihm geschenkte Broschen); zum Beispiel Fotos von seinen Aufführungen; zum Beispiel Videoaufnahmen, die ihn zeigen. Und tatsächlich finden wir all das. Das ist nicht nur eine Ponisowskij-Ausstellung, sondern in gewissem Sinne eine der ganzen inoffiziellen Kultur Leningrads, wie der Khan-Palast in Bachtschyssaraj nicht nur ein Khan-Museum ist, sondern eines der tatarischen Kultur. Deshalb auch hier dieses seltsame Gefühl, nur sind nicht Karäer oder Tataren das Volk, das neben der musealen Darstellung seiner Geschichte hin und her läuft, sondern diesmal wir selbst. Vor einem Jahr besuchten wir Ponisowskijs Grab mit der Inschrift: »Ponisowskij ist hier«. Am Tor zum Fontanka-Haus ist das Wappen der Scheremetews mit dem Wappenspruch: »Deus conservat omnia« (Gott bewahrt alles auf).

Die Oper. Vor einem Jahr haben wir, zur diesjährigen Reise passend, »Die Fontäne von Bachtschyssaraj« gesehen, ein Ballett von Boris Assafjew aus dem Jahr 1934. Das Interessanteste ist nicht die für meinen Geschmack eher durchschnittliche Musik, sondern die gesamte Inszenierung, die heute genauso ist wie damals: das Bühnenbild von Valentina Chodassewitsch, einer Künstlerin, die aus der russischen Klassischen Moderne stammt und Nichte des im Pariser Exil gestorbenen Dichters Vladislav Chodassewitsch ist; die Regie von Sergej Radlow (dem seinerseits berühmten Regisseur und Ehemann der Dichterin Anna Radlowa, deren Novelle über Petersburger Sektanten 2015 in Daniel Jurjews Übersetzung auf Deutsch erschien). Hinter uns hat eine Frau der anderen das Kurzlibretto vorgelesen. Bei der Stelle, wo Zarema, die erste Frau des Krimkhans Giray, ihre Rivalin Maria tötet, hat die andere »O Gott!« geschrien. Wie schön ist es, für ein so dankbares Publikum zu tanzen! Das war im alten Mariinskij-Theater (vielen wahrscheinlich immer noch als »Kirow-Ballett« bekannt, mit seinen engen Foyers, mit samtenen Sesseln, vergoldetem Stuck und Kristalllüstern). Ihm gegenüber jenseits des kleinen Flusses, des Krjukow-Kanals, steht das neue Mariinskij-Gebäude, dem viele Petersburger mit Unbehagen begegnen: Erstens wurde dafür ein Konstruktivismus-Baudenkmal von 1929 abgerissen, was wirklich schade ist, zweitens passt die neue gläserne Fassade zum historischen Ambiente noch weniger als dieses Konstruktivismus-Baudenkmal, das seinerzeit natürlich auch für Empörung gesorgt hat (und in den 50er Jahren sogar »veredelt« wurde, das heißt, die Ecken wurden abgerundet und einige Säulen wurden dazugebaut, ähnlich wie in vielen

Städten zum Beispiel Gotik in Barock umgebaut wurde). Übrigens ähnelte dieses Haus vor der ›Veredelung‹ einem zur selben Zeit erbauten Haus in Simferopol, in dem heute das krimtatarische Theater ist. Ich bin im Laufe der Jahre doch zu dem Schluss gekommen, dass Menschen nicht in Museen leben sollten, sondern in lebendigen, sich ändernden Städten. Die meisten Petersburger beginnen langsam, das neue Haus zu mögen. Heute sind wir hier, auf der »Neuen Bühne«. Es gibt »Il trovatore«. Diesmal sitzen zwei raffiniertere Damen hinter uns, die eine sagt über den Hauptdarsteller: »Hätte er einen Sponsor, der ihn nach Italien zur Weiterbildung schicken würde, würde ihm das guttun.«

Alle sind »sonntäglich« angezogen. Wenn jemand »normal«, alltäglich aussieht, dann spricht er Deutsch, Italienisch oder Französisch.

8. Oktober
Flug. Eine Gruppe von Touristen aus Leipzig. Ich fühle mich zu Hause. Ich versuche, meine Notizen zu ordnen, und verstehe, dass mein Kopf wie ein Ameisenhaufen ist.

9. Oktober
Ich bin draußen, zwischen Ostend und Bornheim in Frankfurt, um einige Alltagsdinge zu erledigen. Ein milder Herbsttag, es riecht nach buntem Laub, denn so frisch und melancholisch kann eine Allee nur kurz vor dem Winter riechen, wenn das Laub schon bunt ist. Ich hole meine Pakete bei der Post gegenüber von der EZB; Volkshochschule, Literaturhaus, eine Allee, die vom Mainufer nach Bornheim führt, eine Brandmauer mit der Aufschrift, dass hier vor 1938 eine Synagoge stand, und dem Foto des Innenraums dieser Synagoge,

noch eine Allee, der Chinesische Garten, wo im Sommer ein Pavillon abgebrannt ist, Bergerstraße, Café Kante, wo ich ein paar Croissants kaufe, rote Ziegel des Mousonturms, hinter der Zoomauer schreit ein Pfau wie eine Katze. Frankfurt ist eine kleine überschaubare Stadt mit einem viel einfacheren Gemüt als St. Petersburg, eine freundliche Stadt, die einen in Ruhe lässt.

Vielleicht, weil ich diesmal nicht »einfach so« in Russland gewesen bin, sondern mit diesem Tagebuch im Kopf, was bedeutet hat, dass Beobachtung und Selbstbeobachtung bewusster als sonst waren: ein intensives Gefühl, zu Hause zu sein und sich endlich entspannen zu können.

ANHANG

QUELLENVERZEICHNIS

I MEIN GERANIENFRIEDEN

Jerusalem oder Where are you from? oder Wie ein dritter Ort Ihren Herkunftsort bestimmen kann. Zuerst in: Die Horen 257/2015
Der ewige Salat. Zuerst in: Frankfurter Rundschau, 11.1.2007. Erweiterte Variante in: Oh Weihnacht! Frohe und unfrohe Geschichten zum Fest. Hrsg. von Brigitte Heinrich. Frankfurt/M. 2007
Das neue alte Moskau: Die gefundene Zeit. Zuerst in: Neue Zürcher Zeitung, 13.2.2006
Reise in die drei Jahrzehnte. Zuerst in: Neue Zürcher Zeitung, 3.1.2009 (unter dem Titel: *Vom Underground zum Übermut*)
Good-bye, America, oh. Zuerst in: Tumult 32. Der hinreißende Klang des Amerikanischen. Berlin 2007. Außerdem in: Zwischen den Tischen. Olga Martynova und Oleg Jurjew im essayistischen Dialog. Siegburg 2011
Christ ist erstanden. Auch in Russland. Zuerst in: Neue Zürcher Zeitung, 20.4.2009
Warum Straßenbahn? Warum Lissabon? Zuerst in: Der Standard, 4.5.2013
Borschtsch, Schtschi und Brodsky. Zuerst in: Neue Zürcher Zeitung, 16.8.2010
Ungeheuer von Helsinki. Zuerst in: Jahrbuch für finnisch-deutsche Literaturbeziehungen. Nr. 47. Helsinki 2015. Außerdem in: Stadt/Bild. Ein Lesebuch. Berlin 2015
Von Öffentlichkeit und Verborgenheit. Zuerst in: Der Standard, 28.6.2013
Mein Geranienfrieden. Zuerst in: Neue Zürcher Zeitung, 29.6.2006. Außerdem in: Grüne Liebe, Grünes Gift. Hrsg. von Hanne Kulessa. Frankfurt/M. 2006

II ESSAYISTISCHE FRAGMENTE

Probleme der Essayistik. Erstveröffentlichung in diesem Band
Über die Dummheit der Stunde. Bereits online unter: https://www.hundert vierzehn.de/artikel/über-die-dummheit-der-stunde_1920.html
Über den Patriotismus. Erstveröffentlichung in diesem Band
West-östliches Spiegelkabinett. Erstveröffentlichung in diesem Band
Lob des Smalltalks. Erstveröffentlichung in diesem Band

III GEBRATENE NACHTIGALLEN

Mandelstam und Europa. Ein imaginäres Schicksal. Zuerst in: Frankfurter Allgemeine Zeitung, 21.12.2013
Begegnung im Spiegel (Giacomo Casanova und Marina Zwetajewa). Zuerst in: Manuskripte 147/2000
Aufgeklärter Vampirismus. Zuerst in: Die Zeit 43/2000. Erweiterte Variante in: Akzente 3/2003
… Ist selbst der bittere Kren wie Himbeere. Zuerst in: Neue Rundschau 1/2014
Flaschenpost versus Flaschenpost. Antrittsvorlesung als Heiner-Müller-Gastprofessorin für deutschsprachige Poetik an der Freien Universität Berlin 2016. Zuerst in: Schreibheft 86/2016
Das Leben hat über den Tod gesiegt, auf eine mir unbekannte Weise (Über die lebendigsten aller russischen Klassiker). Zuerst in: Neue Zürcher Zeitung, 17.2.2007
Das digitale Babel. Zuerst in: Neue Zürcher Zeitung, 24.1.2014 (Unter dem Titel: *Erinnerung an die Zukunft*)
Die Zeit als Haustier (Betrachtung einer Uhr). Zuerst in: Literarische Begegnungen im Bamberger Antiquitätenviertel. Bamberger Kunst- und Antiquitätenwochen. Bamberg 2017
Pornographie der Vögel. Zuerst in: Neue Rundschau 1/2017
Gebratene Nachtigallen (Russische Dichter im 1. Weltkrieg). Zuerst in: Frankfurter Allgemeine Zeitung, 13.8.2014

IV DER GOLDENE APFEL DER ZWIETRACHT.
KRIM-TAGEBUCH 2017

Das Krim-Tagebuch entstand während der Arbeit an diesem Band und erscheint hier erstmals im Druck.

LITERATURHINWEISE

Ilse Aichinger: *Film und Verhängnis. Blitzlichter auf ein Leben.* Frankfurt/M. 2003

Tadeusz Borowski: *Bei uns in Auschwitz.* Erzählungen. Aus dem Polnischen von Friedrich Griese. Frankfurt/M. 2006

Rupert Brooke: *The Old Vicarage, Grantchester.* In: *My Second Self When I Am Gone.* Englische Gedichte. Übersetzt von Wolfgang Schlüter. Basel 2003

Lewis Carroll: *Tagebuch einer Reise nach Rußland.* Aus dem Englischen von Eleonore Frey. Frankfurt/M. u. Leipzig 2000

Paul Celan: *Ausgewählte Gedichte. Zwei Reden.* Frankfurt/M. 1979

Manfred Durzak: *»Der Worte Wunden«. Sprachnot und Sprachkrise im Exilgedicht.* In: *Deutschsprachige Exillyrik von 1933 bis zur Nachkriegszeit.* Herausgegeben von Jörg Thunecke. Amsterdam 1998

Carl Einstein: *Werke.* Bd. 4. Aus dem Nachlass I. Berlin 1992

Carolin Emcke: *Wie wir begehren.* Frankfurt/M. 2013

Wilhelm Genazino: *Hoffnung auf Blaubeeren.* In: Der Tagesspiegel, 19.5.2009

Tatjana Gofman: *Sewastopologia.* Berlin 2015

Vladimir Jabotinsky: *Die Fünf.* Aus dem Russischen von Ganna-Maria Braungardt. Berlin 2017

Esther Kinsky u. Martin Chalmers: *Karadag Oktober 13 Aufzeichnungen von der kalten Krim.* Berlin 2015

Ernst Klee: *»Euthanasie« im Dritten Reich. Die »Vernichtung lebensunwerten Lebens«.* Frankfurt/M. 2010

Theodor Lessing: *Der jüdische Selbsthaß.* Mit einem Essay von Boris Groys. Berlin 2004

Leonid Lipawskij: *Gespräche I/II.* Aus dem Russischen von Peter Urban. In: Schreibheft 39/1992 u. 40/1992

David Markson: *Wittgensteins Mätresse.* Aus dem Englischen von Sissi Tax. Berlin 2013

Pankaj Mishra: *Das Zeitalter des Zorns. Eine Geschichte der Gegenwart.* Aus dem Englischen von Laura Su Bischoff und Michael Bischoff. Frankfurt/M. 2017

Richard Obermayr: *Sehr geehrte Freunde des Varietés, sehr geehrte Artisten und Claqueure*. In: Hofmannsthal-Jahrbuch 2003
Jan Graf Potocki: *Die Handschrift von Saragossa*. Aus dem Französischen neu übersetzt von Manfred Zander. Zürich 2000
William Shakespeare: *Die Sonette/The Sonnets*. Übersetzt von Klaus Reichert. Frankfurt/M. 2016
Thomas Stangl: *Den Ort verlieren*. In: Triëdere. Sonderausgabe »alternativlos: flüchtling«. Wien 2016
Thomas Stangl: *Revolution und Sehnsucht. Im Möglichkeitsraum des Vergangenen*. In: *Freiheit und Langeweile*. Graz 2016
Gertrude Stein: *The Autobiography of Alice B. Toklas*. London 2001
Pjotr Tschaadajew: *Statji i pis'ma*. Moskau 1987
Stephan Wackwitz: *Wider die Schweren Zeichen*. Online unter: https://www.hundertvierzehn.de/artikel/wider-die-schweren-zeichen_1924.html
David Foster Wallace: *E Unibus Pluram: Television and U.S. Fiction*. Aus dem amerikanischen Englisch von Marcus Ingendaay. In: Schreibheft 56/2001
Wegzeichen. Zur Krise der russischen Intelligenz. Essays von Nikolaj Berdjaev, Sergej Bulgakov, Michail Gersenzon, Aleksandr Izgoev, Bogdan Kistjakovskij, Petr Struve und Semen Frank. Eingeleitet u. aus dem Russischen übersetzt von Karl Schlögel. Frankfurt/M. 1990
Marina Zwetajewa: *O Augen – rotgeweint!* Aus dem Russischen von Hendrik Jackson. In: Lyrik-Taschenkalender 2018. Heidelberg 2017
Marina Zwetajewa: *Phoenix. Versdrama in drei Bildern*. Aus dem Russischen von Ilma Rakusa. Frankfurt/M. 2016